侵权责任法通义

郭明瑞 著

商务印书馆
The Commercial Press

图书在版编目(CIP)数据

侵权责任法通义 / 郭明瑞著. — 北京：商务印书馆, 2022
ISBN 978-7-100-20651-8

Ⅰ.①侵… Ⅱ.①郭… Ⅲ.①侵权法—研究 Ⅳ.①D913.704

中国版本图书馆CIP数据核字（2022）第016677号

权利保留，侵权必究。

侵权责任法通义
郭明瑞 著

商务印书馆出版
（北京王府井大街36号 邮政编码100710）
商务印书馆发行
北京冠中印刷厂印刷
ISBN 978-7-100-20651-8

2022年5月第1版　　开本 880×1230　1/32
2022年5月北京第1次印刷　印张 11½

定价：68.00元

前　　言

《民法典》第 1 条明确规定，制定民法典是"为了保护民事主体的合法权益，调整民事关系，维护社会和经济秩序，适应中国特色社会主义发展要求，弘扬社会主义核心价值观"。侵权责任法在实现民法典的立法目的上发挥着不可替代的作用。

保护民事主体的民事权益，一方面是确认民事权利，不确认民事主体的民事权利，也就谈不上保护民事主体的民事权益；另一方面是在民事主体的民事权益受到侵害时予以救济，无救济即无权利，只有能得到救济的权益才是真正的有意义的权益。侵权责任是侵权行为人侵害民事主体的合法权益后应当依法承担的民事责任，因而也就是民事主体的民事权益受侵害时的救济手段，是保护民事主体合法权益的有效法律措施。

社会的发展离不开稳定有序的社会和经济秩序。人是社会的人，作为社会成员的民事主体在社会和经济生活当中，相互必然发生各种联系和交往，只有每个主体各司其职、各守其位、各行规矩，才会形成有序稳定的社会和经济秩序。民事主体从事各种民事活动，既是实现自己利益的需要，也是推动社会发展的动力。每个民事主体在按照自己的意愿从事社会活动，实现自己利益需求的同时，也负有不得妨碍他人利益的实现、不得侵害他人权益的义务。而一旦某个主体的行为超过其界限，侵害了他人的权益，破坏了应有的秩序，该主体就应依法承担相应的侵权责任，以修复被破坏的秩序，使当事人间的关系回复到应有的状态。因此，侵权责任法也是维护社会和经济秩序，促进社会发展的法律保障。

社会主义事业是以人民为本的事业，社会发展的一切都是为了人民的利益。侵权责任制度不仅保护每个主体的合法权益不受侵犯，而且保障每个主体都享有充分的行为自由；不仅要保护每个主体的产权，还要保护每个主体创造财富的主动性和积极性。因此，侵权责任法旨在既让主体享有充分的行为自由，又要防止侵害他人权益。侵权责任法规定承担侵权责任的条件和不承担侵权责任的事由，明确民事主体应当做什么和不能做什么。如果说民事法律行为制度是从正面确定民事主体的行为界限，那么，可以说侵权责任制度从反面划定了民事主体的行为界限。侵权责任制度从过错责任到无过错责任，从矫正正义到分配正义，从损害赔偿到公平分担损失，无不体现公平、正义的价值观。我国法律规定的污染环境、破坏生态的修复等责任，更是体现了人与自然和谐共生的价值观念。

侵权责任制度是民法的基本制度，侵权责任法是民法的基本内容。在传统民法中，债务与责任不分，侵权责任制度仅仅是债权债务法的部分内容。我国民事立法，自《民法通则》起就区分了债务与责任，《民法通则》在民事责任章中单独规定侵权责任制度。2009年制定了单独的《侵权责任法》，将侵权责任法与债法分离。在编纂《民法典》的过程中，《侵权责任法》经修正后编为《民法典》的第七编"侵权责任"，侵权责任法成为民法典的重要组成部分。侵权责任法作为民法典中独立的一编，是民事立法体例上的创新，为世界各国民事立法提供了新的立法范例。

自2021年1月1日起，我国《民法典》正式施行，《侵权责任法》也同时废止。为更好地学习、宣传、适用民法典，了解侵权责任制度的发展和各项规则，笔者根据侵权责任法理论的新发展、司法实务的新经验和立法新材料，依据《民法典》"侵权责任"编，从法律解释学的角度撰写了《侵权责任法通义》。

本书的出版得到了商务印书馆的大力支持。烟台大学法学院教授张玉东博士审阅了书稿并提出宝贵的建议。借此，对为本书出版付出辛勤劳动的各位同仁表示衷心的感谢！也希望各位方家和读者不吝赐教。

郭明瑞

2020年10月于烟台大学

目　录

绪　论

绪　论 ……………………………………………………………………1
一、侵权责任法的概念和特点 …………………………………………1
二、侵权责任法的功能 …………………………………………………4
三、侵权责任法的发展 …………………………………………………10
四、侵权责任编与其他法、其他救济制度的关系 ……………………14

本　论

第一章　一般规定 ……………………………………………………19
一、侵权责任法调整的对象 ……………………………………………19
二、侵权请求权的概念和性质 …………………………………………22
三、侵权责任的概念和特征 ……………………………………………24
四、侵权行为的归责原则 ………………………………………………27
五、侵权责任的一般构成要件 …………………………………………37
六、预防性侵权责任方式的适用 ………………………………………64
七、数人侵权行为的责任承担 …………………………………………68
八、侵权责任的免责事由 ………………………………………………87

第二章　损害赔偿 ……………………………………………………106
一、损害赔偿的含义和规则 ……………………………………………106

二、侵害人身权益的损害赔偿……………………………………113
　　三、侵害人身权益造成财产损失的赔偿……………………………124
　　四、精神损害赔偿……………………………………………………130
　　五、侵害财产的损害赔偿……………………………………………136
　　六、故意侵害知识产权的惩罚性赔偿………………………………140
　　七、双方均无过错的损失分担………………………………………143
　　八、损害赔偿费用的支付方式………………………………………147

第三章　责任主体的特殊规定……………………………………………149
　　一、监护人责任………………………………………………………149
　　二、委托监护双方的责任……………………………………………155
　　三、行为人暂时丧失意识致人损害的责任…………………………157
　　四、用人单位侵权责任和劳务派遣责任……………………………159
　　五、个人劳务责任……………………………………………………172
　　六、承揽人和定作人责任……………………………………………176
　　七、网络侵权责任……………………………………………………179
　　八、违反安全保障义务的侵权责任…………………………………187
　　九、教育机构的侵权责任……………………………………………195

第四章　产品责任…………………………………………………………205
　　一、产品责任的含义和性质…………………………………………205
　　二、产品责任的构成…………………………………………………207
　　三、产品责任的主体…………………………………………………209
　　四、产品生产者、销售者对第三人的追偿权………………………211
　　五、生产者、销售者因产品缺陷承担的预防性侵权责任…………212
　　六、生产者、销售者发现产品缺陷应采取的补救措施……………213
　　七、产品责任的惩罚性赔偿…………………………………………215

第五章　机动车交通事故责任 ·············218

一、机动车交通事故责任的含义与法律适用··············218

二、机动车交通事故责任的类型与归责原则··············219

三、机动车交通事故的责任主体···········220

四、机动车交通事故赔偿责任与保险赔偿的适用··············228

五、转让拼装、报废的机动车发生交通事故的责任承担··············230

六、盗抢的机动车发生交通事故的责任承担··············231

七、机动车驾驶人肇事后逃逸的责任···········233

八、非营运机动车发生交通事故致搭乘人损害的责任··············234

第六章　医疗损害责任 ·············237

一、医疗损害赔偿责任的含义、构成与责任主体··············237

二、医务人员未尽到告知和征得同意义务的责任··············241

三、医务人员未尽到相应诊疗义务的责任··············245

四、医疗机构过错的推定···········248

五、医疗产品责任···········250

六、医疗机构医疗损害的特别免责事由··············254

七、医疗机构及医务人员的相关注意义务··············256

八、医疗机构及医务人员合法权益的保护··············259

第七章　环境污染和生态破坏责任 ·············260

一、环境污染和生态破坏责任的含义和构成··············260

二、环境污染、生态破坏责任的免责事由及否定因果关系的举证责任··············265

三、数人污染环境、破坏生态的责任承担··············268

四、污染环境、破坏生态的惩罚性赔偿的适用··············269

五、因第三人过错污染环境、破坏生态的责任承担··············271

六、损害生态环境的修复责任···········272

七、损害生态环境的赔偿范围···········274

第八章　高度危险责任 ……………………………………………… 277

　　一、高度危险责任的含义与构成 …………………………………… 277

　　二、高度危险责任的类别 …………………………………………… 281

　　三、高度危险责任赔偿限额的法律适用 …………………………… 295

第九章　饲养动物损害责任 ……………………………………… 297

　　一、饲养动物致人损害责任的一般规则 …………………………… 297

　　二、未采取安全措施造成动物致人损害的责任 …………………… 303

　　三、禁止饲养的危险动物致人损害的责任 ………………………… 305

　　四、动物园的饲养动物致人损害的责任 …………………………… 306

　　五、遗弃、逃逸的动物致人损害的责任 …………………………… 308

　　六、第三人过错造成动物致人损害的责任 ………………………… 311

　　七、饲养动物的社会责任 …………………………………………… 313

第十章　建筑物和物件损害责任 ………………………………… 315

　　一、建筑物和物件损害责任的含义和特征 ………………………… 315

　　二、建筑物、构筑物或者其他设施倒塌、塌陷致人损害的责任 … 316

　　三、建筑物、构筑物或者其他设施及其搁置物、悬挂物脱落、
　　　　坠落致人损害的责任 …………………………………………… 320

　　四、高空抛物致人损害责任 ………………………………………… 323

　　五、堆放物倒塌、滚落或者滑落致人损害的责任 ………………… 329

　　六、公共道路堆放、倾倒、遗撒妨碍通行物品致人损害的责任 … 331

　　七、林木折断、倾倒或者果实坠落等致人损害的责任 …………… 334

　　八、地面施工与地下设施致人损害的责任 ………………………… 336

附录：中华人民共和国民法典（节选）

　　第七编　　侵权责任 ………………………………………………… 341

绪　论

一、侵权责任法的概念和特点

侵权责任法，有的称为侵权行为法，是调整因侵害民事权益产生的民事关系的法律规范的总称。因为侵害民事权益的行为为侵权行为，因侵权行为产生的民事关系为侵权责任关系，因此，有学者称"侵权责任法，是规定侵权行为及其法律责任的法律规范的总称"[①]。因为因侵害民事权益产生的民事关系，是对受侵害的民事权益的救济，所以，有学者称侵权责任法"是指有关侵权行为及其民事救济（民事责任）的民事法律规范的总称"[②]。侵权责任法也有形式意义侵权责任法与实质意义上的侵权责任法之分。形式意义的侵权责任法，是指以侵权责任法命名的法律。在《中华人民共和国民法典》（以下简称《民法典》）施行前，《中华人民共和国侵权责任法》（以下简称《侵权责任法》）即为形式意义侵权责任法；《民法典》施行后，《民法典》的第七编"侵权责任"为形式意义侵权责任法。实质意义的侵权责任法，不仅包括形式意义的侵权责任法规范，也包括其他

[①] 王利明、周友军、高圣平:《中国侵权责任法教程》，人民法院出版社2010年版，第44页。

[②] 马俊驹、余延满:《民法原论》（第四版），法律出版社2010年版，第973页。

法律法规中有关调整侵权责任关系的法律规范，以及最高人民法院关于审理侵权责任案件适用法律问题的相关司法解释。但是，侵权责任法并不是一个独立的法律部门，它仅是民法的一个重要组成部分。

关于侵权责任法的特征，由于观察的角度不同，学者归纳有所不同。如，马俊驹等认为，侵权责任法具有规范的概括性、对象的复杂性、效力的强行性等特征。① 王利明认为，侵权责任法的特点为：侵权责任法是保护民事权益法；侵权责任法是确立侵权责任的法；侵权责任法主要是救济法；侵权责任法主要是强行法；侵权责任法主要是实体法；侵权责任法主要是裁判法。②

侵权责任法为民法的组成部分，与其他法律相比较，侵权责任法当然具有为私法、实体法、国内法等特征。若从侵权责任法与民法的其他组成部分上相互比较，那么，侵权责任法主要具有以下法律特征：

其一，侵权责任法是民事权益保护法。保护民事主体的合法权益，是民法的立法宗旨和任务之一。法律对民事权利的保护，一方面是确认民事权利；另一方面是保护民事权利。民法的其他法律制度主要是确认民事主体的各项权利，如人格权法确认人格权、物权法确认物权、知识产权法确认知识产权、婚姻家庭法确认亲属身份权、继承法确认继承权，而侵权责任制

---

① 参见马俊驹、余延满：《民法原论》（第四版），法律出版社2010年版，第973—974页。

② 参见王利明：《侵权责任法研究》（上卷），中国人民大学出版社2010年版，第65—68页。

度主要是规定民事主体的各项权益的保护方式。正是在这一意义上说,侵权责任法是民事权益保护法。

其二,侵权责任法是行为自由保障法。侵权责任法规定了侵权责任的归责原则、侵权责任构成的要件以及免除或者减轻行为人侵权责任的事由,最大限度赋予民事主体从事各种民事活动的自由,调动民事主体从事生产经营及各项社会活动的积极性和主动性。因为,按照侵权责任法规定,民事主体只要在法律规定的限度内,尽到法律规定的注意义务,即使其从事的活动侵害了他人的民事权益,也可以不承担侵权责任。可以说,侵权责任法在保障主体的行为自由与民事权益之间达到最佳的利益平衡。

其三,侵权责任法是救济法。法律对民事权益的保护,就是在主体的民事权益受到侵害时予以救济。法谚:"无救济即无权利。"侵权责任法为权益保护法,当然也就是救济法。侵权责任法为救济法,以受侵害的民事权益得以救济为其立法目的,侵权责任请求权为救济请求权,权利人行使侵权请求权的范围不能超过权利的受侵害范围。侵权行为侵害他人的民事权益,已经造成不良损害后果的,侵权行为人应当承担损害赔偿责任;侵权行为侵害他人的民事权益,已经造成不良状态的,侵权行为人也应承担预防性侵权责任。《民法典》第1167条明确规定,"侵权行为危及他人人身、财产安全的,被侵权人有权请求侵权人承担停止侵害、排除妨碍、消除危险等侵权责任。"

其三,侵权责任法是强行法。侵权责任法规范大多是强行性规范而非任意性规范。侵权责任法关于责任的构成、归责原则、不承担责任或者减轻责任的条件、举证责任等规定,当事人不得排除其适用。当事人不得事先约定免除侵权责任，也不得约定侵权责任的范围。当然，在侵权行为发生后，当事人可以协商赔偿数额，这是被侵权人的权利。侵权责任法的这一特征与物权法、亲属法等相似，而与合同法完全不同。

其四，侵权责任法是裁判法。侵权责任法是为法官审理侵权案件提供裁判规范的，法官只能依侵权责任法规范裁决侵权案件。当然，侵权责任法规定了侵权行为的不法后果，这对民事主体进行民事活动，实施民事法律行为也有指引作用。但是，侵权责任法规范主要是为法官提供裁判依据。这是侵权责任法区别于其他民事法律制度的一个特征。如，婚姻家庭法（亲属法）主要是行为法，主要是为民事主体提供在婚姻家庭领域的行为准则。

二、侵权责任法的功能

侵权责任法的功能，是指侵权责任法的作用。侵权责任法的功能决定于立法目的。侵权责任法的立法目的是保护民事主体的合法权益，这就决定了侵权责任法主要具有补偿、预防、威慑和惩罚三大功能。

（一）侵权责任法的补偿功能

侵权责任法的补偿功能，也有的称救济功能，是指侵权责任法具有对受侵害的民事权益予以补偿，以使之恢复到没有发生侵害以前的状态的作用。因为侵权责任法是民事权益保护法、救济法，对侵权行为科以侵权责任的主要目的，就是为了填补损害，以使被侵权人受侵害的权利回复到原来的状态。所以，在传统侵权责任法中，补偿功能一直是侵权责任法的首要功能。① 即使在现代侵权责任法中，侵权责任法的补偿功能也仍是其主要功能，具有重要的地位。在一定意义上可以说，侵权责任法制度都是围绕补偿功能设计的。即使惩罚性赔偿也是以补偿性赔偿为基点的，不确定补偿性赔偿数额，也就不能确定惩罚性赔偿数额。

（二）侵权责任法的预防功能

侵权责任法的预防功能，是指侵权责任法具有预防侵权行为发生的作用。对侵权行为的预防有一般预防与特别预防。侵权行为的特别预防，是指通过由侵权责任人承担侵权责任，以制裁侵权行为，使侵权人接受教训，不再实施侵权行为，侵权责任的这一特别预防功能也就是威慑和惩罚功能。侵权行为的一般预防，是指通过对侵权人责任的追究，对社会其他人起到惩戒作用，以避免和减少侵权行为的发生。侵权责任法具有预防功能，这是普通认可的，是各国侵权法普遍具有的。与传统侵权责任法相比，现代侵权责任法从制度设计上特别重视预防功能，一定意义上可说将预防功能作为侵权责任法的首要功能。这是因为，一方面现代社会侵权的形式越来越多，出现诸如网络侵权等新形式，侵权行为给受害人造成的损害有的是不可逆转或者说无法补救的；另一方面现代社会是风险社会，民事主

---

① 参见〔奥〕海尔穆特·库齐奥:《传统视角下侵权法的预防功能》，张玉东译，载梁慧星主编:《民商法论丛》（第54卷），法律出版社2014年版，第101页。

体合法权益受到侵害的风险日益增多，侵权行为造成的损失往往是巨大的。就侵权责任法主要发挥救济或者说补偿功能的侵权损害赔偿制度而言，虽然，受害人的损失可以通过损害赔偿让侵权责任人承担不利的后果，但侵权行为造成的损失有的是侵权责任人也难以承受的，特别是就社会整体来说，无论损失由何方承担，它都是整个社会财富的减少，而且是不可弥补的。因此，现代侵权责任法应将预防功能放在首位，也就是说侵权责任法的首要目的应是避免和防止侵权行为的发生，这是"保护民事主体合法民事权益"的最好方式。为实现预防损害发生的预防功能，我国侵权责任法的制度设计主要体现在以下方面：

其一，将传统大陆法上预防性救济措施纳入责任体系，明定规定为侵权责任承担方式。在以往的侵权法上，侵权责任的承担方式就是损害赔偿，责任的承担方式的确定侧重于侵权损害的事后救济，而忽视其事前预防。而我国侵权责任法特别重视损害的事前预防。如上所述，《民法典》第1167条明确规定了停止侵害、排除妨碍、消除危险等承担侵权责任的方式。这些方式的适用有助于防止更严重的侵权后果的发生，可以避免造成更大的损害。

其二，强化风险控制人的责任，从危险源上控制风险，以减少损害的发生。现代社会是一个风险社会，现代科技的发展和利用，一方面为人类造福，一方面也带来造成损害的风险。只有从危险源头上控制风险的发生，才能避免或者减少损害。而最有能力来避免和减少损害发生的人，就是也只能是风险控制人。为此，《民法典》赋予风险控制人更重的责任。如该法第1206条规定，生产者、销售者对缺陷产品有及时停止销售、警示、召回等义务与责任；第九章规定高度危险责任是一种无过错责任；等等。法律之所以规定从事高度危险作业的经营者、高度危险物的占用者或使用者承担无过错责任，并不是因为其有过错，而是因为其为这些危险源的控制人。赋予危险源控制人以无过错责任，可以促进其采取各种措施，提高技术水平，以避免和减少损害的发生。这种控制风险的投入成本较之避免赔偿损害的收益要小得多，也是符合效率原则的。再如该法第1252条规定的建筑物等设施倒塌、塌陷造成他人损害的责任，也是为了促使建设单位、施工单位增强质量意识，保障建筑工程质量，以防止建筑物等因质量缺陷倒塌、塌陷而造成损害。

其三，对因物件造成的损害，以物件的实际使用人、管理人为确定责任主体的基本依据。例如，机动车交通事故是交通安全的最大危险。机动车发生交通事故，应由何人承担侵权责任？有不同的观点和学说。《民法典》第1209条规定，在因租赁、借用等情形下，属于机动车一方责任的，由"机动车使用人承担赔偿责任；机动车所有人、管理人对损害的发生有过错的，承担相应的赔偿责任"。第1214条规定，转让拼装或者已达到报废标准的机动车，发生交通事故造成损害的，由转让人和受让人承担连带责任。第1215条中规定，"盗窃、抢劫或者抢夺的机动车发生交通事故造成损害的，由盗窃人、抢劫人或者抢夺人承担赔偿责任。"之所以如此规定，是因为这些人对机动车的运行安全负有直接责任。由其承担责任并非因其是所有人，主要是因其为机动车的实际使用人、危险的控制人，这有利于促使当事人尽到其防止损害发生的义务。

其四，强化经营者、教育机构的安全保障义务，以避免在公众活动场所和教育机构发生损害事故。公共场所发生侵权行为，往往会造成更重的损害，如何避免在此类场所发生损害事故，是立法上应考虑的问题。无民事行为能力、限制民事行为能力人由于缺乏足够的自我保护能力，而在教育机构生活、学习期间，监护人又不能在身边，因此，如何避免无民事行为能力、限制民事行为能力人在教育机构学习、生活期间受到伤害，也是法律须予以重视的。为此，《民法典》侵权责任编作了特别规定。如《民法典》第1198条，不仅规定了经营场所、公共场所的经营人、管理人或者群众性活动的组织者，未尽到安全保障义务，造成他人损害的，应当承担侵权责任；而且还规定因第三人的行为造成他人损害的，管理人或者组织者未尽到安全保障义务的，承担相应的补充责任。《民法典》第1199条到1201条规定了无民事行为能力人、限制民事行为能力人在教育机构学习、生活期间受到人身损害的，教育机构要承担侵权责任，教育机构尽到教育管理职责的除外；即使无民事行为能力人、限制民事行为能力人受到教育机构以外的人员人身损害，教育机构未尽到管理职责的，也应当承担相应的补充责任。法律的这些规定赋予公共场所、教育机构的管理人特别的安全保障义务，有利于促进他们更好地采取安全保障措施，消除安全隐患，以避免或减少损害的发生。

（三）威慑和惩罚功能

侵权责任法的威慑和惩罚功能，有的称为制裁功能，是指通过由实施不法行为的侵权行为人承担侵权责任，以教育侵权行为人，以使其接受教训，不再实施侵权行为。正是在这一意义上，威慑、惩罚功能具有特殊预防的作用。

侵权责任法的威慑和惩罚功能，主要体现在：侵权责任法坚持以过错为一般归责原则，强化侵害人身权益的责任，并规定了惩罚性赔偿。

《民法典》第1165条第1款明确规定，"行为人因过错侵害他人民事权益造成损害的，应当承担侵权责任。"这一条款为侵权责任法的一般条款，确认了过错责任为侵权责任的一般归责原则。除法律另有规定外，没有过错，就没有侵权责任。过错是行为人能自由选择行为方式而选择了侵害他人权益的行为的表现，这也就决定了该行为具有可谴责性，行为人也就应对其错误选择行为的后果负责。侵权责任法不仅确立过错为一般侵权责任的归责原则，而且规定了行为人的过错程度在某些情形下还决定着侵权责任的范围，如法律规定"被侵权人对同一损害的发生或者扩大有过错的，可以减轻侵权人的责任"（第1173条），"损害是因受害人故意造成的，行为人不承担责任"（第1174条）等。侵权责任法规定由有过错的侵权人一方承担侵权责任，由有过错的一方承受侵权造成的不利后果，也就能达到惩戒有过错的行为人，以教育和警示其他人的效果，从而也可起到预防侵权行为发生的效果。

从侵权行为造成的损害后果上说，侵权损害的既有财产，也有人身。相较于对财产损害来说，对人身的损害更是不可逆转的，因此，侵权责任法特别强化侵害人身权益的责任。如《民法典》第1183条第1款规定，侵害自然人人身权益造成严重损害的，被侵权人有权请求精神损害赔偿。侵害人身权益的侵权人不仅应赔偿被侵权人的财产损害，还应赔偿被侵权人的精神损害。《民法典》第996条还特别规定,"因当事人一方的违约行为,损害对方人格权并造成严重精神损害,受损害方选择请求其承担违约责任的,不影响受损害方请求精神损害赔偿。"特别是为应对食品、药品等产品的安全需要,惩戒恶意侵害人身权益的侵权行为人,《民法典》第1207条规定了惩罚性赔偿,即"明知产品存在缺陷仍然生产、销售,或者没有依据前条规定采取有效补救措施,造成他人死亡或者健康严重损害的,被侵权人有权请求相应的惩罚性赔偿"。再如,为加强对知识产权的保护,打击恶意侵害知识产权的不法行为,《民法典》第1185条规定,"故意侵害他人知识产权,情节严重的,被侵权人有权请求相应的惩罚性赔偿"。这些加重责任的规定,有助于更好地发挥侵权责任法的预防功能。

三、侵权责任法的发展

中华人民共和国成立以来,侵权责任法的发展可以分为以下四个阶段:

第一阶段是1986年《中华人民共和国民法通则》(以下简称《民法通则》)制定以前。在此阶段,尽管国家曾经启动过民法典编纂工作,却并未正式通过一部民事法律,也没有单独进行侵权责任法的立法。但是,这一阶段在司法实务中,侵权案件也是民事案件的主要部分,法院依据民事政策审理侵权损害赔偿案件,确认侵权人的侵权责任,从而积累了实践经验,为侵权责任法立法创造了条件,提供了实践材料。

第二阶段是《民法通则》施行到2009年《侵权责任法》通

过。1986年通过的《民法通则》是我国第一部民事基本法,开启了中国改革开放后民事立法的新局面。《民法通则》第六章为民事责任。《民法通则》不仅在民事责任章的一般规定中规定了侵权责任的归责原则、责任构成,而且还在第二节专门规定了侵权责任,包括侵害财产权的责任、侵害知识产权的责任、侵害人身的责任、侵害人格权的责任、职务侵权责任、产品责任、高度危险作业致人损害的责任、环境污染致人损害的责任、地面施工致人损害的责任、物件致人损害的责任、饲养的动物致人损害的责任、正当防卫、紧急避险、共同侵权、与有过错、公平责任、监护人责任等内容。就当时的社会现实而言,可以说《民法通则》比较全面地规定了侵权责任制度,是中华人民共和国侵权责任法的首次正式立法。《民法通则》确立的侵权责任制度,为保护民事权益提供了法律保障,为法官审理侵权民事纠纷提供了裁决依据,为被侵权人的权利救济提供了有效手段,在维护社会秩序、发展社会主义市场经济等诸方面发挥了重要作用。

第三阶段是《侵权责任法》的制定。《民法通则》规定的侵权责任制度尽管内容较为完备,但也存在一定的问题。例如,关于侵权责任的归责原则、侵权责任的一般条款、公平责任等规定不够明确,表述不够准确,导致在实务中理解不一,适用不统一;再如,对特殊侵权行为的规定也不够全面,每一种特殊侵权行为的规则也不够完善。随着社会的发展也出现了新的侵权行为形式,如网络侵权。自《民法通则》施行以后,为更好地审理侵权责任案件,最高人民法院作出了诸多司法解释。

基于侵权责任的现实发展,为适应社会发展的需要,也为编纂民法典做准备，立法机关在启动第四次民法典编纂工作的同时，也开始制定《侵权责任法》。2002年12月23日，全国人民代表大会常务委员会第三十一次会议审议了第四次编纂民法典起草的《中华人民共和国民法（草案）》，该草案的第八编就为"侵权责任法"。此次审议后，立法机关决定先单独制定《侵权责任法》。2009年12月26日第十一届全国人民代表大会常务委员会第十二次会议审议通过了《侵权责任法》，该法于2010年7月1日起施行。

《侵权责任法》包括一般规定、责任构成和责任方式、不承担责任和减轻责任的情形、关于责任主体的特殊规定、产品责任、机动车交通事故责任、医疗损害责任、环境污染责任、高度危险责任、饲养动物损害责任、物件损害责任及附则十二章，计92条。《侵权责任法》明确了侵权责任法的功能、保护对象，规定了侵权责任的一般条款、归责原则、责任构成以及各种特殊侵权责任等，为民事权益的保护提供了有效制度保障和完备的救济措施，在我国法治建设中发挥了重要的作用。

第四阶段为《民法典》的制定。自中共中央十八届四中全会决定启动民法典编纂工作以后，立法机关就按照中央的部署开始编纂民法典。民法典的编纂以原有的民事法律为基础，《侵权责任法》经修订后编为《民法典》的第七编。自《民法典》通过和施行开始，我国的侵权责任法进入一个新阶段。

《民法典》"侵权责任"编共十章，计95条。较之《侵权责任法》，民法典在侵权责任制度上的发展和完善主要有以下几点：

其一，确立了"自甘风险"规则，规定自愿参加具有一定风险的文体活动，因其他参加者的行为受到损害的，受害人不得请求其他参加者承担侵权责任。

其二，规定了自助行为制度，明确合法权益受到侵害，情况紧迫不能及时获得国家机关保护，不立即采取措施将使其合法权益受到难以弥补的损害的，受害人可以在保护自己合法权益的必要范围内采取扣留侵权人的财物等合理措施，但是应当即请求有关国家机关处理。受害人采取措施不当造成他人损害的，应当承担侵权责任。

其三，完善了精神损害赔偿制度，吸收了司法实践经验，规定因故意或者重大过失侵害自然人具有人身意义的特定物造成严重精神损害的，被侵权人有权请求精神损害赔偿。

其四，加强对知识产权的保护力度，规定故意侵害他人知识产权，情节严重的，被侵权人有权请求相应的惩罚性赔偿。

其五，完善了公平分担制度，规定受害人和行为人对损害的发生都没有过错的，依照法律的规定由双方分担损失。

其六，增加规定了委托监护的侵权责任。

其七，完善了网络侵权责任制度，完善了避风港规则和红旗规则。

其八，完善了产品生产者、销售者召回缺陷产品的责任，规定依照相关规定采取召回措施的，生产者、销售者应当承担被侵权人因此支出的必要费用。

其九，明确交通事故损害先由机动车强制保险理赔，不足部分由机动车商业保险理赔，仍不足的由侵权人赔偿的赔偿顺序。

其十，规定了好意同乘的责任制度，明确非营运机动车发生交通事故造成无偿搭乘人损害，属于机动车一方责任的，应当减轻其赔偿责任，但是机动车使用人有故意或者重大过失的除外。

其十一，确立了挂靠机动车交通事故的连带责任。

其十二，完善了保护患者知情权制度，明确医务人员的相关说明义务。

其十三，增加规定了生态环境损害的惩罚性赔偿制度，明确规定了生态环境损害的修复和赔偿规则。

其十四，完善了高度危险责任，明确占有或者使用高致病性危险物造成他人损害的，应当承担侵权责任。

其十五，完善了高空抛物致人损害责任，增加了物业服务企业等物业管理人责任，规定物业管理人未采取必要的安全保障措施的，应当依法承担未履行安全保障义务的侵权规定；明确了公安等机关的调查责任，规定发生高空抛物损害事件的，公安等机关应当依法及时调查，查清责任人。

四、侵权责任编与其他法、其他救济制度的关系

除《民法典》"侵权责任"编以外，其他法律中也有关于侵权责任的规定。其他法律中关于侵权责任的规范也为实质意义侵权责任法的内容。就《民法典》"侵权责任"编与其他法关于侵权责任规定的关系来说，"侵权责任"编为一般法，其他法的规定为特别法。依法律的适用规则，特别法优先于一般法。因此，在发生侵权损害赔偿时，特别法有特别规定的，应首先适用其他法的特别规定；没有特别规定的，适用"侵权责任"编的规定。

侵权责任法为救济法，侵权人承担侵权责任是对被侵权人遭受损害的有效救济措施。但是，现代社会，对受害人的救济制度并非仅有侵权责任制度，而是构建起了救济体系。除侵权责任法，对受害人的救济制度主要有国家赔偿制度、社会保障制度以及责任保险制度。

国家赔偿制度，是指国家机关及其工作人员不法侵害民事主体的合法权益而由国家对受害人给予赔偿的制度。因此，国家赔偿制度也是对民事权益受侵害的一种救济措施。我国《民法通则》中曾规定国家工作人员职务侵权的侵权责任，但后因国家制定了《国家赔偿法》，侵权责任法中未再规定国家工作人员职务侵权的责任。侵权责任法与国家赔偿法的关系，为一般法与特别法的关系，在适用上国家赔偿法优先。凡符合国家赔偿法规定的赔偿条件的，应依国家赔偿法的规定对受害人予以救济。

社会保障制度广义上包括责任保险制度，这里主要是指工伤保险制度。在传统侵权责任法上，使用人责任包括其使用的工作人员因执行职务受到损害的责任和工作人员执行工作任务造成他人损害的责任。我国侵权责任法没有规定用人单位因工作人员执行工作任务受到损害的责任。用人单位的工作人员即与其有劳动关系的人员在执行工作任务中受到损害的，属于工伤事故，按照《工伤保险条例》的规定处理。但是，在工作人员因第三人造成损害时，第三人应对被侵权人承担侵权责任。

责任保险制度，是指保险人与被保险人约定在被保险人应当承担民事责任时，由保险人按约定向受害人支付赔偿金的制度。责任保险有强制责任保险与商业责任保险之分。强制责任保险，是法律规定的被保险人必须投保的，而商业责任保险则是由保险人自愿投保的。责任保险制度为受害人提供更为可靠的救济手段，因为受害人一旦因保险事故遭受损害，就会先由保险公司负责按照法律规定或约定给予赔偿，因此，责任保险制度有利于保护受害人利益。在侵权人侵害他人民事权益造成损害时，应先适用责任保险的规定，由保险人按强制责任保险、商业责任保险的顺序赔偿；没有责任保险或者责任保险赔偿不足以补偿全部损害的，由侵权人赔偿。

本 论

第一章　一般规定

一、侵权责任法调整的对象

第一千一百六十四条　本编调整因侵害民事权益产生的民事关系。

本条规定了侵权责任法调整的对象。

侵权责任法调整的是因侵害民事权益产生的民事关系。侵害民事权益的行为也就是侵权行为。侵权行为一词，英文为"tort"，从词源意义上看，"tort"源于拉丁文"tortus"。该词的原意为扭曲、弯曲，后来表示一种错误行为。"tort"演变为法律术语，则表示一种违法行为。现代所称的侵权行为，在罗马法上称为私犯，意即对私人的侵犯。中文的侵权行为一词最早出现在《大清民律（草案）》中。

侵权行为具有以下特征：

第一，侵权行为是一种事实行为。侵权行为是一种行为，行为是受主体的意识支配的、可以控制的。在民法上，人的行为有事实行为与民事法律行为之分。民事法律行为是以发生特定民事法律后果为目的、以意思表示为要素的主体行为，而侵权行为并不以发生民事法律后果为目的，也不以意思表示为要素，因此，侵权行为只能是事实行为，而不是民事法律行为。

第二，侵权行为是不法的事实行为。民事主体实施的事实行为是有合法与不合法之分的。合法的事实行为是受法律和社会道义鼓励的行为，是有利于他人的行为，如紧急救助行为、见义勇为行为及其他无因管理行为。无因管理行为虽不是民事法律行为，而是事实行为，但这种事实行为是有利于受益人的，是社会成员相互帮助、相互关爱的表现，是合法的，不具有违法性。而侵权行为并不是有利于他人、受法律鼓励的合法行为，而是不法的即法律不许可的事实行为。

第三，侵权行为是一种侵害民事权益的不法行为。民事权益是民事主体的私权益。正因为侵权行为是侵害私权益的行为，所以说侵权责任法是私权益救济法，是以保护民事主体合法权益为目的，侵权责任法也就成为民法的重要组成部分。如果行为人的行为侵害的不是民事权益，而纯粹是公权利，则该行为不属于侵权行为，也就不为侵权责任法调整的对象。

第四，侵权行为侵害的是绝对性民事权益。民事不法行为既包括违约行为，也包括侵权行为。违约行为是不履行约定义务的不法行为，侵害的是相对人的债权即相对权。而侵权行为是不履行法定义务的不法行为。民事主体的法定义务即是不得侵害他人的民事权益。不履行法定义务的侵权行为侵害的不是民事主体的相对权益，而是绝对权益。绝对权与相对权的区分主要在于义务人是否特定。我国原《侵权责任法》第2条第2款规定，"本法所称民事权益，包括生命权、健康权、姓名权、名誉权、荣誉权、肖像权、隐私权、婚姻自主权、监护权、所有权、用益物权、担保物权、著作权、专利权、商标专用权、发现权、股权、继承权等人身、财产权益。"民法典虽未再作此规定，但从解释上，这一规定的精神仍是有效的。侵权行为侵害的是绝对性权益。这主要是因为侵权责任法不仅担负着保护主体民事权益的职能，还担负着保护主体行为自由的职能。"侵权行为法的主要任务在于如何构建法益保护与行为自由之间的矛盾关系。"[①] 作为绝对性民事权益都是法律明确规定的，具有典型公示性，而相对性民事权益却缺乏公示性。侵权责任法保护绝对性权益，这就可以避免行为人在实施行为时须审查他人是否享有权利，其行为是否会侵害他人权利，可以更大程度上保护民事主体的行为自由。

侵权行为侵害的民事权益，既包括绝对权，也包括合法利益。所谓合法利益，是指主体享有的未规定为权利的受法律保护的利益。合法利益虽然也受法律保护，但其保护程度较低，因为绝对权以外的权利及尚未达到权利密度的受法律保护的利益，其存在方式较为隐秘，不具有公示性，因此不能期待人们对其给予与绝对权一样的尊重，否则，将导致赔偿责任漫无边际，人类合理的自由空间受到不当限制。[②] 对于合法利益保护的限制主要是侵权行为构成要件上的限制。对于合法权益的侵害，必须为故意并且违反公序良俗，才构成侵权行为；仅是过失侵害合法权益的，不应构成侵权行为。通说认为，受侵权法保护的合法权益主要包括：占有利益、死者的人格利益、纯粹经济损失、医疗机会损失等。

侵权行为既是一种不法行为，行为人即应依法承担相应的

---

① 〔德〕马克西米利安·福克斯：《侵权行为法》（第5版），齐晓琨译，法律出版社2006年版，第4页。

② 程啸：《侵权行为法总论》，中国人民大学出版社2008年版，第176页。

不利的法律后果。因侵权行为在当事人之间产生的民事法律关系也是一种债的关系，民事权益受侵害的受害人为债权人，侵害他人民事权益的侵权行为人为债务人。《民法典》第120条规定："民事权益受到侵害的，被侵权人有权请求侵权人承担侵权责任。"可见，在因侵权行为发生的民事关系中，受损害的被侵权人享有的权利为侵权请求权，而侵权人负有的义务也就是承担侵权责任。

二、侵权请求权的概念和性质

侵权请求权是权利人享有的请求侵权人承担侵权责任的权利。侵权请求权的基础或者发生根据为侵权行为。因此，侵权请求权的权利主体为被侵权人。被侵权人也就是民事权益受侵害之人，民事权益未受侵害的人不能成为侵权请求权的主体。因为侵权请求权是被侵权人请求侵权人承担民事责任的权利，因此，侵权请求权的相对人只能是侵权人。侵权人既可以是其行为直接侵害他人民事权益的人，也可以是其行为间接侵害他人民事权益的人或者对直接侵害行为负有责任之人。不论在何种情形下，其行为与他人民事权益受侵害没有任何关系之人，不能成为侵权请求权的相对人。

侵权请求权主要具有以下特性：

1. 侵权请求权为实体法上权利而不是程序法上权利

侵权请求权既可以通过非讼程序实现，也可以通过诉讼程序实现。被侵权人向法院提起诉讼，请求侵权人承担侵权责任的，是在行使自己的诉权，而不是行使侵权请求权。诉权为程序法权利,而侵权请求权为实体法的权利。原告行使诉权,向法院提起侵权之诉,是为了实现自己的侵权请求权。因此,原告在诉状中应证明自己享有侵权请求权。法院也只有确认原告享有侵权请求权,才会支持原告的诉讼请求。

2. 侵权请求权为相对权而非绝对权

民事权利有绝对权与相对权之分。绝对权是可以对抗一切人的,权利人可以向任何人主张权利。相对权是只能对抗相对人的,权利人只能向特定的相对人主张权利。绝对权是侵权行为侵害的对象,但基于侵权行为发生的侵权请求权却属于相对权,而不是绝对权。侵权请求权的权利人只能向特定的侵权人主张权利,而不能向其他人主张权利。

3. 侵权请求权为救济请求权,而不是原权利请求权

民事权利有原权利与救济权利之分。原权利为原生权利,指主体享有的受法律保护的本权利。救济权利,是指因原权利受非法侵害时产生的救济性权利。没有原权利,救济权利也就无意义,因为救济权就是为救济原权利而存在的,救济权是原权利受到侵害的权利人享有的权利。侵权请求权是在民事权益受侵害产生的权利,没有原权利也就不会有侵权请求权;而侵权请求权也正是为救济被侵害的原权而存在的,因此,侵权请求权属于救济权而不属于原权。

侵权请求权为救济权,也就是救济请求权;而原权利也含有原权请求权的权能,原权请求权为原权的效力。侵权请求权与原权请求权是何关系呢?对此有不同的观点。二者的主要区别在于:原权请求权为原权本身具有的效力。如物权请求权,是物权的效力之一,指的是物权人有请求维护物权的完整和防

止侵害的权利；人身权请求权为人身权的效力之一，指的是人身权人得请求任何人不得侵害其人身权，维持人身权完整的权利。可以说，原权请求权是原权的维持效力，是一项在他人侵害其权利时权利人就享有的可以行使的潜在的权能。没有原权被侵害的事实，权利人也就没有必要行使该权利。而侵权请求权是因为权利受到侵害需要救济时产生的救济请求权。在一定意义上可以说，绝对权请求权在绝对权受侵害时也就转化为侵权请求权。侵权请求权是显在的，是权利人为保护其权益，救济被侵害的原权，应当也可以行使的权利。

三、侵权责任的概念和特征

发生侵权行为这一法律事实，被侵权人享有侵权请求权，侵权人则负有承担侵权责任的义务。何为侵权责任？法律上并未定义。顾名思义，侵权责任是因实施侵权行为而应依法承担的民事责任。在对民事责任采二元论的我国，侵权责任为民事责任的一种，具有不同于其他民事责任的以下特征：

其一，侵权责任是民事主体违反法定一般义务应承担的民事责任。民事责任是民事主体违反民事义务而应承担的不利法律后果，民事义务是民事责任的前提，没有民事义务，就不会违反民事义务，也就不能发生民事责任。民事主体的义务有约定义务与法定义务之分。违反约定义务的民事责任是违约责任，而不是侵权责任。法定义务又有特定义务与一般义务之别。法定的特定义务是指法律规定的特定人之间的义务，如缔约当事人间的缔约义务，不当得利人与受损人间的义务，无因管理的管理人与受益人间的义务；一般义务是指法律规定的非特定人之间的义务，如不得侵犯他人财物的义务。特定人违反法定的特定义务会发生缔约过失责任或者其他债务不履行责任，而不属于侵权责任。因此，侵权责任只能是违反法定一般义务应承担的民事责任。

其二，侵权责任是以侵权行为为事实根据的民事责任。民事主体违反法定义务而承担的责任并非都为侵权责任。例如，缔约当事人因违反缔约义务而承担的是缔约过失责任，虽然缔约义务是法定的而非约定的义务，违反缔约义务也是违反法定义务的行为，但缔约过失责任不属于侵权责任。侵权责任与其他违反法定义务的民事责任的区别之一还在于：侵权责任是以侵权行为为事实根据的，而不是以其他法律事实为发生根据。侵权责任是因侵权行为而发生的民事责任，只有侵权行为才是发生侵权责任的事实根据。没有侵权行为这一法律事实，也就不能发生侵权责任。

其三，侵权责任是依据法律的直接规定而承担的民事责任。侵权责任不同于违约责任的特征之一，是其法定性。侵权责任的承担方式、侵权责任的内容都是由法律直接规定的。违约责任可以事先约定，而侵权责任不得事先约定，当事人关于侵权责任事先约定无论是关于免责条件的约定还是责任方式和范围的约定，都是无效的。侵权责任的这一特征表现出其具有强烈的强制性。尽管民事责任都是由国家强制力保障实现的，但各种民事责任的强制性并不相同。

其四，侵权责任是侵权人向被侵权人承担的民事责任。侵权人与被侵权人是侵权责任关系的双方主体，侵权人与被侵权人具有平等的法律地位，双方之间不存在支配与被支配、管理与被管理、命令与服从关系。不是平等的主体之间的一方向另一方承担的责任，不属于侵权责任。

其五，侵权责任的承担方式是多种多样的。侵权责任从被侵权人的角度上看，是民事权益受侵害的救济措施。因为侵权行为侵害的民事权益性质各有不同，因此应采取的救济措施也就会具有多样性。《民法典》第179条规定的承担民事责任的方式，大多仅是侵权责任的承担方式。与其他民事责任相比，其他民事责任都仅为财产责任，即违反民事义务的人应以一定的财产给予对方当事人以救济。而侵权责任尽管也多为财产责任，但不限于财产责任。例如，消除影响、恢复名誉以及赔礼道歉等并不具有财产性质。

其六，侵权责任具有优先性。侵权责任的优先性，是指相对于行政责任、刑事责任，侵权责任具有优先实现的效力。《民法典》第187条规定，"民事主体因同一行为应当承担民事责任、行政责任和刑事责任的，承担行政责任或者刑事责任不影响承担民事责任；民事主体的财产不足以支付的，优先用于承担民事责任。"在民事责任中间，如侵权责任与违约责任之间不存在何者优先问题，因为二者均为民事责任。当然，行为人的同一行为可能既为违约行为，也构成侵权行为，于此情形下，发生违约责任与侵权责任的竞合。依《民法典》第186条规定，因当事人一方的违约行为，损害对方人身权益、财产权益的，受损害方有权选择请求其承担违约责任或者侵权责任。这也就是说，行为人不能因同一行为同时承担违约责任和侵权责任，行为人承担了违约责任，也就不承担侵权责任，反之亦然。

四、侵权行为的归责原则

（一）侵权行为归责原则的含义

归责，指的是责任的归属；归责原则，指的是确定责任归属的规则。侵权行为的归责原则，也就是指确定侵权行为人承担侵权责任的规则。

侵权责任是因侵权行为而发生的民事责任。行为人实施了侵害他人民事权益的侵权行为又何以应当承担民事责任呢？换句话说，实施侵权行为的当事人承担侵权责任的根据或基础为何？这就涉及归责原则问题。因此，侵权行为的归责原则是决定侵权行为人承担责任的根据和标准。归责原则不同，承担侵权责任的根据不同，侵权责任的构成条件也就不同。所以说，侵权行为的归责原则在侵权责任法中居于核心地位。

侵权行为的归责原则体现着侵权责任法的基本理念和立法政策，是民法基本原则在侵权责任领域的具体体现。

侵权行为的归责原则也是随着社会的发展而不断发展的。从最初古代社会的侵权行为的归责原则仅为结果责任，发展到近代侵权责任法规定的归责原则仅为过错责任原则，再发展到现代各国侵权法规定的侵权行为的归责原则已经不限于过错责任原则而呈现出归责原则多元化的发展趋势。

（二）过错责任原则

第一千一百六十五条 行为人因过错侵害他人民事权益造成损害的，应当承担侵权责任。

依照法律规定推定行为人有过错，其不能证明自己没有过错

的，应当承担侵权责任。

本条规定了过错责任原则。

1. 过错责任原则的含义

过错责任原则，是指以过错为实施侵权行为的行为人承担侵权责任的根据。过错责任原则的含义在于：其一，过错是归责的基础或者根据。行为人的行为虽然造成他人损害，但行为人只有主观有过错，才对损害承担责任；如果行为人没有过错，就对损害不承担侵权责任。可见，按照过错责任原则，无过错则无责任。其二，过错是构成侵权责任不可或缺的要件。实施侵权行为的行为人之所以承担侵权责任，不在于其行为造成他人民事权益的损害，而是因为其有过错。也正因为这一点，过错是构成侵权责任的核心要件。其三，过错对侵权责任范围的确立具有重要意义。按照过错责任原则，侵权行为人只能对因自己过错造成的损害承担侵权责任。行为人承担的责任范围应与其过错的程度相适应。

按照过错责任原则，只要行为人因过错侵害他人的民事权益造成损害，行为人就应当承担侵权责任，而无须法律另外规定，因此，过错责任原则为侵权责任的一般或基本归责原则。法律关于过错责任原则的规定，也就被称为侵权责任的一般条款。

2. 过错责任原则的理论基础

古代社会最初实行结果责任，只要有损害后果，就须承担责任。唯一的例外是，对不可抗力造成的损害不承担责任，因为不可抗力被认为是神的力量。后来出现过错责任，在古罗马《十二铜表法》中就出现了过错的概念，如第八表中规定，"烧毁房屋或堆放在房屋附近的谷物堆的任何人，如其为故意，得将其捆绑鞭打，然后烧死；如属过失，则须赔偿损失，如无力偿还，则可代以较轻的惩罚。"公元前287年的《阿奎利亚法》开始确立了过错责任原则。按照该法规定，"如果行为人的行为不法，那么，行为人须对此引起的损害负责。"所谓不法，就是没有权利。这实质上意味着行为人当时主观上不是故意便是过失。在这个意义上，罗马法中的"违法"实质蕴含着行为人当时的主观心理状态，在这种情况下，要想规避不法就只有无过失。① 罗马法的这一原则被1804年的《法国民法典》继受。从此，过错责任原则为近代各国民法所确认，并被称为近代民法的三大基石之一。

过错责任原则的确立使侵权责任的归责原则不再实行客观的加害原则，这无疑是人类的一大进步。过错责任原则何以取代加害原则而成为侵权行为的归责原则呢？这主要是基于以下三方面的原因：

其一，过错责任原则实现了法律责任与道德责任的统一。所谓过错，就是行为人主观上的选择错误。行为人能够做出不实施侵害他人权益的行为却选择实施了侵害他人权益的行为，是应受道德非难和谴责的。过错责任原则以行为人主观上具有过错为最终的归责要件，也就以行为人道德上的非难性或可谴责性来指导法律责任的归属，从而使法律责任的承担获得了道德上的理由。因此，过错责任的推行有利于醇化社会风气、指引和规范人的日常行为。

---

① 江平、米健：《罗马法基础》，中国政法大学出版社1987年版，第286页。

其二，过错责任原则充分保护了行为自由。过错责任，一方面强调行为人的行为自由，一方面强调一个人只对自己意志自由范围内的过错行为承担责任。因此，实行过错责任原则的法律政策，实际是要保障一般的主体行为自由，即民事主体在民事活动中只要尽了必要的注意义务，就无须担心对因此造成的损害承担责任。这样，过错责任原则也就从消极方面保障行为自由，体现私法的意思自治原则。因为私法实行意思自治，意思自治强调行为人自主决定私法事项，既然行为人自主决定私法事项，行为人也就应当对其错误选择即过错造成的损害承担责任。如果行为人主观上没有过错，也就是没有选择错误，即使造成他人损害，也无须承担责任。可见，过错责任原则实现的是矫正正义，在保障行为自由和权利绝对保护上，过错责任原则以保障自由优先。

其三，过错责任原则促进经济的发展。过错责任原则是一项自由竞争法则，可以充分调动主体的积极性、主动性。因为按照过错责任原则，行为人只要没有过错，就不会有责任。这就促使行为人自由自主地积极进行经营活动，而不必担心由此而带来的损害赔偿。这当然也就有利于竞争，促进经济的发展。

由上可见，过错责任原则的理论基础是矫正正义和保护自由。因为民事主体是社会的成员，民事主体在社会生活中，一方面享有充分的自由，可以根据自己的意愿选择自己的生活方式和行为，另一方面因为任何社会成员都不是孤立的，因此，任何人在选择自己的行为时都应注意不得损害其他民事主体的民事权益。民事主体在选择自己的行为时没有尽到不得侵害他人民事权益的注意义务，也就是有过错。行为人能够选择不损害他人民事权益的行为而选择错误造成他人的损害,由受害人自己承担该损害是不公平的、非正义的。因此,为矫正这种不公平、非正义现象,应当由对造成损害有过错的行为人承受该损害的不利后果,让过错行为人承担侵权责任,以实现对受害人的救济。况且,有过错的违反注意义务而损害他人民事权益的行为,不仅是违反法律规定的行为,也是违反尊重他人权益的道德义务的行为,让有过错的行为人承担侵权责任,也符合社会的道德要求,达到法律价值判断与道德价值判断标准的统一。

3. 过错推定原则

过错推定原则,是指依照法律规定推定造成他人损害的行为人有过错,只要行为人不能证明自己没有过错,就应当承担侵权责任;而行为人能够证明自己没有过错的,也就不承担侵权责任。从归责原则上说,过错推定责任仍是以过错为承担责任的最终根据的,因此,过错推定原则也应属于过错责任原则的范畴。但是,过错推定责任原则又不同于一般过错责任原则。二者的根本区别在于举证责任不同:过错责任的受害人要求行为人承担侵权责任的,应当举证证明行为人有过错,受害人不能证明行为人过错的,行为人不承担侵权责任;而过错推定责任的受害人要求行为人承担侵权责任的,无须证明行为人有过错,而由行为人负责举证证明自己没有过错,行为人不能证明自己没有过错的,就应当承担侵权责任。正因为二者的举证责任不同,过错推定责任是较一般过错责任要**严格**的责任,有的也称过错推定责任为严格责任,但严格责任不限于过错推定责任。

过错推定责任虽然也以过错为归责原则，但与过错责任的适用范围不同。过错推定责任只适用于法律有规定的场合。例如，《民法典》第1255条规定，"堆放物倒塌、滚落或者滑落造成他人损害，堆放人不能证明自己没有过错的，应当承担侵权责任。"如果法律没有规定推定行为人有过错的，就不能适用过错推定责任。由此看来，只有《民法典》第1165条第1款才属于侵权责任的一般条款，而第1165条第2款不应属于侵权责任的一般条款。

也正因为过错推定责任也实行法定主义，在适用条件和举证责任上与无过错责任相似，因此，有学者称过错推定责任是介于过错责任与无过错责任之间的中间责任。

（三）无过错责任原则

第一千一百六十六条　行为人造成他人民事权益损害，不论行为人有无过错，法律规定应当承担侵权责任的，依照其规定。

本条规定了无过错责任原则。

1. 无过错责任原则的含义

无过错责任原则，是指不以行为人的过错为承担侵权责任根据的归责原则。无过错责任并不是指没有过错的行为人承担的侵权责任，而是指不论行为人有无过错，只要依照法律规定其应当承担侵权责任，行为人就应依照法律规定承担侵权责任。

无过错责任与过错责任的根本区别是不以行为人的过错作为其承担侵权责任的根据。因此，在适用无过错责任时，受害人不必举证证明侵权人有过错，只需证明所受损害是侵权人行为造成的即可。在这一点上，无过错责任与过错推定责任相同，但二者性质不同。过错推定责任的归责根据仍是行为人的过错，因此，只要行为人能够证明自己对损害的造成并无过错，也就不承担责任。而无过错责任中，行为人不能以证明自己没有过错而不承担侵权责任。

无过错责任原则也不同于古代法上的加害原则。无过错责任不属于实行加害原则的结果责任、绝对责任。结果责任、绝对责任，是只要造成他人损害，行为人就必须承担侵权责任的一种责任。在结果责任、绝对责任中，行为人只要不能证明损害与其行为无关，就应承担责任。而无过错责任的行为人只是不能以证明自己没有过错而不承担责任，但是，法律也规定了一定情形下行为人可以不承担责任。因此，实行无过错责任原则，行为人虽不能以证明自己没有过错而免责，但只要能够证明自己有法律规定的可以免除或者减轻责任的事由，也就可以不承担责任或者减轻责任。

从法制史上看，原古时期盛行"以牙还牙，以血还血"的复仇主义观念，侵权责任是以结果责任为归责原则的。后来才出现过错责任原则。随着社会工业化的发展，社会危险的增多，工业事故的频繁发生，依过错责任原则，受害人难以证明工厂主的过错，因此得不到应得的赔偿，从而引发大量的纠纷。于此情形下，开始出现了无过错责任。无过错责任不再以过错为最终的归责原则。

一般认为，最早规定无过错责任的是普鲁士法。普鲁士1838年的《铁路企业法》中承认了无过错责任，其后制定《矿业法》时，又将这一原则扩大到矿害。其后，各国多在特别法中承认了无过错责任，无过错责任的适用范围日益广泛。我国侵权责任法将无过错责任原则规定为过错责任原则外的另一项归责原则。

现代社会是一个高风险的社会，各种损害时有发生，损害后果越来越严重。为应对社会风险造成损害的危险，更好地平衡自由与权利的保护，侵权责任制度的功能从矫正正义向分配正义转向。在归责原则上，一方面，在过错责任中对其予以一定修正，通过过错客观化以实现责任严格化；另一方面将无过错责任原则确认为一项归责原则。无过错责任原则尽管是一项特殊的归责原则，而非一般归责原则，但已经不再仅仅是过错责任原则的一种例外，或一种补充。因此，现代民法上，包括侵权责任在内的民事责任归责原则已经多元化，而非一元化。

2. 无过错责任的理论根据

无过错责任的理论根据不是矫正正义而是分配正义。在法律规定适用无过错责任的场合，在损害发生前，当事人双方并不是处于一种完全对等的状态，由于各种客观条件的限制，双方的信息并不对称，双方控制风险的能力不对称，因此，在这种情形下发生的损害，不能以矫正出现的不平衡的不正常状态来实现正义，而是通过损害的分配来实现正义。

分配正义不同于矫正正义。矫正正义是基于造成损害的当事人有过错，其行为具有道德上的可谴责性，只有由其承担责任，才符合正义。因为只要行为人没有过错，就不对损害承担责任，这样既可充分保障主体的行为自由，又可保障主体的民事权益不受不当侵害。而无过错责任的确立不是基于行为人有过错，而是因为行为人实施的行为有相当的危险性，而这种行为又不具有道德上的可谴责性，只有让其承担行为造成的损害后果，而不是让受害人自行承担损害后果，才符合正义要求。可见，无过错责任正是通过损害的分配来实现社会正义的。

关于无过错责任的基础，有各种不同的学说，如损失分担说、损益一致说、长臂理论、危险控制理论、维护社会安全理论等。损失分担说认为，无过错责任的基础不在于对不法行为的制裁，而在于对不幸的损害的合理分配。由于企业有较强的分担能力，常被称为深口袋，其可以通过保险机制和价格机制转嫁风险，因此，应由其承担责任。损益一致说认为，从风险中获益者应对风险的后果负责，"利之所在，损之所归"。长臂理论认为，企业通过使用辅助人或者机器来扩张其影响和危险的范围，相应地，企业应当对其扩张的风险负责。危险控制理论认为，从事危险活动或者占有、使用危险物品的人对于这些活动或者物品的性质更有真切的认识，也最具有能力控制危险的现实化，形成危险者应对其危险所致的后果负责，且形成危险者从危险活动中获利，危险物品的所有人或者占有人能够控制这些危险。维护社会安全理论认为，民事责任归责的哲学基础不在于意志自由哲学，而在于"一般社会之安全利益"。无过错责任是基于一般社会之安全利益而让行为人承担责任的。[①] 各种学说都有道理。比较而言，危险控制说更为合理。无过错责任并不是源于行为人的过错，而是源于危险。无过错责任是随着危险活动而出现的，其责任的确定不在于行为人行为的不法性和道德上的可谴责性，而在于危险的可控制性。如果这种损

---

① 参见王利明：《侵权责任法研究》（上卷），中国人民大学出版社 2010 年版，第 257—258 页。

害发生的危险是民事主体无法或者不能控制的，民事主体对此损害也就不会承担侵权责任。

3. 无过错责任原则与过错责任原则的区别

无过错责任与过错责任相比较，主要有以下区别：

第一，无过错责任不以行为人的主观过错为归责根据，不以行为人的主观过错为承担责任的必要条件。对于无过错责任，凡法律规定有免责事由的，只要行为人不能证明自己有法律规定的免责事由，不论其有无过错，都应承担侵权责任。而过错责任以行为人的主观过错为归责根据，过错是其承担责任的必要条件。被侵权人要求行为人承担侵权责任，应当证明侵权人有过错，而侵权人只需证明自己没有过错就可以不承担责任。

当然，如前所述，对于某些侵权行为，法律规定适用过错推定原则，只要行为人不能证明自己没有过错，就推定其有过错。过错推定责任从归责原则上说，仍属于过错责任；但是，从适用范围和举证责任上看，具有无过错责任的特点。如过错推定责任也仅适用于法律特别规定的场合；被侵权人请求侵权人承担侵权责任，不必证明侵权人有过错，而侵权人须证明自己没有过错，否则，就应承担责任。

第二，无过错责任仅适用于法律特别规定的场合，也就是说，只有法律明确规定适用无过错责任原则时，行为人才承担无过错责任。法律没有规定的，不能适用无过错责任原则。而过错责任原则，是侵权责任法的一般归责原则，只要法律没有另外的规定，就适用过错责任原则。也就是说，过错责任适用于法律没有特别规定的各种场合。正是从这一意义上说，无过错责任为特别责任，而过错责任为一般责任。

第三，在无过错责任中，责任的范围仅决定于被侵权人的损害程度，而不受行为人过错程度的影响，并且法律对无过错责任往往规定有赔偿限额或赔偿范围的限制。而在过错责任，侵权人的过错程度对于责任的确定有意义，并且不限制侵权赔偿责任数额。

五、侵权责任的一般构成要件

（一）侵权责任一般构成要件的含义

侵权责任的一般构成要件，是指在一般情形下，行为人承担侵权责任须具备的条件。也就是说，在一般情形下，只有具备侵权责任的一般构成要件，行为人才应当承担侵权责任。如前所述，侵权责任的归责原则不同，侵权责任的构成要件也就不同。侵权责任的一般归责原则为过错责任原则，因此，过错责任为一般侵权责任。侵权责任的一般构成要件也就是指过错责任的构成要件。在法律没有特别规定的情形下，只有具备侵权责任的一般构成要件，才会发生侵权责任。

关于侵权责任的一般构成要件，学者中也有不同的观点，主要有四要件说与三要件说两种不同观点。二者的争议之处，就在于行为的违法性是否为构成要件。三件说认为，行为的不法性不属于单独的构成要件，因为过错也就是不法。如王利明等主张，不应当以违法性作为责任的构成要件，主要理由在于：一方面，即使某种行为并没有违反法律的明确规定，但由于行为人具有过错，也可能承担侵权责任；另一方面，在过错责任中，即便多数侵权行为系违法的，但是，违法性要件通常被过错要件所包括。① 而四要件说认为，行为的不法性也是单独的构成要件，过错不能包含不法。②

从逻辑上说，因侵权责任是对侵权行为造成的损害后果的责任，因此，被侵权人在请求行为人承担侵权责任时，首先要证明有损害的发生。正因为有损害，被侵权人才要确定该损害是如何造成的，应由谁负责；其次要证明损害是因某人的行为造成的。被侵权人只有证明损害是由侵权人的行为造成的，才能要求侵权人承担责任；再次应证明行为人的行为是不法的。如果行为人的行为是合法的，尽管是其行为造成损害的，但因该行为不具有违法性，也就不构成侵权行为，行为人就不会承担侵权责任；最后应证明行为人是有过错的，因为即使行为人的行为不法，但如果行为人主观上并无过错，则行为人也不承担侵权责任。由此看来，侵权责任的一般构成要件应当包括损害事实、损害与行为间的因果关系、行为不法、过错等四项。

（二）损害事实

1. 损害的含义和特征

损害事实的存在，是侵权责任构成的首要条件，因为没有损害的存在，也就不存在责任的确定问题，即通常所称"无损害即无责任"。

何为损害？我国法律并未定义，但从比较法上看，有的国

---

① 王利明、周友军、高圣平：《中国侵权责任法教程》，人民法院出版社 2010 年版，第 183 页。另参见王利明：《我国〈侵权责任法〉采纳了违法性要件吗？》，载《中外法学》2012 年第 1 期。

② 参见杨立新：《侵权责任法》，法律出版社 2010 年版，第 68 页。

家的法律对损害予以定义,如《奥地利民法典》第1293条中就规定:"损害,指受害人在财产、权利或人身上遭受的任何不利益。"① 理论上关于损害也有各种学说,主要有差额说和组织说两种观点。② 差额说认为,损害是指财产或者法益遭受的不利益状态,侵权行为事实发生后的利益状态与发生前的利益状态的差额,就是受害人遭受的损害。组织说认为,损害包括受害人财产上的积极损失和可得利益损失,它是行为人的行为给受害人造成的一种不利益状态,应根据受害人受法律保护的利益遭受侵害以后,客观上遭受的损失予以确定。通说认为,损害是指合法民事权益遭受的不利益。

关于损害的特征,学者有不同的表述,实际上,损害具有如下两个基本特征:

其一,损害具有客观确定性。

损害是对合法权益侵害的不利后果,没有合法权益的存在,也就不会有损害的发生。只有民事主体的合法权益受到损害,才有予以救济的必要。因为确定损害是决定侵权责任的前提,因此,损害必须是真实的客观存在的,而不能仅仅是权利人主观想象的。损害的客观性表现为客观上权利人受有不利益。在传统民法上,侵权责任方式仅限于损害赔偿,损害也仅指可以金钱计算的财产损失,对损害的计算也只是采取差额说。而现代法上侵权责任的承担方式已不限于损害赔偿,损害也并不单指财产价值损失,也包括对主体权益造成的其他不利益。有学

---

① 《奥地利民法典》,戴永盛译,中国政法大学出版社2016年版,第250页。
② 两种学说更为详细的介绍及说明,参见曾世雄:《损害赔偿法原理》,中国政法大学出版社2001年版,第118—131页。

者指出，这种不利益包括两种情形：一是不良后果，如财产毁损、利润损失、健康恶化、名誉玷污等；二是不良状态，如财物被侵占、经营受妨碍、行为受限制等。[①] 损害的确定性是指损害的范围和程度是可以确定的。因为只有损害能够确定，才能决定行为人应当承担的责任。但是，在现代法上，损害的概念出现了若干新的发展趋势，主要表现为：第一，生态损害。所谓生态损害，是指对于自然环境所造成的损害，例如对于水资源、大气、植被或者动物生态系统等的破坏。第二，集体损害。这是指对于某一群体的集体利益所造成的损害。例如，环境污染可能造成的是集体损害。第三，纯粹经济损失。[②] 但无论如何，损害只能是客观的现实存在。

其二，损害具有可救济性。

损害具有可救济性有两方面的含义，一方面是指受害人所受的不利益是受法律保护的，是法律予以救济的；另一方面是指受害人所受不利益达到法律可以救济的程度。

在现代社会中人与人之间的交往是必不可少的，相互间发生一些权益的冲突也是必然的。侵权责任是在人的行为自由与权益保护间取得一种合理的平衡，民事主体对于其民事权益因他人行为所受到的不利益也有一定的容忍义务。法律只能对造成的不利益达到一定的程度的损害才予以救济。因此，具有可救济性的损害，即是行为对他人民事权益造成的不利益已经达到法律应予以救济的程度。换言之，只有被法律所承认且受法

---

① 马俊驹、余延满：《民法原论》（第四版），法律出版社 2010 年版，第 1004 页。
② 王利明：《侵权责任法研究》（上卷），中国人民大学出版社 2010 年版，第 303 页。

律保护的法益遭受侵害,方可进入侵权责任法的保护范围。① 如何判断损害是否达到可救济的程度呢?这应当从社会一般观念上考虑。如果对行为造成的不利后果,社会公众普遍认为是不可容忍的,难以接受的,就应当认为该损害具有可救济性。由于侵权责任承担方式的不同,不能将损害的可救济性仅仅理解为量上的可计算。因为只有在财产损害赔偿中,才有量的计算问题,而在其他的责任方式中没有或者难有量上的计算。

2. 损害的类别

根据不同的标准,损害有不同的分类。常见的损害分类有以下几种。

(1)财产损害与非财产损害。财产损害,是指侵害被侵权人的财产或人身权利而给被侵权人造成的经济上的损失。只要是受害人遭受的具有财产价值的损失,就属于财产损害。财产损害,不仅包括积极损失,也包括消极损失。前者是指财产价值的直接减少,后者是指财产价值应当增加而未增加。财产损害的根本特点在于可以用货币来计算。因此,财产损害适于侵权人以财产承担责任,侵权人承担财产责任就足以让被侵权人得到救济。非财产损害,是指被侵权人遭受的财产以外的损害,包括身体上的损害、精神上的损害,但不包括被侵权人由此而导致的财产损失。非财产损害的根本特点在于不能以货币来计算。由于非财产损害不能以货币计算,因此,对于非财产损害是否可适用赔偿损失责任就有争议。但现代法上普遍承认对于

---

① 参见〔奥〕海尔姆特·库齐奥:《侵权责任法的基本问题——德语国家的视角》,朱岩译,北京大学出版社2017年版,第109页。

非财产损害，在法律有规定的情形下，也可以适用赔偿损失的责任，但这种赔偿不是对非财产损害的价值的赔偿。对于非财产损害，侵权人仅以财产来承担责任并不能对被侵权人予以充分救济，侵权人还应依法承担其他的非财产责任，如，恢复名誉、消除影响等。

（2）一般财产损失与纯粹经济损失。一般财产损失是指直接侵害他人的财物或者他人的人身权益给被侵权人造成的财产损失。纯粹经济损失，是指未直接侵害被侵权人的财物或者人身但给被侵权人间接造成的财产损失。例如，侵权人损坏债务人应交付给债权人的物品，导致债务人不能履行合同而使债权人受到的经济损失。债权人受到的损失，既不是侵权人侵害其财物造成的，也不是侵权人侵害其人身造成的。再如，施工人在施工中挖断供电公司的供电电缆，企业因断电不能生产而遭受的损失。该损失并不是施工人直接侵害企业的财物造成的。区分一般财产损失与纯粹经济损失的意义主要在于：对于一般财产损失都应予以赔偿；而对于纯粹经济损失，只有在法律有特别规定的情形下，才予以赔偿。

（3）直接损害与间接损害。直接损害是指侵权行为直接引发的损害；间接损害是指不是侵权行为直接引发的而是因其他因素的介入而造成的损害。例如，某人实施加害行为造成受害人死亡，并给死者的近亲属带来精神痛苦。受害人的死亡为直接损害，而近亲属的精神痛苦为间接损害。区分直接损害与间接损害的意义主要在于：侵权行为人应对直接损害承担侵权责任，而对于间接损害是否承担侵权责任决定于法律是否有特别规定，如果法律没有特别规定，对间接损害不承担侵权责任。

（4）实际损害与可得利益损害。实际损害又称为积极损害，是指受害人现有财产的减少或者丧失。可得利益损害又称消极损害，是指受害人应当得到而由于侵权行为的发生而未能得到的利益。区分实际损害与可得利益损害的意义，主要在于二者的确定方法不同：对于可得利益损害，必须是只要没有侵权行为的发生受害人就必然会得到的利益，才属于可得利益；而实际损害则不存在是否属于必然会得到的利益问题。

（三）因果关系

1. 因果关系的含义和特征

哲学上的因果关系是指两个现象之间的一种引起和被引起的联系。若一现象是由另一现象引起的，该现象为果，而另一现象为因，则两个现象之间即为有因果关系。侵权责任构成要件中的因果关系，是指损害事实与行为人的行为之间有因果关系。如果某人的行为为损害发生的原因，损害后果为该行为的结果，则行为人的行为与损害后果之间具有因果关系；否则，二者之间不存在因果关系。只有行为人的行为是损害发生的原因，损害事实是行为人实施行为的结果，即损害与行为之间存在因果关系，行为人才会承担侵权责任。如果行为与损害之间没有因果关系，则行为人是不能承担侵权责任的。

侵权责任法上的因果关系主要具有以下特征：

其一，客观性。因果关系是一种客观存在，而不是主观臆造的。对于行为与损害之间因果关系的认定和判断，只不过是对于一种客观存在事实的还原而已，而不是一种逻辑推理。

其二，社会性。侵权责任法上确定因果关系的目的，仅是确定行为人是否会承担责任，也就是认定人的行为是否为损害事实的发生原因。人的行为是社会性行为，并非自然现象。因此，只有人的行为与损害之间的因果关系才有意义。人的行为以外的因素与损害之间是否有因果关系，与行为人是否应对损害承担侵权责任无关。

其三，时间的先后性。因果关系是一种前因后果的关系，因和果是有先后顺序的。只有人的行为在先，损害后果在后，二者之间才会有因果关系。因此，行为人在损害后果发生后实施的行为与该损害之间决不能存在因果关系。

2. 因果关系的判断标准

侵权责任构成要件中的因果关系决定着行为人对损害是否会承担侵权责任。但在如何判定行为与损害间有因果关系上有不同的观点，主要有条件说与原因说两种学说。原因说中又有必然因果关系说和相当因果关系说等不同观点。

条件说认为，凡是引起损害结果发生的现象即各种条件都为该损害结果发生的原因，只要无此事实即无该结果发生，此事实与结果之间就为有因果关系。依条件说，如果结果的发生须是相互交错的多数原因共同结合才会发生的，则每个原因均视为等价，因而每个原因均为构成因果关系之原因。[1] 因此，条件说又称为等价说。例如，某人被他人打伤，在送医院治疗的途中，因交通事故致该人死亡。因为若某人没有被打伤也就不会被送往医院，也就不会发生交通事故致该人死亡；若在去医院的途中不发生交通事故，该人也不会死亡。因此，他人将该

---

[1] 姚志明:《侵权行为法研究（一）》，元照出版有限公司2002年版，第142页。

人打伤的行为与交通事故都是该人死亡的原因，都与该人死亡的后果间有因果关系。

由于依条件说，在侵权责任的因果关系的判断上对于构成损害结果的原因范围过于广泛，因此，为限制损害结果的原因范围，出现了原因说理论，主张对于引发损害后果的各种事实应区分原因与条件。从而也就提出必然因果关系说、相当因果关系说等学说。

必然因果关系说认为，只有行为人的行为与损害后果间有内在的、本质的、必然的联系时，行为人的行为与损害后果间才为有因果关系；如果行为人的行为与损害结果间无内在的、本质的、必然联系，则行为仅为损害结果发生的条件，二者间无因果关系存在。必然因果关系说在如何判断行为与损害后果间内在的、本质的、必然的联系上，又有直接联系说、决定说与现实说等不同的观点。直接联系说认为，如果行为与结果之间有直接的联系，则二者间存在因果关系。决定说认为，如果行为对损害后果的发生起决定作用，则该行为为损害结果的原因；行为对结果的发生起一定作用，但不能决定引起该结果发生的，则行为仅为损害结果的发生条件而不为原因。现实说认为，只有行为为结果的发生提供现实性时，二者才有因果关系；如果行为仅为损害结果的发生提供可能性，则该行为仅为条件，而不为原因。必然因果关系说在我国曾有相当的影响，但现在学界多采用相当因果关系说，而不再采用必然因果关系说。

相当因果关系说认为，某一事件仅于现实情形发生某种结果者，还不能断定二者有因果关系，只有在有同一条件可发生同种的结果时该条件才为该结果发生之原因，二者间有因果关系。相当因果关系说之重点,在于注重行为人之不法行为介入社会之既存状态,并对现存之危险程度有所增加或改变。亦即行为人增加受害人既存状态之危险,或行为人使受害人暴露于与原本危险不相同之危险状态,行为人之行为即构成结果发生之相当性原因。① 依照相当因果关系说,在因果关系的判断上分为事实因果关系的判断与法律因果关系的判断两步。

第一步是先判断行为人的行为与损害结果间是否有事实的因果关系,即行为人的行为是否为损害结果发生的条件。在如何判断事实因果关系上也有不同的观点,主要为必要条件说。依必要条件说,在行为人的行为为损害结果发生之不可欠缺的条件即"若无,则不"时,行为与结果间为有事实上的因果关系。在判断行为人之行为系损害发生之不可欠缺的条件上,主要有删除说与代替说。删除说的判断方法是:想象将被告完全排除于事件的发生当场,其他条件不变,若事件仍然会发生,则被告的行为就不是损害发生不可欠缺的条件;反之,若无被告的行为,损害就不会发生或者以完全不同的方式发生,则被告的行为就是损害发生的原因。代替法的判断方法是:假设被告在现场但从事合法行为,再检验事件发生是否因而改变。若仍发生同样结果,则被告的行为与损害结果间无因果关系。通说认为,在被告的行为系作为时,应采删除说;被告的行为系不作为时,应采代替说。②

在确定被告的行为与损害间有事实因果关系后,再进一步

---

① 陈聪富:《因果关系与损害赔偿》,元照出版有限公司2004年版,第10页。
② 参见同上书,第57—58页。

判断二者间是否有法律上因果关系，亦即被告的行为是否为损害的法律上的原因。此种判断实际上就是在判断原因是否具有充分性或者说被告的行为是否为损害发生的充足原因。

相当因果关系理论可以从积极和消极两方面来表述，从积极方面看，如果被告的行为在通常情况下会导致已经发生的某个损害结果，或者至少它在某种程度上增加了某个结果发生的可能性，那么这一行为就是损害发生的相当原因。从消极的方面看，如果被告的行为造成了损害，但是这种损害的发生仅仅在非常特殊情况下发生，或者按照事物的正常过程通常不可能发生的，那么被告的行为就不构成损害发生的相当原因。①

除上述学说外，在法律上因果关系的判断上，仍有不同的学说。英美法系是以可预见说与直接结果说判断之，德国法晚近流行法规目的说。②英美法关于法律上因果关系的判断采取合理可预见说，以被告行为与原告损害之间，是否有其他因素介入，可区分为可预见之结果与因果关系中断二类。关于可预见结果之中断，经常以损害发生是否为原告行为引起之危险范围，以及该损害是否为通常事件正常发生过程所生之结果为判断基础。依据合理可预见说，被告仅就可预见之损害结果，且就该损害结果可预期发生之原告，负赔偿责任。③法规目的说认为，损害结果仅在法律目的所涵盖之范围内，始生赔偿责任。被害人须为法规目的所欲保护之当事人，且损害种类与损害发生方

---

① 王利明：《侵权责任法研究》（上卷），中国人民大学出版社2010年版，第384页。
② 陈聪富：《因果关系与损害赔偿》，元照出版有限公司2004年版，第99页。
③ 同上书，第100页。

式需为法规目的所欲保护之损害与损害发生方式，否则加害人无须负赔偿责任。① 法规目的说在具体适用中要遵循如下步骤：第一个步骤是确定法规保护目的的依据；第二个步骤是法规保护范围的确定。确定法规保护范围必须明确：受害人遭受的损害是否属于法规保护的法益；被侵害者是否属于法规所保护的人的范围；损害是否属于法规所要防止发生的。②

上述各种因果关系学说，都有一定道理，但也有不足之处。就条件说与原因说而论，尽管条件说将引起结果发生的诸因素视为有同等原因力，是不正确的。但原因说虽注意到引起结果发生的诸因素对结果发生的不同作用，却否认了"条件"也是引起结果发生的原因，也难说完全是正确的。

对侵权责任构成条件的因果关系的判断标准之所以有不同学说，与对于原因的理解不同直接有关。尽管学者们都认同侵权责任中的因果关系的运用，是要找出已发生的损害后果的原因。但在究竟何为原因上，有行为原因说、过错原因说、违法行为原因说等不同学说。行为原因说认为，确定因果关系的目的在于确定行为人的行为与损害结果间的联系，即查明行为人的行为是否为损害结果发生的原因；过错原因说认为，因果关系为过错与损害间的关系，只有过错行为才能为侵权法上的原因；违法行为原因说认为，侵权责任中的因果关系，是指违法行为与损害事实间的因果关系，只有违法行为才为侵权责任中

---

① 陈聪富：《因果关系与损害赔偿》，元照出版有限公司 2004 年版，第 143 页。
② 详见王利明：《侵权责任法研究》（上卷），中国人民大学出版社 2010 年版，第 388—389 页。

的原因。① 实际上，侵权责任中的因果关系仅在于确定被告的行为与损害结果之间的关系，即被告的行为是否为损害结果发生的原因，至于行为人的行为是否有过错、是否违法，则属于另外的侵权责任构成要件——过错及违法性问题。侵权责任构成上的因果关系仅属于相当因果关系说中的事实因果关系，而不属于法律因果关系。只要行为与损害结果间具有也只有具备事实上的因果关系，行为与损害间就存在因果关系，而不是具有法律上的因果关系才为有因果关系。否则就会出现自相矛盾的境地。例如，甲因某事当面大骂某乙后造成乙死亡，因为乙患有特殊疾病，一生气上火就会致死。甲的行为与乙的死亡间是否有因果关系呢？若区分事实因果关系与法律因果关系就会得出这样的结论：如果甲明知乙患有该特殊疾病，则甲骂乙的行为与乙死亡后果间有因果关系；如果甲并不知乙患有该特殊疾病，则甲骂乙的行为与乙死亡后果间不存在因果关系。但实际上，甲是否知道或应知道乙患有该特殊疾病，这属于其有无过错问题，不应归于因果关系的范畴。因此，可以说，只要行为与损害后果之间具备客观上的事实因果关系，就应认定行为与损害间具有因果关系。在某些情况下，虽然行为与损害间不存在客观上的因果关系，但依照法律规定可以推定二者间有因果关系。相当因果关系说在确定法律上因果关系时将过错、违法性等因素纳入"相当性"的判断中，实际将侵权责任的各构成要件一同考察，将法律上因果关系作为侵权责任构成的充分必要条件。区分事实上因果关系与法律上因果关系，以法律上因

---

① 详见杨立新：《侵权责任法》，法律出版社2010年版，第76—77页。

果关系而否定行为是损害发生的原因,难以被当事人接受。必须明确,因果关系是侵权责任构成的必要条件,而非充分条件。确定因果关系的有无仅是确定行为人可否对损害承担侵权责任,而非应否承担责任。①

3. 损害的原因力

从造成某一损害结果的发生原因上看,由于现实情况的复杂性,因果关系也具有多样性,既有"一因一果"现象,也"有一因多果""多因一果"的现象。

一因一果,是指只有行为人的行为是造成一个损害后果的原因。如甲将乙打伤,甲的侵害行为这一个原因导致乙受伤害一个结果发生。一因多果,是指行为人的行为造成多种损害后果发生。如某甲违反交通规则,因车翻而致使乙、丙受伤,甲违反交通规则这一个原因造成乙、丙二人受伤的两个损害后果。多因一果,是指损害是由包括行为人行为在内的多种原因造成的。如甲、乙分别同时将丙打伤,甲、乙的行为是丙受伤这一后果的两个原因。多因一果,也包括因行为人行为以外的其他原因共同造成损害后果的情形。如,行道树的枯树枝被大风刮断砸伤路人,树木管理人疏于管理的行为与大风都为路人受伤害的原因。

因为侵权责任的因果关系是要确定行为人是否承担侵权责任以及承担多大范围的责任,因此,在多因一果的情形下,就需要确定行为人的行为在损害发生上起何种作用或者多大作用,这就是确定致害原因的原因力问题。

---

① 郭明瑞:《侵权责任构成中因果关系理论的反思》,载《甘肃政法学院学报》2013年第4期。

判断侵权责任中因果关系的有无,重在是否能排除行为人承担侵权责任;而判断损害原因的原因力则在确定责任范围的大小。损害原因的原因力主要有主要原因与次要原因、直接原因与间接原因之分。

(1)主要原因和次要原因。根据行为对损害发生所起作用的大小,损害原因可分为主要原因与次要原因。主要原因是指对损害的发生起主要作用的原因,次要原因是指对损害的发生起次要作用的原因。在多因一果的情形下,如果行为人的行为对损害的发生起了主要作用,属于损害的主要原因,则行为人应对损害承担主要责任;而对损害的发生起次要作用的行为,属于损害的次要原因,行为人应对损害承担次要责任。

(2)直接原因和间接原因。根据行为造成损害后果的方式,损害原因可分为直接原因和间接原因。直接原因是指直接造成损害后果的原因事实,间接原因是指间接引发损害后果的事实。但在对间接原因的认定上有不同的观点。有的主张,间接原因只是损害结果发生的条件,是偶然作用于直接原因之后才引起损害结果的发生。有的主张,间接因果关系是指原因通过"中介"与结果相联系,间接地对结果起作用。有的提出,间接原因主要有以下表现形式:①行为人的行为介入了第三人的行为而引起损害结果的发生;②行为人的行为介入自然因素;③行为人的行为介入了受害人的行为;④受害人的损害结果延伸到第三人发生的损害。①也有的认为,间接原因是指由行为直接引

---

① 参见马俊驹、余延满:《民法原论》(第四版),法律出版社 2010 年版,第 1012 页。

发的结果为原因，再引发出某种损害后果。如果是其他因素的介入，仍不影响侵权人的行为为直接原因。如果行为人的行为是损害后果发生的直接原因，则只要符合其他构成条件，行为人就应当承担侵权责任；如果行为人的行为只是损害发生的间接原因，则根据具体情况，结合行为人行为对损害发生所起的作用以及行为人的主观状态等因素，确定行为人是否承担侵权责任及承担多大范围的责任。

（四）行为的违法性

1. 行为违法性的含义

行为的违法性是指作为损害后果发生原因的当事人的行为是不合法的，并非为法律许可的行为。

行为是民事主体的有意识的活动，包括动和静两种状态。动，称为作为；静，则称为不作为。由于行为是受主体意志支配的，主体有选择行为的自由而选择了不合法律要求的行为，因此，行为人应当对其不法行为的损害后果承担责任。人的不受意识支配的动作，不为行为，只能称为动作，无所谓合法不合法之区别，即使因此造成他人损害，主体也不承担责任。例如，有夜游症的人在夜游中将他人财物损毁，此种损害是行为人无意识的动作造成的，行为人不承担侵权责任。

2. 行为违法性的判定标准

侵权责任是对不法侵害的一种惩处，因此，民事主体的行为不法即具有违法性，是侵权责任构成的条件之一。行为人的行为是否违法，应以其是否符合法律规定的要求为标准。至于行为人实施行为的主观状态如何，则不应成为行为违法性的判断标准。

行为人的行为具有违法性,是否指其违反法律的直接规定呢?对此,有不同的观点。因为民事责任是违反民事义务的法律后果,所以行为人的行为是否违反民事义务也就成为判定行为是否违法的标准。

因民事义务有法定义务与约定义务之分,而违反约定义务一般仅承担违约责任,因此,侵权行为一般是指违反法定民事义务的行为。法定民事义务虽也可存在于特定相对关系中,但一般存在于绝对法律关系中,表现为不得侵害他人的绝对民事权益。在现实中,当事人的法定民事义务,主要有以下不同的情形:

其一,法律直接规定的普遍性义务。

这通常表现为法律的禁止性规定。如《民法典》第258条规定,"国家所有的财产受法律保护,禁止任何组织或者个人侵占、哄抢、私分、截留、破坏。"第267条规定,"私人的合法财产受法律保护,禁止任何组织或者个人侵占、哄抢、破坏。"第991条规定,"民事主体的人格权受法律保护,任何组织或者个人不得侵害。"第1014条规定,"任何组织或者个人不得以干涉、盗用、假冒等方式侵害他人的姓名权或者名称权。"行为人负有法律禁止性规定确定的义务,也就负有不作为的义务。

其二,特定的当事人依法负有保护他人民事权益的义务。

特定的当事人依法负有保护他人民事权益义务时,行为人也就负有作为义务。这里的依法包括行政法和民法。如国家公务人员对民事主体的人身财产负有安全保障义务,则是由行政法规定的。特定的民事主体对特定当事人负有的安全保障义务,则是由民法规定的。如依《民法典》第1198条规定，经营场所、公共场所的经营者、管理者或者群众性活动的组织者对于其顾客、参加活动人员负有安全保障义务。这类义务一般是与特定职责联系在一起的。

其三，特定的人基于特定法律事实而产生的义务。

例如，依《民法典》第981条规定，管理人管理他人事务，应当采取有利于受益人的方法。无因管理的管理人本无管理他人事务的义务，但一经成立无因管理的事实，管理人就负有以有利于受益人的方法管理的义务，管理人的管理方法不利于受益人的，其行为也就违反民事义务，具有违法性。

除无因管理行为产生的作为义务外，理论上还有因可预见性理论产生的作为义务、因被告的积极行为产生的安全保障义务以及特殊关系产生的作为义务。所谓可预见理论，是指如果被告作为一个有理性的人在行为时应当预见其行为会损害他人的利益，则他们在行为时即应对他人承担合理的注意义务，在行为时要采取措施，以防止他人的人身或者财产遭受损害。如果行为人已经预见或者应当合理预见原告将会遭受自己行为的损害而没有采取合理措施预防该种损害的发生，即应对原告遭受的损害承担赔偿责任。因被告的积极行为产生的安全保障义务，是指如果被告创设了某种危险的境地，则被告应当承担安全保障义务，防止他人遭受此种危险的损害；如果被告没有采取积极行为防止原告遭受危险的损害，即应对原告承担损害赔偿责任。因特殊关系产生的作为义务，一方面是指如果法律认为原告与被告之间存在特殊关系，则被告应当对原告承担安全保障义务，被告应当采取措施，防止第三人对原告实施侵权行为或犯罪行为；如果被告没有尽到安全保障义务，使原告遭受损害，即应对原告承担侵权责任；另一方面是指如果被告与第三人之间有特殊关系，则被告应对原告承担控制好第三人行为的义务，采取措施，防止第三人对原告实施侵权行为，避免使原告遭受人身损害或财产损害。一旦被告没有采取措施控制好第三人的行为，导致第三人对原告实施侵权行为或犯罪行为，使原告遭受人身或财产损害的，被告即应对原告承担损害赔偿责任。[①]

3. 违法行为的类别

根据违法行为违反的义务性质，违法行为可分为违法的作为和违法的不作为。

（1）违法的作为

违法的作为是指行为人实施法律禁止实施的行为，即行为人所实施的作为具有违法性。[②]凡法律规定禁止做什么，民事主体就负有不做什么的不作为义务。实施违法作为的行为人违反的是法律规定的不作为的义务，亦即不应为而为之。一般来说，民事主体对于他人的民事权益都负有不得侵害的义务，当事人只要作为，即实施积极行为而侵害了他人权益，其行为就属于违法的作为。

（2）违法的不作为

违法的不作为是指行为人不实施法律所要求实施的行为，

[①] 参见刘士国等：《侵权责任法重大疑难问题研究》，中国法制出版社2009年版，第60—65页。

[②] 郭明瑞、房绍坤、於向平：《民事责任论》，中国社会科学出版社1991年版，第78页。

即行为人所实施的不作为具有违法性。违法的不作为违反的是作为义务。作为义务,是指行为人要积极从事某种行为,以满足他人某种利益的需求。[1] 因此,凡法律要求当事人应作为或者法律未明确规定但可确定行为人负有作为的义务,而行为人未作为的,亦即应为而不为,行为人的行为就构成违法的不作为。违法的不作为是以有作为义务为前提的。日本学者圆谷峻曾指出:没有作为义务的场合不能构成不作为侵权行为。过路人看到河中有一溺水之人即使在一旁观看而不予救助,暂不论其应受到道义上的谴责,由于普通过路人并没有救助义务,因此不承担侵权责任。作为义务不仅限于法律规定的义务,还包括情理上的义务。但是关于情理上的义务,"对于强调个人自由的今天,无法做扩大解释"。[2]

(3) 违法作为与违法不作为的区别

违法作为与违法不行为的区别主要在于:其一,违法的作为是积极行为即动,而违法的不作为是消极行为即静。其二,违法的作为,行为人违反的是不作为义务,以行为人负有不作为义务为前提;而违法的不作为,行为人违反的是作为义务,以行为人负有作为义务为前提。行为人是否有作为或者不作为的义务,应根据法律的规定、习惯、当事人的约定等确定。例如,依法律规定,当事人在公共场所或者道路上挖掘、修缮安装地下设施等,负有设置明显标志和采取安全措施的义务,行

---

[1] 刘士国等:《侵权责任法重大疑难问题研究》,中国法制出版社2009年版,第38页。

[2] 〔日〕圆谷峻:《判例形成的日本新侵权行为法》,赵莉译,法律出版社2008年版,第8页。

为人若未采取设置明显标志和采取安全措施，则其不作为的行为就具有违法性，属于违法的不作为。但如果当事人是在自己的院落内挖掘、修缮安装地下设施，因其并无设置明显标志和采取安全措施的作为义务，当事人未设置明显标志和采取安全措施，则不构成违法的不作为。如果某人擅自进入他人的院落因此而受损害的，则不能以行为人的不作为违法而请求其承担侵权责任。

（五）过错

过错是侵权责任一般要件构成中的又一要件。因为在一般情形下，即使损害是由行为人的违法行为造成的，只要行为人没有过错，该行为人对损害的发生也就不承担侵权责任。当然，无过错责任不以过错为归责根据，因为不论行为人有无过错，只要法律规定其应当承担侵权责任，行为人就应承担侵权责任，过错也就不成为无过错责任的构成要件。这也正是称无过错责任为特殊侵权责任的原因。

1. 过错的含义

关于过错的概念，在各国法律和学者中有不同的表述。归纳起来，有客观说和主观说两大派别。[①] 客观说认为，过错并非在于行为人心理状态具有应受非难性，而在于行为应受非难性，行为人的行为如果不符合某种行为标准即为有过错。关于判断是否有过错的行为标准，又有违反注意义务说、不符合合理人

[①] 郭明瑞、房绍坤、於向平：《民事责任论》，中国社会科学出版社1991年版，第81页。

的行为标准说、权利侵犯说等。主观说认为,过错本质上是一种应受非难的个人心理状态。①

我国学者对于过错多采主观说。通说认为,过错是指违法行为人实施不法行为时的心理状态,是行为人对自己行为的损害后果的主观态度。但是,过错作为一种心理状态,也是通过外在的行为显现出来的,因此,过错也是一种社会现象,表现为行为人违反义务侵害他人合法权益的行为应受可谴责性。美国《侵权责任法重述·第三次·物质伤害责任编》界定过失为:当某人在所有情形下都没有尽到合理注意时,该人的行为有过失。确定该人行为是否缺乏合理注意的主要考量因素包括行为人行为会造成损害的可预见的可能性,可能继而发生任何损害的可预见的严重性,以及采取预防措施消除或者减少该损害风险的负担。②

有学者认为,过错与"不法"不能分开,"不法"包含在过错之中,因此,"不法"不为侵权责任的单独构成要件。这种观点有一定道理。但是,尽管过错与"不法"有联系,在一些场合过错行为意味着为不法行为,二者也是可以分开的两回事。"不法"解决的是行为人违反民事义务的行为是否具有不法性,即是否符合法律的要求;而过错解决的是行为人对于损害发生的主观态度。合法行为不存在有无过错问题,即对过错的判定应以行为不法为前提,但不法行为并非都是行为人主观上有过错的行为。在实务中,既不能以不法代替过错,也不应以过错

---

① 马俊驹、余延满:《民法原论》(第四版),法律出版社 2010 年版,第 1012 页。
② 王竹等译:《美国侵权法实体与程序》,北京大学出版社 2014 年版,第 159 页。

代替不法，否则无法解释对违法性抗辩事由的存在。

2. 过错的形式

过错的形式包括故意和过失。

其一，故意。

在刑法上，故意分为直接故意和间接故意。在民法上不区分直接故意和间接故意，故意就是指行为人预见到自己的行为的不法后果，却希望或者放任该后果的发生。至于行为人是希望这种后果发生还是放任这种后果发生，对于侵权责任的承担一般并无影响。

行为人知道其行为会造成他人损害的不法后果而仍实施该行为的故意行为，表明行为人主观上是恶意的。因此，民法上有时所讲的恶意，也就是指故意。恶意是不能受法律保护的，任何恶意的行为人只能自己承受其恶意行为的后果。因此，除法律另有特别规定外，任何故意实施侵权行为的人均须对自己行为造成的损害承担侵权责任。受害人对损害发生的故意，可以成为免除加害人侵权责任的免责事由。

其二，过失。

过失是指行为人应当预见到其行为可能造成的损害后果而没有预见到或者虽然预见到该损害后果却轻信可以避免的心理状态。

在传统民法上，过失依其程度通常分为重大过失、具体轻过失和抽象轻过失三级。重大过失，是指明显地欠缺一般人的注意程度的过失。若在社会观念上认为，一般人稍加注意就可以避免损害发生的，而行为人却未能注意避免该损害的发生，那么，行为人的过失就为重大过失。具体轻过失，是指欠缺与平日处理自己事务同一注意程度的过失。可见，具体轻过失是依具体的行为人的注意程度为标准，不论该行为人的注意程度高低，只要其未尽到如同处理自己事务一样的注意，其就有具体轻过失。抽象轻过失，是指欠缺日常生活所必要的注意的过失。何谓日常生活必要的注意？这一标准本身是抽象的，在罗马法上称为良家父的注意，德国民法上称为交易上必要的注意，我国台湾地区"民法"上称为善良管理人的注意。实际上，抽象的注意程度是以社会上一般勤勉诚实具有相当经验的中等程度的注意力的人的注意程度为标准的。[①] 因此，抽象轻过失又称为一般轻过失。

我国民法上通常对过失仅仅区分为重大过失和一般过失。由于通常情形下，重大过失视同故意。行为人有重大过失的，会发生与其有故意同等的法律后果，只有在个别情形下受害人的重大过失才不能成为侵权人的免责事由。因此，如何区分重大过失和一般过失就有重要意义。

在重大过失与一般过失的区分标准上主要有三种不同观点：一种观点认为，法律对行为人应当注意和能够注意的义务有较高要求，而行为人没有遵守这种较高的要求，但未违背一般人应当注意并能注意的一般规则，行为人的过失就是一般过失；如果行为人不但没有遵守法律对其较高的要求，甚至连一般人都应注意并能注意的一般标准也未达到，行为人的过失则为重大过失。另一种观点认为，重大过失是指行为人应当预见到自

---

① 郭明瑞、房绍坤、於向平：《民事责任论》，中国社会科学出版社1991年版，第89页。

己行为可能发生的不良后果而没有预见到;轻过失则是指行为人已经预见到自己行为可能发生的不良后果,但轻信这种后果不会发生。还有与上述观点正相反的一种观点认为,重大过失是指行为人已经预见到行为的不良后果而轻信不会发生;轻过失则是指行为人应当预见到自己行为的不良后果而没有预见到。上述观点,有的强调行为人能够预见的程度,有的强调行为人行为违反注意义务的程度,各有其合理性。

一般说来,行为人的过失与法律对其要求应尽的注意义务有关。行为人未尽到法律对其特别要求的注意义务的,其就为有过失。如果行为人不仅没有尽到法律对其特别要求的注意义务,并且连一般人能够尽到的注意义务也未尽到,则其为有重大过失。

3. 过错的判断标准

侵权行为的主体既可为自然人,也可为法人。在对行为主体过错的判断上,依据主体为自然人还是法人而有所不同。

(1)关于自然人过错的判断标准

在判断自然人过错上,历来有客观标准说和主观标准说两种标准。客观标准说主张以客观的行为作为判断过错的标准。客观说认为,一个人的行为不符合"标准人"的行为的要求,该人就是有过错。客观说实际上表现为对过失注意义务的认定标准趋向客观化。美国《侵权法重述·第二次》第291条中规定,如果一个理性人能够认识到某一行为存在伤害他人的不合理风险,而该风险超过了法律根据该行为的效用或者是该行为作出的具体方式认为所应当具有的风险量级,那么该风险是不合理的,该行为是有过失的。① 这里的"理性人"也就是"标准人"。主观说主张应以行为人主观的努力程度为判断过错的标准。主观说认为,一个人只要主观上能够避免不良后果而没有避免,该人就有过错。

不可否认,客观标准说与主观标准说都有道理,在认定行为人是否有过错上,应当坚持主客观标准的统一。这是因为,过错是一种心理状态,但它又是通过行为人的行为表现出来的。从客观上说,行为人的行为只有不符合"标准人"的行为的要求,才能认定其有过错。而"标准人"的行为要求正是法律对行为人的具体要求,法律的要求不同,行为人的注意程度也就不同。只有确定法律对行为人行为的具体要求,才能确定行为人的行为是否符合"标准人"的行为要求。从主观上说,过错是行为人对自己行为选择上的一种错误。因此,确定行为人是否有过错,应当看行为人于当时情况下能否做出自由选择,能否做出更大的努力,能否认识到行为的不良后果而避免。如果就当时情形分析,行为人不可能做到法律对其要求的注意程度,那就不能认定行为人有过错。

(2)关于法人过错的判断标准

法人是不同于自然人的社会组织,因此,对于法人过错的判定标准也就不同于自然人过错的判定标准。但是,因为法人的意识能力是通过自然人的意识能力来体现的,法人的活动是通过自然人的行为来实现的,所以,法人的过错实际上也是通过法人的法定代表人或者其他工作人员在执行职务的行为中的

---

① 王竹等译:《美国侵权法实体与程序》,北京大学出版社2014年版,第158页。

过错体现出来的，也就是说，法人的法定代表人或者其他工作人员在执行职务中有过错，也就是法人有过错。至于法人的法定代表人或者其他工作人员执行职务的活动中是否有过错，则应依照法律对其具体职务的要求为标准，而不能依一般人的注意义务为标准。但是，法人的法定代表人或者其他工作人员只有在执行职务活动中的过错才能构成法人的过错，若其不是以法人名义实施的行为或者不是执行职务活动中有过错，则其过错不能构成法人的过错。

4. 过错客观化

对于过错责任，现代法上的重要发展是过错客观化。所谓过错客观化，是指只要行为人实施了某种行为，就推定行为人有过错。

如前所述。对于一般过错责任，被侵权人请求侵权人承担侵权责任时，须举证证明侵权人的过错。因过错是一种主观意志的表现，诉讼中原告须证明被告主观意志上有可非难性即有过错，而这在许多场合，原告是很难证明的。因此，在确定过错上出现了过错客观化的认定标准。在过错客观化下，原告仅须证明被告的某种行为与其当为行为之间的差距或者行为的违法并造成损害（后者又称为违法牵连），即可认定被告有过错。我国《民法典》关于医疗损害责任的规定即为过错责任中的过错客观化的典型表现。该法第1218条规定，对于医疗损害责任适用过错责任原则，第1219条、1221条规定行为过错客观化，第1222条为关于违法牵连认定过错的规定。

需要注意的是，过错客观化不同于过错推定。所谓推定，是指从已知的事实推论出未知事实。过错推定是指只要原告证明自己的合法权益受到损害，损害与被告的行为间有因果关系，就推定被告有过错，被告即应承担侵权责任，被告能够证明自己没有过错的，则不承担责任。可见，过错推定原则仍是以过错为最终的归责原因，但原告不负证明被告有过错的举证责任，而被告负证明自己没有过错的责任。所以，有学者认为，过错推定责任是介于过错责任与无过错责任之间的一种独立的归责原则即所谓"中间责任"。

六、预防性侵权责任方式的适用

第一千一百六十七条 侵权行为危及他人人身、财产安全的，被侵权人有权请求侵权人承担停止侵害、排除妨碍、消除危险等侵权责任。

本条规定了预防性侵权责任方式的适用。

（一）预防性侵权责任方式的含义与适用条件

预防性侵权责任方式又称为回复性侵权责任方式，是指为避免侵权行为造成不良后果而采取的救济措施。如上所述，广义的损害包括两种情形：一是行为人的侵权行为造成不良后果；二是行为人的侵权行为造成不良状态。当侵权行为造成不良状态时，尽管该侵权行为还未结束，被侵权人也有权请求侵权行为人承担相应的侵权责任，以使当事人的权益回复到正常状态，从而避免不良后果的发生。侵权人于此种情形下承担的侵权责任即属于预防性侵权责任。

《民法典》第179条规定了承担民事责任的主要方式为11

种，其中除继续履行、支付违约金等不适用于侵权责任外，其他方式均可为侵权责任的承担方式。这些侵权责任方式可以分为预防性的责任方式和补偿性的责任方式两类。前者适用于行为造成不良状态的损害，后者适用于行为造成不良后果的损害。赔偿损失及消除影响、恢复名誉和赔礼道歉等为补偿性的责任方式，其中最常用的是赔偿损失，即损害赔偿责任，其功能主要是补偿被侵权人所受到的损害。而预防性的责任方式的功能主要是预防损害，防止或者避免损害的扩大。

预防性侵权责任方式主要包括以下几种：

1.停止侵害

停止侵害是指停止正在实施的不法侵害行为。适用停止侵害责任的前提是侵害行为正在进行中，若侵害行为已经停止，则不能适用停止侵害责任。如果侵权行为人的行为正在侵害他人的人身、财产，受害人就有权请求侵权行为人停止侵害，侵权人应当承担停止侵害的责任。例如，行为人正在排放污染物的，受害人有权请求其停止排放；行为人在网络上发表损害他人名誉言论的，受害人有权请求其停止传播；擅自使用他人注册商标的，商标权人有权请求其停止使用；非法复制他人作品的，权利人有权请求其停止复制。

承担停止侵害的责任方式，不以侵权人的过错为要件，也不论侵害发生时间的长短。这种责任方式对于及时制止侵害，防止侵害后果的扩大，有着重要意义。《民法典》第997条特别规定，"民事主体有证据证明行为人正在实施或者即将实施侵害其人格权的违法行为，不及时制止将使其合法权益受到难以弥补的损害的，有权依法向人民法院申请采取责令行为人停止有关行为的措施。"

2. 排除妨碍

排除妨碍又称排除妨害，是指排除其造成妨害他人正常享有和行使民事权益的障碍。适用排除妨碍责任的前提条件，是行为人的行为构成他人正常行使人身、财产权利的障碍。如果行为人的行为并不妨碍他人权利的行使，则不能适用排除妨碍的责任方式。只要行为人的行为妨碍他人权益的正常享有和行使，且这种障碍是现实存在的、不正当的，不论行为人是否有过错，也不论该障碍存在的时间长短，受害人都有权请求侵权行为人排除妨碍，侵权行为人应当承担排除妨碍的责任。例如，行为人在他人的通道上堆集物品，妨碍他人通行的，受害人有权请求行为人承担排除妨碍的责任，侵权行为人应当清除堆放的物品，以使通行障碍消除。但是，对于非现实存在的只是当事人主观意念上认定的障碍，不存在排除问题；对于妨碍权益行使的正当障碍，则不得排除，因为于此情形下，行为人的行为具有合法性、正当性，行为人当然不承担侵权责任。

3. 消除危险

消除危险是指清除会对他人权益造成损害或者会扩大损害的危险。适用消除危险责任的前提是存在造成他人合法权益损害的现实危险性，这种危险性不仅仅是有潜在的发生损害的可能性，而是有发生损害的现实可能性。如果行为人的行为有危及他人人身、财产安全之虞，则权利人有权请求行为人承担消除危险的责任，行为人应当消除该危险。例如，施工人在公共场所施工会给他人造成通行危险的，权利人有权请求施工人采取相应的安全措施，以消除危险。再如，其房屋有倒塌而危及邻人安全的危险时，邻人可以要求房屋所有人采取措施，以避免损害发生，房屋所有人应承担排除房屋倒塌的危险的责任。再如，从事危险作业的，即使其采取安全措施，对于周边也有造成危险的可能性，但不具有现实性；如果作业人未采取安全措施，对周边就有造成危险的现实性，权利人有权请求从事危险作业的人消除危险。适用消除危险责任方式，是为了防止损害的发生或者损害后果的扩大。因此，这种责任方式具有极强的损害预防性。

（二）预防性侵权责任方式与绝对权请求权的关系

由于物权、知识产权、人身权等绝对权具有对抗一切人的排他效力，对于任何侵害其权益的行为，权利人都有权请求行为人停止侵害、排除妨碍和消除危险。权利人享有的得请求他人停止侵害、排除妨碍、消除危险的权利，也被称之为绝对权请求权。

在绝对权请求权与预防性侵权责任方式的关系上，学者有不同的观点。一种观点认为，停止侵害、排除妨碍、消除危险属于绝对权请求权，而不为侵权责任的承担方式。但是，我国法律明确规定，停止侵害、排除妨碍、消除危险为民事责任的承担方式。的确，在传统民法上，不认为停止侵害、排除妨碍、消除危险为侵权责任方式。这是以侵权责任仅限于损害赔偿为前提的。但是，现代法上的侵权责任方式已经不仅仅局限于损害赔偿。因此，我们也就不能以是否以赔偿为目的来判定其是否为侵权责任方式。

权利人请求行为人承担预防性侵权责任承担的请求权为侵

权请求权。前已述及，侵权请求权与绝对权请求权是有联系又有区别的。这种联系表现在二者的作用都在于维护主体的民事权益。二者的区别主要在于：绝对权请求权是消极意义上的，通常处于休眠状态，是应然的而非实然意义上的，仅是为权利主体提供了可能的救济路径；而侵权请求权是积极意义上的，该请求权是独立的活体状态，是绝对权受侵害的现实救济路径。正是因为侵权行为的发生，绝对权请求权才转化为侵权请求权。绝对权请求权为原权利请求权，而侵权请求权为救济权请求权；与原权请求权相对应的是义务，而与救济请求权相对应的是责任。[①] 由此看来，在侵权行为危及他人人身、财产安全时，权利人请求侵权人停止侵害、排除妨碍、消除危险等，行使的正是侵权请求权，侵权人应当依法承担停止侵害、排除妨碍、消除危险等预防性侵权责任。

七、数人侵权行为的责任承担

（一）数人侵权行为的含义与责任形态

数人侵权行为是指两个以上的人实施侵害他人合法权益造成同一损害的侵权行为。

数人侵权行为是与一人侵权行为相对应的。一人侵权行为亦即单一的侵权行为，因为造成损害的侵权行为人仅为一人，也就仅发生该侵权行为人一人承担侵权责任的一人责任。而数

[①] 郭明瑞：《论侵权请求权》，载《烟台大学学报》(哲学社会科学版) 2013年第3期。

人侵权行为又称为复合侵权行为,因为造成损害的侵权行为人为两人以上,也就会发生数个侵权行为人均承担侵权责任的数人责任。而在数人为侵权责任主体的情形下,也就发生各责任人之间如何承担责任的问题。依我国法的规定,数人承担侵权责任的,会发生按份责任、连带责任和补充责任三种形态。

按份责任,是指两个以上的侵权行为人共同对同一损害承担侵权责任,但每个侵权人都按一定的份额承担责任,被侵权人仅能请求各个侵权人就自己承担的份额承担责任,而每个侵权行为人也仅就自己承担的份额负清偿责任。每个侵权行为人就自己的份额向被侵权人承担赔偿责任后,其侵权责任也就消除。按份责任的各侵权行为人应承担的责任份额,根据法律规定能够确定的,各自承担确定份额的责任;难以确定的,各责任人的份额均等,平均承担责任。对此,《民法典》第177条明确规定:"二人以上依法承担按份责任,能够确定责任大小的,各自承担相应的责任;难以确定责任大小的,平均承担责任。"

连带责任,是指两个以上的侵权行为人共同对同一损害承担侵权责任,各个侵权人不是按照一定份额向被侵权人承担责任,而是都对全部损害承担责任,各行为人的责任之间有连带关系。连带责任的被侵权人可以向全体或部分侵权行为人请求其承担全部责任,任何一个侵权行为人在对被侵权人承担的全部责任清偿结束前,其责任都不能消除。连带责任的责任人之间在内部是有份额的,但该份额对被侵权人没有效力,仅在责任人内部发生效力。连带责任的各责任人向被侵权人承担的责任超过自己应承担的份额的,有权就其超出部分向其他侵权责任人追偿。对此,《民法典》第178条第1、2款规定:"二人以上依法承担连带责任的,权利人有权请求部分或者全部连带责任人承担责任。""连带责任人的责任份额根据各自责任大小确定;难以确定责任大小的,平均承担责任。实际承担责任超过自己责任份额的连带责任人,有权向其他连带责任人追偿。"

补充责任,是指两个以上的侵权行为人共同对同一损害承担责任,但各个侵权人的责任有先后顺序上的限制。前一顺序的侵权责任人应先就被侵权人所受损害承担全部责任,在前一顺序责任人不能承担责任或者不能承担全部责任时,再由后顺序的责任人承担责任。但后顺序的责任人不能承担全部责任。补充责任人之间原则上不存在追偿问题,但是法律对追偿权有特别规定的,在满足追偿条件的情形下,承担了补充责任的后顺序责任人可以追偿。

(二) 共同加害行为

第一千一百六十八条 二人以上共同实施侵权行为,造成他人损害的,应当承担连带责任。

本条规定了共同加害行为的责任承担。

共同加害行为,是指两个以上的人共同实施的侵权行为。

共同加害行为具有以下特征:

其一,侵权行为主体为两人以上。共同加害行为属于数人侵权行为,侵权行为主体并非是单一的。侵权行为主体须为两人以上,才能构成共同加害行为。侵权行为主体为单一的,不会成立共同加害行为。

其二,各个侵权行为主体之间须有共同性。数个侵权行为

人具有共同性,这是构成共同加害行为的根本性要件。如何判断数人的行为具有共同性呢?对此有不同的观点,主要有以下学说:

(1)意思联络说。该说认为,共同加害行为的行为人主观上须有意思联络,若数人间没有意思联络,不能构成共同加害行为。意思联络或是共同通谋,或是共同故意。共同故意或通谋使主体主观上意志统一,客观上行为统一。

(2)共同过错说。该说认为,共同加害行为的行为人主观上不必有意思联络,但须有共同过错。这里的共同过错不限于共同故意。共同过错说与意思联络说一样,也以侵权行为人的主观共同性为共同性的标准,但意思联络说的主观共同性仅限于共同故意,而共同过错说的主观共同性则不限于共同故意。数个侵权行为人中有的为故意,有的为过失,或者数人都为有过失的,也可以构成共同加害行为。

(3)客观关联说。该说认为,共同加害行为的共同性体现为各行为人的行为后果客观上有关联,造成同一损害后果。只要各行为人的行为后果同一,就构成共同侵权行为,而不论行为人主观上是否有关联。

(4)折中说。该说主张,判断数个侵权行为主体行为的共同性应从主客观两方面分析:从主观方面说,各行为人间有共同过错;从客观方面说,各行为人的行为后果应具客观关联性。

关于行为主体共同性的认定,最高人民法院2003年《关于审理人身损害赔偿案件适用法律若干问题的解释》曾持客观说。该解释第3条第1款规定,"二人以上共同故意或者共同过失致人损害,或者虽无共同故意、共同过失,但其侵害行为直接结合发生同一损害后果的,构成共同侵权,应当依照民法通则第一百三十条规定承担连带责任。"

应当承认,上述各说中,意思联络说最不利于保护受害人,客观关联说更有利于维护受害人的利益。但是,民法典对共同加害行为的共同性认定,是采主观共同过错说,而不采客观关联说。这一要件中的"共同"主要包括三层含义:一是共同故意;二是共同过失;三是故意行为与过失行为相结合。①

其三,各侵权行为人的行为有统一性。只有数个侵权行为人的行为具有统一性,才能构成共同加害行为。这里所谓统一性,是指数侵权行为人的行为相互依存或者相互结合,统一构成损害发生的原因。也就是说,数个侵权行为人的行为共同构成损害发生的一个原因。如果各侵权行为人的行为分别为损害发生的原因,则属于多因一果,各侵权人的行为不构成共同加害行为。

其四,各侵权行为人的行为后果具有同一性。共同加害行为是各行为人共同造成同一损害后果的侵权行为,不仅各侵权行为人的行为须共同构成损害发生的原因,并且侵权行为造成的损害后果是不可分的、同一的。如果各侵权人的侵权行为造成的行为后果是可分的,则不构成共同加害行为。

其五,各侵权人对损害后果承担连带责任。由于共同加害行为的行为人有共同过错,行为人的行为一并与损害之间具有因果关系,而损害后果又是同一的、不可分的,因此,共同加害行为人应对损害承担连带责任。

---

① 参见黄薇主编:《中华人民共和国民法典侵权责任编释义》,法律出版社2020年版,第17—18页。

（三）教唆、帮助侵权行为的责任

第一千一百六十九条　教唆、帮助他人实施侵权行为的，应当与行为人承担连带责任。

教唆、帮助无民事行为能力人、限制民事行为能力人实施侵权行为的，应当承担侵权责任；该无民事行为能力人、限制民事行为能力人的监护人未尽到监护责任的，应当承担相应的责任。

本条规定了教唆、帮助侵权行为的责任。

1. 教唆、帮助侵权行为的含义

教唆、帮助侵权行为属于共同侵权行为的一种特殊形态。数人共同侵权的，如果各侵权人都具体实施了加害行为，则为共同加害行为，属于一般的共同侵权。而教唆、帮助侵权行为是指数人实施侵权行为中，有的为直接实施加害行为的行为人，有的不直接实施加害行为而为教唆、帮助他人实施加害行为的人。

所谓教唆侵权，是指以劝说、利诱、授意、怂恿以及其他方法，将自己的侵权意图灌输给本来没有侵权意图或者虽有侵权意图、但正在犹豫不决、侵权意图不坚定的人，使其决意实施自己所劝说、授意的侵权行为。[1] 所谓帮助行为，是指对他人实施加害行为提供工具、给以援手、创造条件和机会，从而助其实施和完成加害行为。帮助行为通常是以积极的作为方式做出，但具有作为义务的人违法不作为时也可能构成帮助行为。帮助的内容可以是物质上的，也可以是精神上的，可以在行为

---

[1] 王竹：《侵权责任法疑难问题专题研究》，中国人民大学出版社 2012 年版，第 129 页。

实施侵权行为前，也可以在侵权行为实施过程中。①

教唆、帮助他人实施侵权行为的人，虽未直接实施侵害他人权益的加害行为，但没有其教唆、帮助，也就不能发生相应的损害后果，因此，教唆、帮助行为与直接的加害行为构成造成损害的共同原因，教唆、帮助他人实施侵权行为人与直接实施加害行为的侵权行为人为共同侵权行为人。如果侵权行为人实施的侵权行为与他人的教唆、帮助行为无关，教唆、帮助行为不为损害发生的原因，也就不能发生教唆、帮助侵权行为的共同侵权。

2. 教唆、帮助侵权行为的责任承担

关于教唆、帮助侵权行为人的责任，各国法普遍规定，教唆、帮助人与行为人承担连带责任。但有的规定，教唆、帮助人与行为人"视为共同侵权行为人"；有的则规定为"共同行为人"；有的则是作为一种共同侵权行为规定。关于教唆、帮助侵权行为的性质，1984年最高人民法院《关于贯彻执行民事政策法律若干问题的意见》第73条中规定，"教唆或者帮助造成损害的人，应以共同致害人对待，由其承担相应的赔偿责任。"1986年的《民法通则》中虽未规定教唆、帮助侵权行为人的责任，但最高人民法院《关于贯彻执行〈中华人民共和国民法通则〉若干问题的意见（试行）》第148条规定："教唆、帮助他人实施侵权行为的人，为共同侵权人，应当承担连带民事责任。……教唆、帮助限制民事行为能力人实施侵权行为的人，为

---

① 王胜明主编：《中华人民共和国侵权责任法释义》，法律出版社2010年版，第61页。

共同侵权人，应当承担主要民事责任。"2009年的《侵权责任法》第9条没有规定教唆、帮助实施侵权行为的人与行为人是否为共同侵权行为人，而仅是直接规定："教唆、帮助他人实施侵权行为的，应当与行为人承担连带责任。""教唆、帮助无民事行为能力人、限制民事行为能力人实施侵权行为的，应当承担侵权责任；该无民事行为能力人、限制民事行为能力人的监护人未尽到监护责任的，应当承担相应的责任。"《民法典》基本继续沿用了《侵权责任法》的该条规定。

依我国法规定，教唆、帮助侵权行为人的责任承担分为以下两种情形：

其一，受教唆、帮助的侵权行为人为完全民事行为能力人。

教唆、帮助人教唆、帮助完全民事行为人实施侵权行为的，因直接实施侵权行为的行为人具有完全民事行为能力，能够识别自己行为的后果，其实施侵权行为是有过错的，因此，直接侵权行为人与教唆、帮助侵权人之间具有主观上的共同过错，教唆、帮助侵权人的教唆、帮助行为与直接侵权行为人的加害行为也就构成共同侵权行为。基于教唆、帮助人与加害行为人为共同侵权行为人，教唆、帮助他人实施侵权行为的，教唆、帮助侵权人应当与直接侵权行为人承担连带责任。

其二，受教唆、帮助的侵权行为人为无民事行为能力人、限制民事行为能力人。

教唆人、帮助人教唆、帮助无民事行为能力人、限制民事行为能力人实施侵权行为的，教唆人、帮助人应如何承担侵权责任呢？对此，大陆法系国家的侵权法理论一般认为，应当区分被教唆人、被帮助人是否有责任能力，如果被教唆人、被帮助人是无责任能力人,则被教唆人或被帮助人的行为被看作机械行为,教唆人和帮助人的行为构成间接侵权行为,他们直接承担责任,并不与被教唆人或帮助人之间构成共同侵权。[①] 但我国法上未规定无完全民事行为能力人的责任能力。依我国法规定,教唆、帮助无民事行为能力人、限制民事行为能力人实施侵权行为的,发生以下两种后果:

(1) 教唆人、帮助人承担侵权责任。不论教唆人、帮助人是否知道被教唆人、被帮助人是否为无完全民事行为能力人,只要被教唆、被帮助的实施侵害行为的人为无完全民事行为能力人,受害人就有权请求教唆人、帮助人就损害承担侵权责任。

(2) 被教唆、被帮助的无民事行为能力人、限制民事行为能力人的监护人未尽到监护职责的,应当承担相应的责任。因此,受害人请求直接实施侵害行为的无完全民事行为能力人承担侵权责任的,只要其监护人未尽到监护职责,监护人就应当承担相应的责任。

在教唆人、帮助人应当承担侵权责任,被教唆、被帮助的无民事行为能力人、限制民事行为能力人的监护也应承担相应的责任时,二者间是何种关系呢?对此,主要有按份责任说、单向连带责任说、补充责任说以及不真正连带责任说等不同观点。[②]

[①] 王竹主编:《民法典·侵权责任编》(编纂建议稿·附·立法理由书),清华大学出版社2019年版,第81页。

[②] 关于对各种学说的评价,参见杨会:《数人侵权责任研究》,北京大学出版社2014年版,第124—127页。

从被侵权人角度上看，其既可以要求教唆人、帮助人承担侵权责任，也可以要求被教唆人、被帮助人的监护人承担侵权责任。只要有其中一个被告承担了侵权责任，另外的人也就不必再承担侵权责任。那么，承担了侵权责任的一方是否可向另一方追偿呢？法无明确规定。从双方的责任根据上说，监护人承担责任后可以向教唆人、帮助人追偿，而教唆人、帮助人承担责任后不能向监护人追偿，教唆人、帮助人应是最终的责任人。因为，第一，教唆人、帮助人是故意的，是造成损害的根本原因；第二，无民事行为能力人、限制民事行为能力人对自己的行为缺乏足够的认识能力和判断能力，不能认识或者不能充分认识自己的行为后果，其实施加害行为是被教唆人、帮助人利用；第三，监护人的责任是基于监护关系发生的。依《民法典》第34条第3款规定，"监护人不履行监护职责或者侵害被监护人合法权益的，应当承担法律责任。"尽管依《民法典》第1188条第1款规定，监护人对被监护人造成的他人损害应当承担民事责任，但是，如果没有教唆人的教唆、帮助人的帮助，也就不会发生侵害。

也有学者建议：故意教唆无民事行为能力人实施侵权行为的，应当承担侵权责任。故意教唆限制民事行为能力人实施侵权行为的，应当承担连带责任，并负主要责任；被教唆的限制民事行为能力人的监护人不能证明其尽到监护职责的，应当承担次要的按份责任。故意帮助无民事行为能力人或者限制民事行为能力人实施侵权行为造成损害的，应当承担连带责任，并应根据其过错及帮助行为的原因力确定相应的责任，被帮助的无民事行为能力人、限制民事行为能力人的监护人不能证明其尽到监护职责的，应当承担相应的按份责任。① 但立法者并未接受这一建议。

如果侵权行为人和教唆、帮助人都是无民事行为能力人、限制民事行为能力人，当事人之间的侵权责任又应当如何划分呢？对此，有不同的观点。一种观点认为，法律没有区分实施教唆、帮助侵权行为的人是否有完全民事行为能力，因此，只要是实施教唆、帮助他人实施侵权行为，教唆、帮助人就应当或者与侵权行为人承担连带责任，或者自己承担侵权责任。另一种观点则认为，教唆、帮助人与直接实施侵权行为的行为人均为无民事行为能力人、限制民事行为能力人的，应依照法律关于无民事行为能力人、限制民事行为能力人侵害他人权益造成他人损害的责任的规定，确定当事人各方的责任。

（四）共同危险行为的责任

第一千一百七十条 二人以上实施危及他人人身、财产安全的行为，其中一人或者数人的行为造成他人损害，能够确定具体侵权人的，由侵权人承担责任；不能确定具体侵权人的，行为人承担连带责任。

本条规定了共同危险行为的责任。

1. 共同危险行为的含义

共同危险行为，是指数人均实施具有危及他人人身、财产安全的危险行为，但其中只有一人或者数人的行为而非全部行

---

① 王竹主编：《民法典·侵权责任编》（编纂建议稿·附·立法理由书），清华大学出版社 2019 年版，第 82 页。

为人的行为造成他人损害。共同危险行为具有以下含义：

（1）行为的主体为复数。共同危险行为是数人实施的行为，行为主体为两人以上，也正因为主体为复数，才称得上共同行为。

（2）数人的行为均具有危险性。共同危险行为的数个行为主体所实施的行为在同一时间、同一场所都是具有危及他人人身、财产安全的危险性的。这种危险性是不合理的、不正当，但又是只要采取足够的注意就可以避免发生损害的。也正因为数人的行为均有不正当、不合理的危险性，具有共同的不法性，所以才称其为共同危险行为。

（3）数人实施的危险行为中仅有一个人或者部分人实施的行为造成损害，而非为全部行为共同造成同一损害。如果数人实施的危险行为全部共同造成同一损害，则属于共同加害行为，而不属于共同危险行为。正因为尽管数人的行为都有危险性，但并非全部行为是造成损害的原因，这才发生共同危险行为的损害后果由何人承担责任问题。

2.共同危险行为造成损害的责任承担

共同危险行为的责任承担，依据能否确定造成损害的具体行为人，分为以下两种情形：

（1）能够确定造成损害的具体行为人

数人实施共同危险行为造成他人损害，能够确定造成损害的具体行为人的，该行为人为具体侵权行为人，自应由该侵权人承担侵权责任，其他行为人则不承担责任。

（2）不能够确定造成损害的具体行为人

数人实施共同危险行为造成他人损害，不能够确定造成损害的具体行为人的，实施共同危险行为的行为人承担连带责任。

共同危险行为人实施的行为尽管具有共同的不法性，但并非全部行为都是造成损害的原因，其中肯定有的人的行为并非损害发生的原因，然而又何以让全部行为人承担连带责任呢？换句话说，共同危险行为人承担连带责任的正当性或者理论基础为何呢？一般认为，其主要是行为的客观关联和因果关系推定。

共同危险行为的行为人虽然在主观上并非有造成损害的意思关联，但其行为具有客观上的关联性。共同危险行为的共同性就在于数人的危险行为客观上是有联系的，如果数人均实施了危及他人安全的危险行为，而各自的行为并无客观上的关联，也就不构成共同危险行为，也不发生能否确定具体何人的行为造成损害的问题。由于共同危险行为客观上有关联，每个行为人的行为都有造成损害的可能性，每个人也就都应当对危险行为造成的损害后果负责。

关于共同危险行为人承担侵权责任的因果关系，有不同的理论。德国法有所谓"选择性因果关系理论"，法国法则发展出"群体危险行为"理论。[①] 但不论采用何种理论，对共同危险行为与损害间的因果关系的认定是采取因果关系推定理论，即推定实施造成他人损害的危险行为的各行为人的共同危险行为构成损害的共同原因。但正因为行为与损害间的因果关系是推定的，有相反的事实是可以推翻的。因此，行为人可以通过证明

---

① 详见王竹：《侵权责任法疑难问题专题研究》，中国人民大学出版社2012年版，第140—142页。

自己的行为与损害间没有因果关系而免责。

需要说明的是,依我国法规定,在无法查明具体侵权人时,由共同危险行为人承担连带责任,但在比较法上也有观点认为,应由实施共同危险行为的行为人承担按份责任。①

3. 共同危险行为人责任的免除

如上所述,实施共同危险行为的各行为人可以通过推翻自己的行为为损害发生原因的推定而免责。行为人须通过何种事实才可以推翻推定的因果关系呢?一种观点主张,只要行为人能够证明自己的行为与损害后果间没有因果关系,也就推翻了原推定的因果关系,由于其行为与损害后果间不存在因果关系,该行为人也就对损害后果不承担侵权责任,而只能由其他人承担侵权责任。另一种观点主张,行为人仅证明自己的行为与损害后果间没有因果关系还不能免责,只有能够确定具体的损害后果的原因即确定具体侵权人,其他行为人才可以免责。前一种观点更具合理性,而后一种观点更有利于保护受害人。我国现行法形式上是采后一种观点的,即:只有能够证明具体侵权人,行为人才可以自己的行为与损害间不具有因果关系为由,而不承担责任;只要不能确定具体侵权人,行为人就不能推翻关于其行为也为损害原因的推定,就与其他人一并对损害承担连带责任。

---

① 参见〔奥〕海尔穆特·库奇奥:《替代因果关系问题的解决路径》,朱岩、张玉东译,载《中外法学》2009年第5期。

（五）数人侵权行为为损害累积原因的责任

第一千一百七十一条　二人以上分别实施侵权行为造成同一损害，每个人的侵权行为都足以造成全部损害的，行为人承担连带责任。

本条规定了数人侵权行为为损害累积原因的侵权责任。

1. 累积因果关系的含义

累积因果关系又称聚合因果关系，是指数人分别实施的侵权行为都为损害发生的原因，且每一个侵权行为都足以造成全部损害的现象。累积因果关系属于因果关系中的多因一果即由数个原因行为共同造成同一损害后果的现象，但其不同于一般的多因一果。一般的多因一果，尽管造成损害后果发生的原因为数个，但每一个原因行为均不足以造成全部损害，只有数个原因行为结合在一起，才能造成全部损害。而累积因果关系不同，在累积因果关系中，尽管有数个侵权行为都为损害发生的原因，但每个侵权行为都足以造成全部损害，也就是说，即使没有其他原因行为，也会发生该同样的损害后果。所以有学者称此为并发的侵权行为。

2. 累积因果关系侵权行为的构成条件

累积因果关系侵权行为的构成，须具备以下条件：

第一，实施侵权行为的人为数人。若只有一人实施侵权行为，不会成立累积因果关系。

第二，数人分别实施了侵权行为。各侵权行为人相互间没有共同过错，因而不是数人共同实施了侵权行为。若数人共同实施侵权行为，则属于共同侵权行为。

第三，数人分别实施的侵权行为造成同一损害后果。若数人分别实施的侵权行为分别造成不同的损害后果，则与单独侵权行为没有区别，各侵权行为人仅就自己行为造成的损害后果承担责任即可。

第四，每个侵权人的侵权行为都足以造成全部损害。例如，甲给乙下毒，其毒品之数量足以致乙死亡；丙一刀扎进乙之心脏，也足以致乙死亡，甲、丙的侵权行为虽是分别实施的，都为乙死亡的原因，但每一个侵权行为都足以导致乙死亡这一损害后果的发生，而不是两个行为共同才能造成该损害后果的发生。这是累积因果关系侵权行为的根本构成条件和根本特征。

3. 累积因果关系侵权行为的责任承担

数人分别实施侵权行为发生累积因果关系时，各侵权行为人应如何承担责任呢？对此，有两种不同观点和立法例。一种做法是各侵权行为人承担按份责任；一种做法是各侵权行为人承担连带责任。采取按份责任的理由是，各侵权人是分别实施侵权行为的，相互没有意思联络，不存在共同过错，不属于共同侵权。采取连带责任的立法理由是，尽管数人分别实施侵权行为，相互无共同过错，不构成共同侵权，但因为每个人的侵权行为都足以造成全部损害，因此，每个侵权行为人都应对全部损害承担侵权责任，既然每个人都应当承担全部损害责任，受害人就有权请求任一个侵权行为人承担全部责任，各侵权行为人的责任也就构成连带关系。

我国自《侵权责任法》就规定数人分别侵权构成累积因果关系的，侵权行为人承担连带责任。这一方面有利于保护受害人的利益，另一方面也未加重侵权行为人的责任，因为其本来就应对全部损害承担责任。

分别实施侵权行为的侵权人在行为与损害之间构成累积因果关系时，侵权行为人在就损害后果向受害人承担全部责任后，可否向其他侵权人追偿呢？对此，也有不同的观点。一种观点认为，不应追偿。因为行为人本来就应当承担全部责任，其承担了全部责任也不过是对自己侵权行为造成的全部损害承担责任而已。累积因果关系侵权行为的连带责任不是真正连带责任，属于不真正连带责任，仅是受害人可以请求全部或者任一个侵权人承担全部责任，而不存在各侵权人之间的追偿关系。另一种观点认为，数个侵权行为人在对受害人关系上承担连带责任，而其内部还是应有一定的份额。因为，如果一个侵权行为人承担责任后，不能向其他侵权人追偿，则等于放纵了其他侵权人的不法行为。

依我国法规定，分别侵权行为构成累积因果关系的，各侵权人承担连带责任。各侵权人既然承担连带责任，也就应适用关于连带责任的规定。连带责任人承担责任超过其应承担份额的，可以向其他责任人追偿。由于累积因果关系的侵权行为人分别实施的侵权行为对损害的原因力是相同的，因此，除当事人另有约定外，各侵权行为人的责任份额应是相等的。

（六）数人分别侵权造成同一损害的责任

第一千一百七十二条 二人以上分别实施侵权行为造成同一损害，能够确定责任大小的，各自承担相应的责任；难以确定责任大小的，平均承担责任。

本条规定了数人分别实施侵权行为造成同一损害的侵权

责任。

1. 数人分别侵权造成同一损害的侵权行为的含义

数人分别侵权造成同一损害的，有两种情形：一是各侵权行为人的侵权行为都足以造成全部损害；二是每个侵权行为人的侵权行为均不足以造成全部损害。前一种情形，属于累积因果关系，各侵权人承担连带责任，已于前述。这里规定的数人分别侵权的责任仅是指后一种情形时责任。

数人分别侵权造成同一损害，不同于共同侵权行为。如前所述，在数人侵权上如何认定共同性，有不同的观点，客观说认为只要各侵权行为造成同一损害，行为具有客观共同性，就可以构成共同侵权。最高人民法院2003年发布的《关于审理人身损害赔偿案件适用法律若干问题的解释》就曾持客观说。该解释第3条规定："二人以上共同故意或者共同过失致人损害，或者虽无共同故意、共同过失，但其侵权行为直接结合发生同一损害后果的，构成共同侵权，应当依照民法通则第一百三十条规定承担连带责任。二人以上没有共同故意或者共同过失，但其分别实施的数个行为间接结合发生同一损害后果的，应当根据过失大小或者原因力比例各自承担相应的赔偿责任。"这一解释将数人分别侵权造成同一损害的情形分为两种：一是各行为直接结合造成同一损害；二是各行为间接结合造成同一损害。并且将前一情形作为共同侵权行为，由侵权人承担连带责任。由于这一规定对共同侵权行为的共同性采取客观共同性标准，且又以行为是直接结合还是间接结合来区分是否具有客观共同性，而在何为直接结合、何为间接结合上又无明确的标准，学者对此解释多有疑义。因此，当年制定《侵权责任法》时，立法机关未接受该司法解释的观点,《民法典》仍未采纳实务中的这一做法。

2. 数人分别侵权造成同一损害的侵权构成要件

数人分别侵权造成同一损害的侵权构成要件有四:

第一,实施侵权行为的主体为复数。单一的侵权行为主体不会构成数人侵权。

第二,侵权行为人分别实施侵权行为。如果两个以上的人共同实施侵权行为,则会构成共同侵权。至于分别实施的侵权行为是积极行为还是消极行为,则在所不问。

第三,数人的侵权行为造成同一损害后果,即各行为人实施的侵权行为都为同一损害发生的原因。如果数个侵权行为人的行为分别造成不同的损害后果,则属于单一侵权行为。如果某人的行为与损害间没有因果关系,则该行为人不会承担责任。

第四,各侵权行为人的侵权行为都不足以造成全部损害,只是各行为原因集合或累加在一起才造成该全部损害。如果各行为人的行为都足以造成全部损害,则属于累积因果关系的数人分别侵权。

3. 分别侵权造成同一损害的责任承担

我国自《侵权责任法》就规定数人分别侵权造成同一损害的,侵权人承担按份责任。《民法典》仍采用这一规则。

分别侵权的各行为人对损害承担按份责任,其份额应如何确定呢?依法律规定,在确定按份责任人的各自责任份额上应考虑两方面因素:一是过错。过错重的当事人,其承担的份额应大;过错轻的当事人,其承担的份额应小。二是原因力。各方行为对损害的原因力不同的,可根据原因力的比例确定各自的责任份额。例如，两家企业分别排放的污水一同造成污染损害，任何一家企业排放的污水量都不足造成全部损害，但集合在一起就造成损害。于此情形下，两家企业的排污行为为分别侵权，应对损害承担按份责任，其责任份额可依各自排放量的比例确定。如果各分别侵权的侵权人的过错、原因力不能区分，难以确定各侵权人的责任大小，则由各侵权行为人平均承担责任，各责任人的责任份额相等。

八、侵权责任的免责事由

（一）侵权责任免责事由的含义

侵权责任的免责事由又称为侵权责任的免责条件，是指可以免除或者减轻行为人侵权责任的情形。在我国法上体现为不承担责任及减轻责任的事由。从严格意义上说，我国法上所规定的不承担责任或者减轻责任的事由，不仅包括责任减免事由（免责事由），也包括对违法性的抗辩事由。从学理上看，免责事由与违法性抗辩事由是存在区别的。违法性抗辩事由属于责任成立价值层面的否定性判断要素（如正当防卫、紧急避险），而免责事由属于责任已经成立但此后免除或者减轻的事由，其归属于责任承担层面（如与有过失）。①

侵权责任的免责条件与侵权责任的构成条件都是对行为人承担侵权责任的限度，是一个问题的两个方面。侵权责任的构成条件，是指行为人在何种情形下应当承担侵权责任；而侵权

---

① 参见朱岩：《侵权责任法通论总论》（上册），法律出版社 2011 年版，第 479 页。

责任的免责条件则是指在何种情形下行为人可以不承担责任或者减轻其责任,是对行为人承担侵权责任的限制。从诉讼的角度看,原告请求被告承担侵权责任的,应就侵权责任的构成条件举证证明;而被告可以以其具有侵权责任的免责事由对被告的请求予以抗辩。

侵权责任的免责事由具有客观性和法定性特点。所谓客观性,是指作为免责事由的事实只能是现实客观存在的,是已经发生的事实,而不能是虚构的、尚未发生的事实。所谓法定性,是指侵权责任的免责事由不仅只能是法律规定的而不能是约定的,而且各种免责事由的适用范围也是由法律直接规定的。

根据不同的标准,对于侵权责任的免责事由,可以有不同的分类。通常将侵权责任的免责条件分为正当理由和外来原因。正当理由是指行为人虽然实施了侵害他人权益的行为,但是该行为是合法的、正当的,因此可以免除行为人承担侵权责任。正当理由包括正当防卫、紧急避险、依法执行职务、自甘风险、自助行为等。外来原因是指因行为人之外的原因造成损害,行为人可以否认不是其行为或者不全是其行为造成损害的,因此可以免除或者减轻其侵权责任。外来原因包括不可抗力、被侵权人的过错、第三人的原因等。

(二)不可抗力

《民法典》第 180 条第 2 款规定,不可抗力是不能预见、不能避免且不能克服的客观情况。不可抗力既包括自然现象,也包括社会现象,但是作为不可抗力必须具有以下特征:其一,是客观的、外在的,而不是主观的,也不是受人的意志支配的;

其二，是人力不可抗拒的。判断是否为人力不可抗拒，应从主客观两方面考察：从主观方面看，不可抗力是不能预见的。所谓不能预见是指当事人尽最大的努力也不能预见其发生；从客观方面看，不可抗力是不能避免且不能克服的。所谓不能避免且不能克服，是指在现有的技术水平和条件下，即使当事人尽最大努力也是不能避免损害发生的。

《民法典》第180条第1款规定，"因不可抗力不能履行民事义务的，不承担民事责任。法律另有规定的，依照其规定。"依此规定，不可抗力是免除民事责任的一般事由，因为侵权责任是民事责任的一种，因此不可抗力也是免除侵权责任的事由。除法律另有规定外，因不可抗力造成他人权益损害的，当事人不承担侵权责任。

不可抗力作为侵权责任的免责事由，须受害人的损害完全是由不可抗力造成的。如果受害人遭受不可抗力的损害是因行为人未履行相应义务而发生的，则不能免除行为人的责任。如果在不可抗力造成损害后，因行为人的行为使损害扩大的，则行为人应就扩大的损害承担侵权责任。法律对于不可抗力造成的损害，有特别规定的，应适用法律的特别规定。例如，《民法典》第1237条规定，民用核设施造成他人损害的，"能够证明损害是因战争、武装冲突、暴乱等情形或者受害人故意造成的，不承担责任"。如果责任人仅证明损害是因自然灾害造成的，则不能免除其责任。

（三）受害人的过错

第一千一百七十三条　被侵权人对同一损害的发生或者扩大有

过错的，可以减轻侵权人的责任。

本条规定了被侵权人的过错是减轻侵权人侵权责任的事由。

被侵权人的过错也就是民事权益受到损害的受害人的过错。过错包括故意和过失两种形态。因为关于受害人的故意的免责，法律有单独规定。因此，这里所说的受害人的过错仅指受害人的过失。

侵权行为人的侵权行为造成他人损害时，若被侵权人在该损害的发生或者扩大上有过失，则可以减轻侵权人的责任，也就是说，侵权行为人可以就被侵权人过失造成的损害部分不承担责任。因此，这一规则被称为与有过失规则，有的称为过失相抵规则。

适用与有过失规则，须具备以下条件：

第一，侵权人的行为与被侵权人的行为都为损害发生的原因。这一条件要求双方的行为共同造成同一损害。如果侵权人的行为和被侵权人的行为分别造成不同的损害，则各自就其造成的损害承担责任，不发生过失相抵。

第二，侵权人的侵权行为造成损害。侵权人的行为造成损害，是侵权人承担侵权责任的前提。若侵权人的行为未造成损害，自不发生侵权责任，当然也就无减轻或免除责任问题。至于侵权人是否有过错，则不为适用与有过失规则的条件。在侵权行为人依法应当承担无过错责任时，受害人有过失的，有的依法也可适用过失相抵规则。也正为如此，学者主张，与有过失规则的称谓，较之过失相抵规则的提法更准确。但是，侵权人对损害的发生为故意的，不能适用与有过失规则。因为任何情形下，行为人都应对其故意造成的损害承担责任。

第三，受害人对损害的发生或者扩大有过失。如果受害人对于损害的发生或者扩大没有过失，则当然不能适用与有过失规则。如何判断受害人有无过失呢？有学者指出，过失相抵上的受害人的过失与侵权行为成立要件上的过失是不同的。有学者指出，被侵权人之处的所谓"过失"，并不是侵权法上的真正的过失。因为侵权法上的过失对象一定是本人之外的其他人。基于绝对权的对世性，只有权利人之外的人才负有不得侵害绝对权的义务，也才能因为违反此种义务而有过失，而被侵权人作为权利人对自己并无义务，也不会有过失。此处的过失，是为进行对侵权人责任的限定而由法律拟制出来的"不真正过失"。[①] 实际上，受害人的过失表现为能够采取措施避免损害发生或者扩大而未采取相应措施。"受害人"的过失也可能通过受害人的监护人的过失表现出来。例如，无民事行为能力人的监护人负有保护该无民事行为能力人不受侵害的义务，如其未尽到监护职责而使被监护人受有损害时，应认定受害人一方有过失，可以减轻对方的责任。[②]

适用与有过失规则时，可以减轻侵权人的侵权责任，而不能免除侵权人的责任。至于减轻侵权责任人的责任范围，则不仅应考虑双方的过失程度，还应考虑受害人一方行为的原因力。

须要说明的是，法律规定被侵权人有重大过失可以减轻侵权人侵权责任的，如果被侵权人仅有一般过失，则不能减轻侵

---

① 满洪杰等：《〈中华人民共和国民法典·侵权责任编〉释义》，人民出版社2020年版，第28页。

② 郭明瑞、房绍坤、於向平：《民事责任论》，中国社会科学出版社1991年版，第105页。

权人的责任。此外，关于受害人过错的适用情形，即其仅适用于过错责任领域还是也应同时适用于无过错责任领域，学者间曾有不同观点。产生争议的原因在于，原《侵权责任法》在第26条中采取了"被侵权人对损害的发生也有过错的"的表述。由于在该表述中存在"也"字，有学者认为，受害人过错的适用应以侵权人存在过错为前提。只有侵权人存在过错，才会存在受害人"也有过错"的问题。尽管此种文义解释不无道理，但学者多认为，受害人过错并不仅仅适用于过错责任领域，在无过错责任领域也应有其适用。为了避免再次出现争议，《民法典》第1173条中删除了《侵权责任法》第26条中的"也"字。同时，为了使该条表述更为周延，立法者也增加了"同一"和"扩大"的表述。①

（四）受害人故意

第一千一百七十四条　损害是因受害人故意造成的，行为人不承担责任。

本条规定了受害人的故意为侵权责任的免责条件。

受害人的故意是指受害人明知损害会发生而希望发生或者放任损害发生的心理状态。因为，任何人都应对其故意造成的损害负责，受害人故意造成的损害，也就只能由受害人自行承担损害后果。因此，损害的发生是因受害人故意造成的，可以成为行为人免除侵权责任的事由。

---

① 参见黄薇主编：《中华人民共和国民法典侵权责任编释义》，法律出版社2020年版，第29—30页。

以受害人故意造成损害为由免除行为人侵权责任的，须具备以下条件：

1. 受害人对损害的造成有故意

受害人的故意构成要求：一是明知损害会发生；二是有意识地使其发生或者放任其发生；三是对于损害的发生采取积极的态度。例如，受害人明知从高空跳下会摔伤或摔死而为之造成伤亡；受害人明知放火会毁掉其财物但为使邻人受害或嫁祸给他人而放火导致其财物损毁。但是，受害人对损害发生不是采取积极态度，而是采消极态度的，则不能认定受害人为故意。例如，受害人在受他人殴打时能够躲避而未躲避因此受伤，不能认定受害人为故意。受害人对损害的发生后果并不是明知的，即使其行为导致损害的发生，也不构成故意。例如，受害人因私拉电线，导致高压电入户造成损害，不能认定是因受害人故意造成的损害。

2. 受害人的故意行为是造成损害的原因

如果损害的发生完全是由受害人故意造成的，因行为人的行为与损害间并无因果关系，行为人也就不承担侵权责任。如果除受害人的故意行为外，行为人的行为也是损害发生的原因，则行为人也会依法承担一定责任，于此情形下，行为人只是承担部分责任，而不能不承担责任。例如，动物饲养人违反管理规定未对动物采取安全措施造成他人损害的，即使因受害人故意造成损害，也只能减轻饲养人的责任，因为饲养人未采取安全措施的行为也是损害发生的原因。

需要指出的是，这里所讲的"损害是因受害人故意造成的，行为人不承担责任"，既包括行为人不承担任何责任，也应包括行为人不承担部分责任。因为除受害人故意外,行为人的行为也为损害发生的原因的,属于受害人有过错,按照《民法典》第1173条规定,受害人有过错的,可以减轻侵权人的责任。但前已述之,第1173条中所指的受害人的过错,仅指过失,不包括故意,凡属于受害人故意造成损害的,都属于《民法典》第1174条调整。因此,损害完全是由受害人造成的,行为人完全不承担责任;损害的发生原因也有行为人行为的,行为人承担部分责任。

(五) 第三人的原因

第一千一百七十五条　损害是因第三人造成的,第三人应当承担侵权责任。

本条规定了因第三人造成损害为免责事由。

相对于其他免责事由来说,该免责事由的表述有所不同。其他免责事由是从行为人是否免责角度进行规定,而该事由是从第三人是否应承担责任的角度进行规定的。第三人应当承担责任,行为人当然也就不用承担责任,因此,这也成为行为人免责的事由。

损害是因第三人造成的,第三人的行为为损害发生的原因,第三人的行为与损害间有因果关系,第三人自应对损害后果承担侵权责任;而行为人的行为与损害间无因果关系,行为人也就不承担责任。因此,因第三人的行为造成损害的,也是行为人免除侵权责任的事由。

第三人的行为构成免责事由,须具备以下条件:一是因第三人的行为造成损害;二是第三人行为是损害发生的全部原因。

如果损害的发生也有行为人的原因,则不能完全免除行为人的侵权责任,行为人应与第三人按数人分别侵权的规定承担责任。

因第三人造成损害的,第三人应当承担侵权责任。但是,在法律特别规定的情形下,也会发生行为人先承担责任,然后由行为人向应当承担责任的第三人追偿。有学者称此为第三人与行为人之间的不真正连带责任。

(六)自甘风险

第一千一百七十六条 自愿参加具有一定风险的文体活动,因其他参加者的行为受到损害的,受害人不得请求其他参加者承担侵权责任;但是,其他参加者对损害的发生有故意或者重大过失的除外。

活动组织者的责任适用本法第一千一百九十八条至第一千二百零一条的规定。

本条规定了自甘风险为免责事由。

1. 自甘风险的含义

自甘风险,是指受害人明知有受到损害的危险,而自愿接受该风险造成的损害后果。现实中受害人接受损害有两种情形:一是主动要求损害,例如,要求医生给予截肢;二是接受造成损害的危险。只有后一种接受损害的情形才属于自甘风险的范畴。由于自甘风险,是受害人自愿接受损害后果,因此,也称为受害人同意或允诺。[①]

[①] 也有学者认为,自甘风险与受害人同意存在若干不同。参见朱岩:《侵权责任法通论》,法律出版社2011年版,第502—504页。

2. 自甘风险的构成条件

自甘风险，须具备以下条件才能构成：

其一，须受害人知道存在会发生某种损害的危险。

其二，须受害人在损害发生前自愿接受某种损害后果。这种接受的意思表示可以是明示的，也可以是默示的。例如，知道参加踢球会受伤而仍参加，即为以默示方式接受损害。但是受害人仅是知道有危险或者仅是正视危险，则不能视为受害人接受损害。

其三，受害人接受损害发生的意思表示须是真实的、自愿的。如果受害人是在他人欺诈、胁迫等情形下做出接受损害的意思表示的，则不构成自甘风险。

其四，发生损害的风险来自合法的、正当活动。《民法典》第1176条明确规定"自甘风险"中的风险为文体活动中的风险。这意味着这里所指的风险只能是正当的、合法活动中的风险，而不能是不正当的、不法活动中的风险。例如，当事人双方约架，并签订损害自负的生死状。这种打架发生损害的风险就是不正当、不合法活动的风险，因此，由此造成损害的，不适用自甘风险规则。这里所说的文体活动，既包括竞技性文体活动，也包括非竞技性文体活动；既包括由有关组织组织的文体活动，也应包括当事人自发组织的文体活动，如"驴友"组织的活动。

其五，造成损害的行为人没有故意或者重大过失。自甘风险的受害人自愿接受的损害危险须是其参与的活动自身具有的危险，因此，受害人在活动中因其他参与人行为所受到的损害，只能是行为人无意造成的，而不能是行为人有意造成的损害。如果因行为人的故意或者重大过失造成受害人的损害，这已经超出受害人预见的范围，也不是受害人自愿接受的损害。况且，任何人都应对其故意造成的损害承担责任，重大过失又视同故意。因此，于行为人故意或者重大过失造成损害的情形下，不构成自甘风险。

3. 自甘风险的法律后果

自甘风险，因是受害人自愿接受损害的风险，实际上是受害人依法预先放弃自己的权利。因此，构成自甘风险时，受害人不能要求造成损害的行为人承担侵权责任，行为人的侵权责任免除。

但是，自甘风险作为免责事由是针对参与活动的受害人与造成损害的行为人之间的关系而言的。因为通常具有风险的文体活动都是有组织者的。组织者在任何情形下都负有一定的组织者责任。因此，受害人参加有风险的文体活动受到损害的，组织者是否应当承担责任，应按照民法典第1198条至1201条的规定确定。也就是说，按照法律规定，组织者未尽到相应安全保障义务的，仍会承担一定的侵权责任。

（七）自助行为

第一千一百七十七条 合法权益受到侵害，情况紧迫且不能及时获得国家机关保护，不立即采取措施将使其合法权益受到难以弥补的损害的，受害人可以在保护自己合法权益的必要范围内采取扣留侵权人的财物等合理措施；但是，应当立即请求有关国家机关处理。

受害人采取的措施不当造成他人损害的，应当承担侵权责任。

本条规定了自助行为。

1. 自助行为的含义

自助行为，有广义与狭义之分。广义的自助行为，泛指一切依法不须经过国家机关而采取的保护自己权利的措施。如正当防卫、紧急避险等均为广义的自助行为。这里所称的自助行为是狭义的，仅是指权利人在合法权益受到侵害又因情况紧迫来不及得到公力救济时，为保护自己的合法权益而采取的救济措施。

权利人的权利受到侵害的，权利人可以采取的救济措施有公力救济与私力救济两种方式或途径。公力救济是指通过国家公权力予以救济。私力救济则是通过私人之力予以救济。在现代社会，公力救济是主要的基本的最终的救济手段。但是，法律也许可一定的私力救济方式。私力救济方式包括自助和自卫。正当防卫和紧急避险都属于自卫方式。

2. 自助行为的构成

自助行为的构成，须具备以下要件：

（1）须合法权益受到侵害。合法权益受到侵害，是自助行为实施的前提，因为没有侵害也就没有救济。但这里合法权益受到侵害，并不仅仅指损害后果已经发生、侵害行为已经结束，例如，车辆被他人盗走，债务人到期不清偿债务，他人印制有自己商标的标识等；也包括侵害仍在进行中或者存在权利行使的障碍，例如，他人的树木倾倒在自己通行的路上。

（2）须为保护自己的合法权益。行为人可否为保护他人的合法权益实施自助行为呢？对此曾有两种不同的观点。一种观点认为，只要合法权益受到侵害，就可以采取自助行为，而不论该权益是自己还是他人的。另一种观点认为，只有自己的合法权益受侵害时才可以采取自助行为。例如，权利人自己的车辆被盗走，一旦权利人发现其车停在某处，因来不及报警，为防止车被开走，他可以扣留该车；但如果行为人知道自己的亲属、朋友的车辆被盗走，他发现该车时，则不能采取扣车的自助行为。我国法上明确规定，受害人在保护自己合法权益的必要范围内采取自救措施，因此，只有自己的合法权益受到侵害，为保护自己的合法权益采取的措施，才可构成自助行为。

（3）须为情况紧迫。所谓情况紧迫，是指受害人如果不采取措施，就会使受侵害的权益得不到救济。这里的情况紧迫有两方面的表现：一是从时间上来不及请求公权力救济。如果受害人有时间请求公权力救济，则应请求国家机关给予保护，而不能采取私力救济的手段；二是从后果上看，如不采取自助行为会受到难以弥补的损害。如前例，受害人发现其车，如不立即上前扣留，车就会被不法占有人开走，难以查找。

（4）须采取的措施得当。所谓采取措施得当，是指行为人实施救助行为的对象、方式、范围都是适当的、合理的。权利人实施自助行为的对象，只能是债务人而不能是其他人，例如，债务人为避债而处置财产，权利人可将其财物扣留，但不能扣留其亲属的财产。又如债务人为避债而要跑路，权利人可留住债务人，但不能扣留债务人的亲属、朋友。权利人实施自助行为的方式、范围也须是得当的。例如，权利人见债务人为避债而隐藏财物，将其财物扣留是得当的，但是权利人如果扣留债务人，则采取的措施就是不得当的。权利人采取的措施必须合法且不违反公序良俗。例如，债务人在其饭店吃完饭不付账，权利人可以将其与应付款项相当的财物扣留，但不应扣留其身份证件。

（5）须在采取措施后立即请求有关国家机关处理，而不能坐等债务人消除侵害。

3. 自助行为的后果

行为人的行为符合自助行为要件的，即使其行为损害他人的权益，因其行为具有阻却违法性，行为人也不对损害承担侵权责任。但是，行为人采取的措施不当而造成他人损害的，因其不当行为不具有阻却违法性，行为人应当承担侵权责任，对其采取不当措施造成的损害承担侵权责任。

（八）其他免责事由

第一千一百七十八条　本法和其他法律对不承担责任或者减轻责任的情形另有规定的，依照其规定。

本条规定了其他免责事由。除民法典侵权责任编规定的免责事由外，民法典和其他法律也规定有免责事由。在发生依《民法典》和其他法律规定的可以不承担责任或者减轻责任的情形的，依照法律规定也可以免除或者减轻行为人的侵权责任。

民法典和其他法律另外规定的免责事由主要还有以下情形：

1. 正当防卫

正当防卫是指在公共利益、本人或者他人的人身或者其他合法权益受到现时的不法侵害时，为制止损害的发生或者防止损害的扩大而对不法侵害人所采取的防卫措施。

正当防卫的成立须具备以下条件：（1）须针对正在发生的不法侵害行为实施。不法侵害的对象可以是人身也可以是财产，但侵害行为须是不法的、现实存在的、正在进行的。对于合法行为不能防卫，此属当然。对于已经发生过的或者尚未发生但有发生可能的不法侵害也不能实施防卫，否则会构成侵权。（2）须针对不法侵害人实施。正当防卫只能针对实施不法行为的行为人实施，而不能针对与其有关的他人实施。（3）须为保护合法权益而实施。实施正当防卫的目的是为了保护公共利益、本人或者他人的合法权益，不是为了避免合法权益受损害而是为报复的目的而实施的行为，不构成正当防卫。（4）须在必要的限度内。何为防卫的必要限度？有不同的观点。一般地说，防卫是否在必要的限度内，应从防卫的目的考虑，以是否足以制止不法侵害而使合法权益免受损害为标准，而不能仅以防卫手段、方式、强度是否与不法侵害行为相当为标准。

正当防卫是民事主体保护合法权益的自卫行为，也是民事主体为维护社会秩序应尽的社会义务，具有法律上的正当性，因此，《民法典》第181条规定，"因正当防卫造成损害的，不承担民事责任。正当防卫超过必要的限度，造成不应有的损害的，正当防卫人应当承担适当的民事责任。"依此规定，因正当防卫造成侵权损害的，行为人不承担侵权责任；但是，行为人采取的防卫措施超过必要限度的，行为人应承担适当的民事责任。这里的所谓"适当"的民事责任，是指行为人承担的民事责任应与防卫过当所造成的不应有的损害相当，而不是对其行为造成的全部损害承担民事责任。

2. 紧急避险

紧急避险，是指为了使公共利益、本人或者他人的人身或者财产免受正在发生的危险，不得已而紧急采取的躲避行为。

紧急避险的构成，须具备以下条件：其一，须有损害社会公共利益、本人或者他人的人身、财产损害的紧急危险的现实存在。行为人躲避的危险必须是现实的正在发生的，不采取紧急躲避措施就会造成更大损害。其二，须为不得已采取的措施。如果行为人可以采取其他措施避免危险，则其所采取的措施并非不得不采取的，不构成紧急避险行为。其三，须避险措施得当和在必要的限度内。所谓措施得当，是指避险行为措施在当时情形下是可以采取的损害最少的措施。若所采取的措施超过避险所需的范围，则为措施不得当。所谓在必要的限度内，是指避险所损害的利益小于所保全的利益。因为避险是以损害较小利益保护较大利益的，如果避险所损害的利益大于所保全的利益，则避险超过了必要的限度。

紧急避险也是民事主体保护合法民事权益的自卫措施，同正当防卫一样具有法律上的正当性，依《民法典》第182条规定，实施紧急避险的行为人对紧急避险所造成的损害不承担民事责任。但是紧急避险与正当防卫不同，正当防卫是对不法侵害人造成损害，而紧急避险并非给不法侵害人造成损害，且引起避险的险情既可能是自然原因，也可能是不法行为。因此，紧急避险的后果与正当防卫的后果不同。因行为人避险造成损害的，应区分以下情形确定责任：

（1）危险是人为造成的，由引起险情发生的人对紧急避险造成的损害承担民事责任。如因被恶狗追咬，不得已破窗进入他人家中。避险人给他人造成窗户破损的损害，则应由引起险情的狗的饲养人承担侵权责任，而避险人不承担责任。

（2）危险是由自然原因引起的，紧急避险人不承担民事责任。但是在避险人因实施避险行为而受益的情况下，避险人可以给受害人适当补偿。所谓适当补偿应根据避险人和受害人双方的具体情况确定，但以避险人的受益范围为限。例如，因为躲避载重过多造成船只倾翻的事故，不得不抛弃部分货物，避险人对由此造成的损害不承担侵权责任，但其因此受益的，可给予适当补偿。

（3）因紧急避险采取措施不当或者超过必要限度的，避险人应承担适当的民事责任。例如，保全的利益少于损害的利益，避险人就应承担适当的侵权责任。这里的适当民事责任，是指避险人承担的责任范围应与措施不当或超过必要限度造成的不应有的损害范围一致，而不是对全部损害承担民事责任。当然，如果因紧急避险受到损害的受害人不能从侵害人得到赔偿或者不能得到完全赔偿的，可以由因紧急避险而受益的受益人给予适当补偿。

3. 紧急救助

紧急救助行为，是指在紧急情形下救助他人的行为。行为人在他人处于危难之时自愿进行救助的行为，是一种值得鼓励和提倡的见义勇为的助人行为，被救助人在救助中因某种原因而受损害的，依《民法典》第184条规定，实施救助的行为人不承担民事责任。

4. 合理使用

如，未经肖像权人同意，制作、使用、公开肖像权人肖像的，构成侵犯肖像权。而依《民法典》第1020条规定，合理实施下列行为的，可以不经肖像权人同意：（1）为个人学习、艺术欣赏、课堂教学或者科学研究，在必要范围内使用肖像权人已经公开的肖像；（2）为实施新闻报道，不可避免地制作、使用、公开肖像权人的肖像;(3)为依法履行职责,国家机关在必要范围内制作、使用、公开肖像权人的肖像;(4)为展示特定公共环境,不可避免地制作、使用、公开肖像权人的肖像;(5)为维护公共利益或者肖像权人合法权益,制作、使用、公开肖像权人的肖像的其他行为。

5. 正当行使监督权

如,依《民法典》第1025条规定,行为人为公共利益实施新闻报道、舆论监督等行为,影响他人名誉的,不承担民事责任。

6. 依法执行职务

依法执行职务,是指依照法律的授权及有关规定,行使职权或履行职责而损害他人的财产、人身的行为。依法执行职务作为免责事由,须具备以下条件:其一,执行职务的行为必须是依照法律的授权及有关规定实施的,即行为人实施行为有法律的依据;其二,执行职务行为的方式、手段必须合法;其三,执行职务的行为是必要的。所谓必要,是指不采取损害他人财产、人身的行为,就不足以执行职务。也就是说,只有在不造成损害就不能执行职务时,执行职务的行为才是必要的。

需要指出的是,本条规定对于免责事由的适用除具有引致性规范的意义之外,对于免责事由的具体适用也具有意义。具体来说,《民法典》第1178条的规定理顺了免责事由的具体适用规则。基于民法典的总分结构属性,总则编及侵权责任编第一章中规定的免责事由本可以适用于全部侵权情形,但是在侵权责任编的特殊侵权制度中,有的未设免责事由(如第四章"产品责任"),而有的设定了免责事由(如第八章"高度危险责任"），这就产生一个法律适用上的问题，即总则编及侵权责任编第一章所规定的免责事由应如何适用于特殊侵权制度？依循本条规定，可获得以下原则性答案：其一，当侵权责任编的特殊侵权制度未规定免责事由时，若其他法律另有规定的，则适用其他法律的特别规定。因此，侵权责任编第四章虽未对产品责任的免责事由进行规定，但因《产品质量法》中有相应规定，应适用《产品质量法》的规定。其二，当侵权责任编的特殊侵权制度明确规定了免责事由时，则属本条中所言"本法另有规定"的情形，原则上仅应适用特殊侵权制度中的相关免责事由的规定。其三，在上述两种情况同时存在时，则二者所明确规定的免责事由均应适用。

当然，本条的规范意义，更多地体现在对侵权责任编内部的免责事由之适用的协调上。因为，在其他法律对免责事由的情形另有规定时，同样可依《民法典》第11条规定实现《民法典》与特别法适用上的衔接。

第二章 损害赔偿

一、损害赔偿的含义和规则

(一) 损害赔偿的含义

损害赔偿,是指侵权行为人就其造成的损害给予被侵权人以赔偿。赔偿是以金钱来填补损害。损害赔偿,从侵权行为人来说,其是以赔偿损失的方式承担侵权责任;从被侵权人来说,是其所受损害得到财产上的救济。

根据侵权行为人侵权损害的对象,损害赔偿可分为人身损害赔偿、人身权益损害赔偿、精神损害赔偿、财产损害赔偿等。

(二) 损害赔偿规则

损害赔偿应坚持完全赔偿、过失相抵、损益相抵以及权衡各方利益规则。

1. 完全赔偿规则

所谓完全赔偿规则,又称为全面赔偿规则,是指侵权行为人应对其侵权行为造成的全部损害承担赔偿责任。侵权人承担的赔偿责任范围应以能够弥补被侵权人的损害为原则。实行完全赔偿规则,是由侵权责任的补偿性质决定的,因为侵权责任具有补偿损害的性质,所以损害范围有多大,赔偿损失的范围就应多大。但是，在坚持完全赔偿规则上，有两个例外：一是法律规定有赔偿限额的，不论损害有多大，赔偿的数额不能超过法律规定的限额；二是法律规定惩罚性赔偿的，适用惩罚性赔偿的赔偿数额，不仅须超过损失额，而且应当几倍于损失数额。

2. 过失相抵规则

过失相抵规则即与有过失规则，是指因被侵权人的过错而发生或者扩大的损害，应由被侵权人自行承担；亦即侵权人承担的赔偿损失额应为从全部损失额中减去侵权人应承担的部分损失额的余额。关于与有过失，因前已述之，不再重述。

3. 损益相抵规则

所谓损益相抵规则，是指被侵权人因受损害的同一原因而受益的，侵权人赔偿的范围应从被侵权人所受损害中扣除其因此所受的利益。

适用损益相抵规则须具备以下条件：

第一，须有侵权损害赔偿责任的成立。损益相抵本质上为损害赔偿范围计算上的问题，其适用的前提是须有侵权人和被侵权人之间侵权损害赔偿关系的成立。

第二，须有被侵权人受有客观上的财产利益。这里的利益既包括积极利益也包括消极利益。积极利益是指被侵权人现有财产的增加，消极利益是指被侵权人财产应予减少而未减少的利益。但是，必须注意的是，这种利益必须是财产利益，精神利益是不能也无法实行损益相抵的。

第三，损害事实与所得利益之间存在着因果关系。通说认为，虽然损益相抵原则上不以相当因果关系为绝对标准，但是受益和损害事实之间必须具有某种因果上的关联。① 例如，被侵权人住院治疗期间所减少支出的食宿费用，这种消极利益与损害事实间具有因果联系。如果所受之利益系第三人之赠与或者源于被侵权人之努力，不得由损害中扣除，应归由被侵权人取得。所受之利益系第三人基于特定法律关系所给与者，也不得由损害额中扣除之，但第三人与其所为给付之范围内，取得被侵权人对侵权人之请求权。例如，未成年子女被他人不法侵害，父母为其支出医药费的，侵权人之赔偿责任不因之而减免，被侵权人（未成年子女）之请求权不受影响，但应移转于其父母主张之。②

第四，须不违反法律的规定。损益相抵规则的适用须不违反法律的规定，有些情况下，虽然赔偿权利人基于同一事实而受有利益，但是法律不允许适用损益相抵规则的，自然不能适用损益相抵规则。

关于损益相抵中相抵的利益范围，主要有以下争议：

（1）中间利益应否扣除

在人身损害引发的财产损害赔偿中，赔偿项目中有些是对被侵权人所受现实损害的赔偿，如医疗费、护理费、交通费、住宿费等；有些是对所失利益的赔偿，如误工费，残疾赔偿金、死亡赔偿金等。对所受现实损害的赔偿采取一次性支付的方式，没有中间利益的扣除问题。但是，在对所失利益的赔偿可以采取定期金的国家，如果法院判决赔偿义务人向赔偿权利人

---

① 李显冬主编：《侵权责任法经典案例释论》，法律出版社2007年版，第485页。
② 王泽鉴：《民法学说与判例研究》（第三册），中国政法大学出版社2005年版，第244页。

就其所失利益进行一次性支付的话，就会产生一个中间利息应否扣除的问题。因为本来可以分期支付的金额，由于一次性支付导致赔偿义务人增加了利益负担，对赔偿权利人来说则因其损害获得了不应有的利益。这样，赔偿义务人就必须将可以存在银行获得利息的金钱提前支付给赔偿权利人，而赔偿权利人则获得了该由赔偿义务人享受的利息。因此，对于所失利益采取一次性支付时，应该对中间利息进行损益相抵。但是，依我国法规定，赔偿金以一次性支付为原则，分期支付为例外，因此，侵权行为人一次性支付各项赔偿金的，也不存在中间利益的扣除。

（2）人身保险中的保险金是否适用损益相抵

在人身损害赔偿中，如果受害人投保了商业保险，那么就会因损害事故的发生同时获得侵权损害赔偿金和人身保险赔偿金，对于二者可否使用损益相抵呢？一般认为，基于人身保险的保险金是受害人基于保险合同的对价关系而取得的人身保障，与侵权行为之原因无关，所以不应作为损益相抵的对象。因此，受害人在获得人身保险金后，在侵权损害赔偿中并不予以扣除。换言之，此时被侵权人既可以获得保险赔偿金，又可以全额获得侵权赔偿金额。我国《保险法》已经做了明文规定，《保险法》第 46 条规定："被保险人因第三者的行为而发生死亡、伤残或者疾病等保险事故的，保险人向被保险人或者受益人给付保险金后，不享有向第三者追偿的权利，但被保险人或者受益人仍有权向第三者请求赔偿。"

（3）财产保险中能否适用损益相抵规则

《保险法》第 60 条规定："因第三者对保险标的的损害而造

成保险事故的，保险人自向被保险人赔偿保险金之日起，在赔偿金额范围内代位行使被保险人对第三者请求赔偿的权利。""前款规定的保险事故发生后，被保险人已经从第三者取得损害赔偿的，保险人赔偿保险金时，可以相应扣减被保险人从第三者已取得的赔偿金额。""保险人依照本条第一款规定行使代位请求赔偿的权利，不影响被保险人就未取得赔偿的部分向第三者请求赔偿的权利。"根据本条规定，在财产保险中，保险人享有代位求偿权，既然由保险人对于第三人取得代位行使被保险人的请求权，实际上就是为了避免重复赔偿，所以确定赔偿数额时应该就赔偿权利人所得损害赔偿总额中扣除所领取的保险金额部分。

（4）工伤保险金能否适用损益相抵

《工伤保险条例》第2条规定："中华人民共和国境内的企业、事业单位、社会团体、民办非企业单位、基金会、律师事务所、会计师事务所等组织和有雇工的个体工商户（以下称用人单位）应当按照本条例规定参加工伤保险，为本单位全部职工或者雇工（以下称职工）缴纳工伤保险费。中华人民共和国境内的企业、事业单位、社会团体、民办非企业单位、基金会、律师事务所、会计师事务所等组织的职工和个体工商户的雇工，均有依照本条例的规定享受工伤保险待遇的权利。"另外，《工伤保险条例》第五章专门对工伤保险待遇的具体内容作了明确的规定。由此可见，获得工伤保险待遇，是国家法律强制规定，是社会保障机构或者用人单位的法定义务，是受害人基于劳动者的身份，依法所应享受的权利。那么，受害人根据工伤保险获得补偿金后，再向第三人请求损害赔偿责任时，是否应当扣除所获得的工伤保险待遇部分？对此有肯定说与否定说两种观点。肯定说主张，被侵权人得到人身损害赔偿金后还可以取得工伤保险赔偿，获得工伤保险赔偿后可以向侵权人请求赔偿，侵权人的赔偿额与工伤保险赔偿不能相抵。因为人身损害赔偿金与工伤保险赔偿金在功能、基础、法律性质等方面均有不同，不应适用损益相抵规则。否定说则认为，二者不能同得。关于工伤保险补偿与第三人侵权损害赔偿的关系问题，在实务中多采用被侵权人可以兼得的观点，而学界多持补充模式的观点。

（5）慰问金、抚恤金是否适用损益相抵

死者亲友赠与遗族之慰问金，其目的并非填补损害，且依照习俗死者遗族因礼尚往来在日后曾经赠与慰问金的人家家中遇有丧事时也应赠与慰问金，所以慰问金不得适用损益相抵。对于加害人给予被侵权人之慰问金，通说认为应自损害赔偿额中扣除，惟如赠与水果等慰问品费用，金额不多者，系属礼貌上赠与，自不得为扣抵之对象。[①] 但是对于第三人或者社会各界给予的慰问金则不应给予扣除。对于依照相关法律法规受害人得到的死亡抚恤金、残疾抚恤金或者其他福利待遇也不应该予以扣除，因为这些项目具有特定的目的，而且与侵权损害赔偿发生的原因也不具有因果联系。

4. 权衡各方利益规则

权衡各方利益规则，是指确定侵权行为人的赔偿范围时还应当权衡各方利益，顾及侵权人的经济能力。适用权衡各方利益规则是以分清当事人的责任，坚持完全赔偿规则为前提的。

---

① 曾隆兴：《详解损害赔偿法》，中国政法大学出版社2004年版，第451页。

如果不分清当事人的责任,就不能对侵权人起到教育作用,也不能对其他人起到警示效果;如果不坚持完全赔偿规则,也就看不出权衡各方利益,根据侵权人和受害人经济状况相应减少的侵权人赔偿数额。适用权衡各方利益规则的目的,是为避免侵权人因承担巨额赔偿而陷入严重不利的境地,因此,在确定减少侵权人的赔偿数额上,应考虑当地习俗、社会舆论、损害后果的可预期性(如偷吃天价葡萄)等各方面的因素。有学者认为,权衡各方利益规则,在适用中应综合考虑双方当事人的经济状况、致害方的过错程度、致害原因的危险性、受保护的权益的位阶、损害的大小、损害与预防损害所采取措施费用的比例、责任保险的有无以及致害主体的存在价值等因素。但致害方为故意侵权的,不适用该规则。①

从比较法上看,权衡各方利益规则体现为损害赔偿酌减规则。因损害赔偿以完全赔偿为原则,而损害赔偿酌减规则是对侵权人在正常情形下所应承担的赔偿责任的减轻,因此,其属于完全赔偿原则的例外情形。在欧洲法上,损害赔偿酌减规则为瑞士法所首创,明确设置这一规则的国家还有丹麦、芬兰、荷兰、挪威、波兰、葡萄牙、西班牙及瑞典等国。同时,在近年的《欧洲侵权法原则》《奥地利损害赔偿法草案》《瑞士责任法草案》《欧洲示范民法典草案》中,该规则也被明确加以规定。② 事实上,在我国学界一直不乏主张于民法典中规定损害

---

① 参见张玉东:《论侵权法上的损害赔偿酌减规则》,载《河南社会科学》2017年第8期。
② 参见《欧洲侵权法原则》第10:401条,《奥地利损害赔偿法草案》第1318条,《瑞士责任法草案》第52条,《欧洲示范民法典草案》第6-6:201条。

赔偿酌减规则的呼声。① 尽管《民法典》中最终并未明确确立这一规则，但在具体的司法实践中也应对其予以贯彻。②

二、侵害人身权益的损害赔偿

（一）人身损害赔偿的含义和范围

第一千一百七十九条 侵害他人造成人身损害的，应当赔偿医疗费、护理费、交通费、营养费、住院伙食补助费等为治疗和康复支出的合理费用，以及因误工减少的收入。造成残疾的，还应当赔偿辅助器具费和残疾赔偿金；造成死亡的，还应当赔偿丧葬费和死亡赔偿金。

本条规定了人身损害的赔偿范围。

人身损害是指侵权人侵害他人的身体所造成的损害，包括一般伤害、残疾和死亡。人身损害赔偿就是由侵权人以金钱赔偿的方式承担侵害他人人身所造成的损害的侵权责任。

自然人对其身体、健康和生命，享有身体权、健康权、生命权。侵害自然人身体的，则会对自然人的身体、健康或生命造成损害。侵害自然人的身体造成健康损害和生命损害的，侵

---

① 相关文章参见邓辉、李昊：《论我国生计酌减制度的构建》，载《研究生法学》2015年第3期；徐银波：《论侵权损害完全赔偿原则之缓和》，载《法商研究》2013年第3期。学者就此的立法建议参见王利明主编：《中国民法典草案建议稿及说明》，中国法制出版社2004年版，第262页；于敏、李昊等：《中国民法典侵权行为编规则》，中国社会科学文献出版社2012年版，第610页；杨立新：《中华人民共和国侵权责任法草案建议稿及说明》，法律出版社2007年版，第319页；梁慧星：《中国民法典草案建议稿附理由：侵权行为编》，法律出版社2013年版，第203页。

② 比较法上也存在类似主张，参见〔奥〕海尔姆特·库齐奥：《侵权责任法的基本问题——德语国家的视角》，朱岩译，北京大学出版社2017年版，第311页。

权人应当赔偿被侵权人的损失。

人身损害赔偿的范围，依据损害后果的不同而包括以下费用。

1. 被侵权人为治疗和康复支出的合理费用

侵害他人人身造成身体伤害的，被侵权人为治疗伤害、恢复身体健康所支出的合理费用，侵权人都应赔偿。治疗和康复支出的合理费用包括但不限于：（1）医疗费用。医疗费用包括诊断费、检查费、治疗费、药费，应以实际开支和需要为准。（2）护理费。这是指被侵权人因伤病需要护理所支出的护理人员的费用。被侵权人是否需要专人护理，原则上应以医生的诊断和要求为准。（3）交通费。这是指被侵权人为治疗伤害所付出的交通费用。被侵权人可乘何种交通工具，应以当时的实际需求为准。（4）营养费。营养费是被侵权人为治疗和康复所受伤害所需支付的额外增加营养的费用。被侵权人是否需要额外增加营养费，也应以医生的诊断为准。（5）住院伙食补助费。这是指被侵权人住院期间被侵权人一方增加的伙食费用。

2. 因误工减少的收入

因误工减少的收入，称为误工损失，是指被侵权人因受人身损害不能获得正常收入的损失。这一损失属于被侵权人的可得利益损失，也就是说，这一损失是被侵权人只要不受该伤害就可以得到的收入。司法实务中认为，误工费根据受害人的误工时间和收入状况确定。误工时间根据受害人接受治疗的医疗机构出具的证明确定。受害人因伤残持续误工的，误工时间可以计算到定残日前一天。受害人有固定收入的，误工费按照实际减少的收入计算。受害人无固定收入的，按照其近三年的平均收入计算；受害人不能举证证明其近三年的平均收入状况的，可以参照受诉法院所在地相同或者相近行业上一年度职工的平均工资计算。[①] 可见，对于误工收入减少的判断，实践中采用以受害人可以证明的水平为原则，以地域或者行业收入为例外的标准。

3. 残疾生活辅助器具费和残疾赔偿金

残疾是指丧失全部或者部分劳动能力。侵害人身造成被侵权人残疾的，被侵权人除上述损失外还会有两方面的损失：一方面是为克服因伤残造成的生活上的不便，残疾的被侵权人需要必要的辅助器具，如假肢、轮椅；另一方面，残疾的被侵权人的劳动能力的丧失或降低，导致失去或减少收入。因此，侵权行为造成被侵权人残疾的，侵权行为人除赔偿上述费用外，还应赔偿辅助器具费和残疾赔偿金。

辅助器具费是为解决受害人生活上的便利为购置、安装必要的辅助器具所支出的费用。辅助器具费也应当是合理的、必要的。是否需要辅助器具应以伤残的状况为准。司法实务中认为，辅助器具费应按照普通适用器具的合理费用标准计算。伤情有特殊需要的，可以参照辅助器具配制机构的意见确定相应的合理费用标准。对于辅助器具的更换周期和赔偿期限则参照配制机构的意见确定。[②]

残疾赔偿金是指对被侵权人残疾所造成损失的赔偿。关于残疾损失的性质，主要有所得丧失说、生活来源丧失说和劳动能力丧失说。所得丧失说认为，残疾损失是指因残疾丧失的收

[①] 参见最高人民法院 2020 年修正的《关于审理人身损害赔偿案件适用法律若干问题的解释》第 7 条。

[②] 同上司法解释，第 13 条。

入。依照该说，应以受害人在侵权行为发生前后收入的差额为损失额，以此确定赔偿数额。此说可以使受害人的损失得到完全赔偿，但对于尚无收入的受害人则无法确定损失额。生活来源丧失说认为，残疾损失是指因残疾所失去的必要生活来源。依照该说，受害人的损失是不能维持必要生活的收入，因此，侵权人的赔偿以能够维持受害人的必要生活来源为原则。该说并不贯彻完全赔偿规则，最不得利于保护受害人的合法权益。劳动能力丧失说认为，残疾损失是指不能通过从事的劳动获得收入的损失。依照该说，侵权人赔偿的损失应是受害人通过劳动能力可以取得的损失而不是实际损失，更不是失去的生活来源。各说的区别主要在于因残疾所失去的利益是否是能够准确计算的。各说比较，劳动能力丧失说更为合理。因为残疾就是指劳动能力的丧失，因此残疾赔偿金应以受害人因伤残丧失的一般可能得到的收入为准。司法实务中认为，残疾赔偿金根据受害人丧失劳动能力程度或者伤残等级，按照受诉法院所在地上一年度城镇居民人均可支配收入或者农村居民人均纯收入标准，自定残之日起按 20 年计算。但 60 周岁以上的，年龄每增加 1 岁减少 1 年；75 周岁以上的，按 5 年计算。受害人因伤致残但实际收入没有减少，或者伤残等级较轻但造成职业妨害严重影响其劳动就业的，可以对残疾赔偿金作相应调整。[①] 受害人一方有被扶养人的，被扶养人的生活费并计入残疾赔偿金。[②]

[①] 参见最高人民法院 2020 年修正的《关于审理人身损害赔偿案件适用法律若干问题的解释》第 12 条。

[②] 同上司法解释，第 16 条。

4. 丧葬费和死亡赔偿金

侵权行为致人损害造成死亡的，侵权人还应当赔偿丧葬费和死亡赔偿金。

（1）丧葬费是安葬被侵权人的费用。丧葬费应以当地当时一般的丧葬费用为准。司法实务中对丧葬费采取定额化的确定方式，即按照受诉法院所在地上一年度职工月平均工资标准，以6个月总额计算。[①] 有一种观点认为，丧葬费并不是因侵权造成的损失，因为任何人都会死亡，丧葬费不是因侵权而多支出的费用。但是，被侵权人的死亡毕竟是由侵权行为造成的，否则，受害人一方于此期间不必支付丧葬费，因此，丧葬费也属于因侵权造成的损失，理应由侵权人赔偿。

（2）死亡赔偿金，是侵权人因被侵权人死亡而支付的赔偿费用。关于死亡赔偿金的性质，各国立法有不同的学说和立法例。其主要有扶养丧失说与继承丧失说两种。

扶养丧失说认为，由于被侵权人死亡，导致其生前依法定扶养义务供给生活费的被扶养人丧失生活费的供给来源，这也就是被侵权人死亡的损失。因此，死亡赔偿金的范围应是被扶养人在被侵权人生前从其收入中得到的或者有权得到的自己的扶养费的份额。

继承丧失说认为，侵害人身致人死亡的，不仅生命利益受到侵害，而且造成被侵权人余命年岁内的收入失去，使这些本来可以作为被侵权人的财产由其法定继承人所继承的未来可能

[①] 最高人民法院2020年修正的《关于审理人身损害赔偿案件适用法律若干问题的解释》第14条。

得到的收入而不能得到，这些丧失都是因死亡造成的损失。依继承丧失说，死亡赔偿金的范围应为被侵权人死亡而丧失的未来可得利益。

在死亡赔偿金的性质上，我国也是有不同观点的。最高人民法院《关于确定民事侵权精神损害赔偿责任若干问题的解释》（法释【2001】7号）第9条中规定，"精神损害抚慰金包括以下方式：（一）致人残疾的，为残疾赔偿金；（二）致人死亡的，为死亡赔偿金；（三）其他损害情形的精神抚慰金。"依此规定，死亡赔偿金为精神抚慰金。该规定对于死亡赔偿金的性质采取扶养丧失说。

最高人民法院《关于审理人身损害赔偿案件适用法律若干问题的解释》（法释【2003】20号）第29条规定，"死亡赔偿金按照受诉法院所在地上一年度城镇居民人均可支配收入或者农村居民人均纯收入标准，按二十年计算。但六十周岁以上的，年龄每增加一岁减少一年；七十五周岁以上的，按五年计算。"该规定不再将死亡赔偿金作为精神损害抚慰金，对死亡赔偿金的性质改扶养丧失说为继承丧失说。但该解释规定，依据被侵权人是城镇居民还是农村居民完全采取不同的赔偿标准。这一规定被视为"同命不同价"规则，因有歧视农民之嫌，也受到了批评。

为纠正以被侵权人的城乡户籍作为确定被侵权人收入标准的不当，司法实务中最近几年也在探讨对人身损害赔偿标准实行城乡统一，不再以受害人的户籍作为确定收入的唯一标准。但2020年修正的《关于审理人身损害赔偿案件适用法律若干问题的解释》第15条并未改变2003年的规定。

5. 受害人的被扶养人的生活费

无论是原《侵权责任法》第 16 条，还是现《民法典》第 1179 条，都没有规定对受害人的被扶养人的生活费的赔偿。但在司法实务中，对受害人残疾或者死亡时其被扶养人的生活费是予以赔偿的。最高人民法院 2020 年修正的《关于审理人身损害赔偿案件适用法律若干问题的解释》第 17 条规定，"被扶养人生活费根据扶养人丧失劳动能力程度，按照受诉法院所在地上一年度城镇居民人均消费性支出和农村居民人均年生活消费支出标准计算。被扶养人为未成年人的，计算至十八周岁；被扶养人无劳动能力又无其他生活来源的，计算二十年。但六十周岁以上的，年龄每增加一岁减少一年；七十五周岁以上的，按五年计算。被扶养人是指受害人依法应当承担扶养义务的未成年人或者丧失劳动能力又无其他生活来源的成年近亲属。被扶养人还有其他扶养人的，赔偿义务人只赔偿受害人依法应当负担的部分。被扶养人有数人的，年赔偿总额累计不超过上一年度城镇居民人均消费性支出额或者农村居民人均年生活消费支出额。"解释中所称的上一年度，是指一审法庭辩论终结时的上一统计年度。

（二）同一侵权行为致多人死亡的死亡赔偿

第一千一百八十条　因同一侵权行为造成多人死亡的，可以以相同数额确定死亡赔偿金。

本条规定了在同一侵权行为致多人死亡时的死亡赔偿金。

如上所述，在《侵权责任法》施行前，法释【2003】20 号文中规定对死亡赔偿金的确定依死者为城镇居民还是农村居民适用不同的标准,"同命不同价"受到一些学者的批判和社会关注。但也有学者认为,按照死者为城镇居民还是农村居民适用不同的赔偿标准,并无不妥。因为城镇人与农村人的收入与支出是有所不同的。但是,这种观点解释不了城镇居民与农村居民的生命价值是否应有所不同。为解决实务中"同命不同价"的做法,在侵权责任法立法过程中,侵权责任法草案中曾经明确规定"同命同价",废除"同命不同价"的做法,不分城乡居民和农民,统一适用标准,具体数额的确定,则根据被侵权人的年龄、收入状况等因素,在法律规定的中间线,适当增加或者减少。其中关于地区的差异问题,概括在"收入"一项内容中。关于死亡赔偿金与精神损害赔偿金问题,草案提出的方案是"一揽子"赔偿,死亡赔偿金中包括精神损害赔偿。关于死亡赔偿的计算方法,采取国家上一年度城镇职工平均工资乘以15年。计算的结果是,死亡赔偿金的中间线在40万—50万元之间,再加以按照不同年龄和收入等情况,在这个中间线的上下增加或者减少,数额比较适当,因此比较可行。[①]但是,《侵权责任法》最终并未接受这一草案内容,仅是在《侵权责任法》第17条规定:"因同一侵权行为造成多人死亡的,可以以相同数额确定死亡赔偿金。"这一规定表明在同一侵权行为中死亡的人的死亡赔偿金可以采取同一标准。这也是对"同命不同价"规则的否定。《民法典》仍沿用了这一规定。

按照本条规定,只有多人因同一侵权行为死亡的,才可以按照相同数额确定死亡赔偿金。在因同一侵权行为造成多人死

[①] 参见杨立新:《侵权责任法》,法律出版社2010年版,第135页。

亡的案件中，以相同数额确定死亡赔偿金主要有以下好处：一是可以避免原告的举证困难，并防止因此而导致的诉讼迟延，让其可以及时有效地获得赔偿；二是可将受害人及其亲属受到的肉体、社会生活、精神生活等损害覆盖其中，有效避免挂一漏万，更好保护受害人利益，还可以减轻法院负担，节约司法资源；三是可以维护社会稳定。[①] 如果不是因同一侵权行为造成死亡，死亡赔偿金不能按照相同数额确定。如上所述，死亡赔偿金采继承丧失说时，赔偿金应包括两部分：一是生命的价值，一是受害人因死亡而失去的可得利益。任何人的生命价值应是相同的，每个人的生命都无高低贵贱之分，这应属于同命同价。而每个人因死亡失去的可得利益是不同的，这就是各个死亡的被侵权人的赔偿金会有所不同的原因。最高人民法院法释【2003】20号文错在完全依被侵权人的户籍确定人身损害的赔偿数额，而不是错在被侵权人不同，其死亡赔偿金会有不同上。

因同一侵权行为造成多人死亡的，各个受害人的赔偿金可以相同，但并非必须相同。法院认为可以不按相同数额确定死亡赔偿金的，确定的各受害人的赔偿金也就可以不同。

（三）被侵权人死亡的侵权（损害）请求权的行使

第一千一百八十一条 被侵权人死亡的，其近亲属有权请求侵权人承担侵权责任。被侵权人为组织，该组织分立、合并的，承继权利的组织有权请求侵权人承担侵权责任。

[①] 参见黄微主编：《中华人民共和国民法典侵权责任编释义》，法律出版社2020年版，第51页。

被侵权人死亡的，支付被侵权人医疗费、丧葬费等合理费用的人有权请求侵权人赔偿费用，但是侵权人已经支付该费用的除外。

本条规定了被侵权人死亡的侵权请求权的行使。

侵权请求权是权利人因其民事权益受到侵害而享有的请求救济的权利。因此，侵权请求权的权利人当然为民事权益受到侵害的权利人，侵权请求权的相对人也就是侵权行为人。即使被侵权人人身受损害致残，被侵权人也为侵权请求权主体，自得行使侵权请求权。但是，被侵权人因受侵害而死亡的，因为被侵权人死亡，其民事权利能力终止，也就不能成为侵权请求权的主体。被侵权人如为组织，该组织分立、合并即终止的，原组织的权利能力终止，也不能成为侵权请求权的主体。因此，被侵权人死亡或者作为组织分立、合并的，就须确定何人享有和行使侵权请求权。

在我国司法实务中一直认为，被侵权人死亡的，死者的近亲属为侵权请求权人，可以行使侵权请求权。最高人民法院《关于审理人身损害赔偿案件适用法律若干问题的解释》第1条中规定，本条所称"赔偿权利人"，是指因侵权行为或者其他致害原因直接遭受人身损害的受害人以及死亡受害人的近亲属。《国家赔偿法》第6条也规定，"受害的公民死亡，其继承人和其他有扶养关系的亲属有权要求赔偿。""受害的法人或者其他组织终止的，其权利承受人有权要求赔偿。"《侵权责任法》采纳了实务中的做法。《民法典》对此仍沿用《侵权责任法》的规定。

依我国法规定，被侵权人死亡的，其近亲属享有侵权请求权,可以行使侵权请求权。依《民法典》第1045条规定,配偶、父母、子女、兄弟姐妹、祖父母、外祖父母、孙子女、外孙子女为近亲属。侵权人致被侵权人死亡的,一方面被侵权人因死亡已经不能成为权利义务主体,不能享有和行使侵权请求权;另一方面侵权行为也侵害了近亲属的亲属权。因此,被侵权人的近亲属理当为侵权请求权人,有权请求侵权人承担侵权责任。

被侵权人为法人、非法人组织,该组织分立、合并的,因其已经终止,自不能行使侵权请求权。依《民法典》第67条规定,法人合并的,其权利义务由合并后的法人享有和承担;法人分立的,其权利义务由分立后的法人享有连带债权,承担连带债务,但是,债权人和债务人另有约定的除外。依此规定,被侵权人为法人、非法人组织的,该组织因分立、合并终止的,承受被合并、分立的组织权利的法人、非法人组织为侵权请求权人,有权请求侵权人承担侵权责任。

现实中存在这种情形:侵害人身权益发生后,侵权人以外的人为被侵权人支付了医疗费等,于被侵权人死亡后支付了丧葬费。支付医疗费、丧葬费等合理费用的人,有的并非被侵权人的近亲属。为保护这些人的合法权益,依法律规定,被侵权人死亡,为被侵权人支付了医疗费、丧葬费等合理费用的人有权请求侵权人赔偿其支付的费用。但是,支付了合理费用的人请求侵权人赔偿费用的权利,并不是侵权请求权。从性质上说,支付合理费用的行为,属于无因管理行为,支付费用的人请求侵权人赔偿费用的权利,属于无因管理人基于无因管理行为产生的必要费用返还请求权。因此,侵权人已经向被侵权人的近亲属支付该费用的,支付了合理费用的人不能请求侵权人赔偿其支付的费用，而只能要求接受了侵权人赔偿的人返还。因为于此情形下，支付合理费用的人是为被侵权人的近亲属支付费用的。

三、侵害人身权益造成财产损失的赔偿

第一千一百八十二条 侵害他人人身权益造成财产损失的，按照被侵权人因此受到的损失或者侵权人因此获得的利益赔偿；被侵权人因此受到的损失以及侵权人因此获得的利益难以确定，被侵权人和侵权人就赔偿数额协商不一致，向人民法院提起诉讼的，由人民法院根据实际情况确定赔偿数额。

本条规定了侵害人身权益造成财产损失的赔偿责任。

（一）侵害人身权益的含义与类别

人身权益包括身份权益和人格权益。侵害人身权益，是指侵害人格权益或者身份权益。自然人的人格权根据其是否以物质机体为载体可分为物质性人格权和非物质性人格权。物质性人格权是指以人的身体为载体的人格权，包括身体权、健康权和生命权。因为侵害身体权、健康权、生命权造成人身损害的赔偿，已有单独规定，因此，这里所称的侵害人身权益，是指侵害自然人人身以外的其他人身权益。

侵害人身权益的侵权行为主要有以下几种：

1. 侵害姓名权、名称权。《民法典》第1014条规定："任何组织或者个人不得以干涉、盗用、假冒等方式侵害他人的姓名权或者名称权。"依此规定，侵害姓名权、名称权的行为主要表

现为以下情形：

其一，干涉他人使用自己的姓名或者名称。姓名权或名称权的权利人有权依法决定使用或者不使用自己的姓名或名称，也有权要求他人正确地使用其姓名或者名称。因此，凡没有法律依据的要求姓名权人或名称权人使用或者不使用其名称的，不正确地记载、使用其姓名或者名称等，不论其主观上有无故意，均为干涉姓名权或者名称权使用的行为，构成侵害姓名权或者名称权。

其二，盗用他人的姓名或者名称。盗用他人的姓名或者名称，是指未经他人同意或者授权，擅自以他人的名义实施行为。盗用他人姓名或者名称，实际上是对他人姓名或者名称的"无权使用""不当使用"。盗用他人姓名的目的或是为了抬高自己的地位，以谋取不当利益；或是为实施有害于社会、有害于他人的行为，以嫁祸于被盗名之人。但不论侵权人的动机或者目的为何，其主观上只能是故意的。

其三，假冒他人姓名或者名称。假冒也就是冒名顶替，使用他人的姓名或者名称冒充被假冒之人，以被假冒人的身份实施行为或者进行各种社会活动。冒名顶替上大学，就是典型的假冒行为。假冒他人姓名或者名称，也侵害了被假冒人的身份权，会造成本应由被假冒的人取得的资格和利益为假冒之人所取得。假冒行为只能是故意的。如果某个人与他人重名，即使该人使用其姓名会使他人误认其为另一人，甚至由此使其取得不应取得的利益，也不为假冒，不构成侵害姓名权或者名称权。

2. 侵害肖像权。《民法典》第 1019 条第 1 款规定，任何组织或者个人不得以丑化、污损，或者利用信息技术手段伪造等方式侵害他人的肖像权。未经肖像权人同意，不得制作、使用、公开肖像权人的肖像，但是法律另有规定的除外。依此规定，侵害肖像权的行为主要有以下几种：

其一，丑化、污损或者利用信息技术手段伪造他人的肖像。肖像代表着一个人的形象，丑化、污损他人的肖像或者利用信息技术手段伪造他人的肖像，损毁或者会损毁肖像权人真实形象的，都构成对肖像权的侵害。

其二，擅自制作他人的肖像。肖像权人自己有权决定是否制作或者以何种方式制作肖像，有权决定是否允许他人制作或者禁止他人制作自己的肖像。因此，除法律另有规定外，未经肖像权人许可而擅自制作他人肖像的，构成侵害肖像权的行为，而不论制作人是否为故意。

其三，擅自使用他人肖像。肖像权人不仅有权决定是否制作肖像，而且有权决定是否公开和使用自己的肖像。除法律另有规定外，未经肖像权人同意而擅自公开、使用他人肖像的，构成对肖像权的侵害，而不论行为人主观上是否为故意，也不论其公开、使用是否以营利为目的。

3. 侵害名誉权。《民法典》第1024条第1款规定："民事主体享有名誉权。任何组织或者个人不得以侮辱、诽谤等方式侵害他人的名誉权。"具备以下条件，即可构成侵害名誉权：

其一，具有特定的受害人。名誉是社会上对某一主体的品德、声望、才干等各方面的评价。因此，每个主体的名誉具有特定性，某人的名誉权只是该特定主体享有的权利，侵权人只有对特定人实施侵害名誉权的行为，才能构成侵害名誉权。依《民法典》第1027条的规定，行为人发表的文学、艺术作品以真人真事或者特定人为描述对象，含有侮辱、诽谤内容，侵害他人名誉权的，可构成侵害名誉权；行为人发表的文学、艺术作品不以特定人为描述对象，仅其中的情节与该特定人的情况相似的，不构成侵害名誉权。

其二，须有名誉权人名誉受损害的后果。名誉是社会对一个人的评价。名誉权人有权得到社会与其真实情况相一致的评价。而每一个人对自己也有一个评价。只有行为人的行为造成特定人的社会评价的降低，才可构成侵害名誉权。如果行为人的行为并未导致社会对特定人评价的降低，但该人自己感受到社会对其评价与其应得到的评价不一致，则不为有损害名誉的后果。行为人的行为不构成侵害名誉权。

其三，行为人实施了使他人名誉受损的行为。侵害名誉权的行为主要有但不限于侮辱、诽谤行为。侮辱是指用暴力或者其他方式欺负、贬损他人人格的行为，包括暴力侮辱、口头侮辱、书面侮辱。诽谤是指造谣污蔑、恶意中伤。诽谤以捏造事实并向受害人以外的第三人散布为条件。侵害名誉权的行为多为行为人传述的事实不真实。但是行为人对他人提供的严重失实内容尽到合理核实义务的，则不为侵害他人名誉。

4. **侵害隐私权**。依《民法典》第1032条第2款规定，隐私是自然人的私人生活安宁和不愿为他人知晓的**私密**空间、私密活动、私密信息。依《民法典》第1033条规定，除法律另有规定或者权利人同意外，凡实施下列行为的，**都可构成侵害隐私权**：（1）以电话、短信、即时通讯工具、电子邮件、传单等方式侵扰他人的私人生活安宁；（2）进入、拍摄、**窥视**他人的住宅、宾馆房间等私密空间；（3）拍摄、窥视、窃听、公开他人的私密活动;(4)拍摄、窥视他人身体的私密部位;(5)处理他人的私密信息;(6)以其他方式侵害他人的隐私权。

5. 侵害其他人身权益。侵害其他人身权益是指侵害姓名权或者名称权、肖像权、名誉权、隐私权以外的人身权益。例如,侵害荣誉权、侵害信用权、侵害个人信息、侵害他人的声音、侵害配偶权、侵害亲权等。

(二) 侵害人身权益造成的财产损失

侵害人身权益不仅损害被侵权人的人身权益,而且会给被侵权人造成财产损失。因为人身权益虽然不直接具有财产内容,但有的具有一定的财产价值,有的受到侵害为回复之,需支付相应的费用。例如,不论是自然人的姓名权、肖像权、名誉权,还是法人的名称权、名誉权、信用权、荣誉权,都会为权利人带来一定的财产利益。特别是在现代商业化社会,姓名、肖像、个人信息等人格要素可被商业化利用,其财产价值日日增强,而名誉权、信用权等本身就可为主体带来财产利益的增加;即使隐私权等也隐含一定的财产价值,隐私权主体可以利用其隐私取得财产利益。身份权益虽不具有财产价值,但其受到侵害的,被侵权人为回复其权益也需付出一定财产。例如,亲子关系受到侵害的,被侵权人为使亲子关系回复,会花去相当的财力、人力、精力。现实中的"寻子"就是典型。

由此可见,侵害人身权益造成的财产损失包括两部分:其一是被侵权人可以得到而未能得到的财产利益,侵害人格权益的损失多属于这部分;其二是被侵权人不应支付而须支付的财产损失,侵害身份权益的损失多属于这一部分。

（三）侵害人身权益的财产损失额的计算

侵害他人人身权益造成被侵权人财产损失的，侵权人应当赔偿该损失。如何确定侵权人应赔偿的数额呢？对此法律规定了两种方法：

其一，按照被侵权人因此受到的损失计算。例如，侵权人顶替被侵权人从事某项活动致使被侵权人不能从事该项活动而因此减少的收入，就属于被侵权人因人身权益被侵害所造成的损失。被侵权人为维护自己受侵害的人身权益而支出的费用。如为寻找被拐卖的未成年子女付出的交通费、误工费、鉴定费等。

其二，按照侵权人因此获得的利益计算。例如，侵权人未经许可利用他人的肖像而获得的收益，就属于侵权人因侵害他人人身权益所取得的利益。但侵权人利用他人的人格要素取得的收入，不全为侵权所获得的利益，只有从中扣除侵权人为此付出的人力、精力等费用后才为其侵权实际获得的利益。

以上两种方法并没有先后之分。被侵权人可以根据自己掌握的证据任意主张以何种方法确定请求侵权人的赔偿数额。

在难以确定被侵权人因此受到的损失以及侵权人因此获得的利益的情形下，被侵权人与侵权人可以就赔偿数额进行协商。当事人双方就赔偿数额协商不一致，向法院提起诉讼的，法院享有自由裁量权，可以根据实际情况确定赔偿数额。如李佳琦诉杭州二公司擅自使用其姓名与肖像一案。李佳琦为一名知名博主，被告佳琦影视文化发展（杭州）有限公司、美腕（杭州）电子商务有限公司，在未经授权的情况下，冒用李佳琦的名义，生产、宣传、销售"李佳琦严选"自热速食、方便速食以及休闲食品系列产品,并将李佳琦的肖像和姓名印制在产品的外包装上。原告诉到法院,请求被告立即停止侵权、赔礼道歉,并赔偿经济损失、维权费用共计106万元。对于原告要求赔偿106万元,法院认为,因李佳琦未举证证明其因侵权遭受的损失,也未举证证明两被告因此所获得的利益,故根据李佳琦的知名度、两被告的过错程度、侵权行为的情节、持续时间、损害后果,以及制止侵权行为所支出的合理开支等因素,酌情认定其经济损失16万元。法院判决被告赔偿原告16万元。①

四、精神损害赔偿

第一千一百八十三条　侵害自然人人身权益造成严重精神损害的,被侵权人有权请求精神损害赔偿。

因故意或者重大过失侵害自然人具有人身意义的特定物造成严重精神损害的,被侵权人有权请求精神损害赔偿。

本条规定了精神损害赔偿。

(一)精神损害赔偿的含义

精神损害赔偿,是指由侵权行为人以金钱赔偿被侵权人因侵权受到的精神损害。所谓精神损害,是指侵权行为给被侵权人造成的精神上的痛苦和损伤。

精神损害属于情感上的损害,而情感是不能以金钱来衡量

---

① 参见《杭州二公司侵犯某网红肖像权、姓名权被判赔偿16万元》,载《人民法院报》2020年9月15日第3版。

的，因此，对于精神损害是否应予赔偿曾经是有争议的。但随着社会的发展，精神损害赔偿不仅为立法者接受，并且越来越受到人们的重视。这是因为对精神损害予以赔偿，一方面可以通过财产救济的方式让被侵权人精神上得到抚慰，另一方面可以通过由侵权人支付赔偿金的方式让侵权人为自己的不法侵害行为付出代价，以惩处其侵权行为，也会对他人起到警示和教育作用。

（二）精神损害赔偿适用的条件

依我国法规定，适用精神损害赔偿应具备以下条件：

1. 须自然人的精神受到损害

因为精神损害是情感上的损害，而只有自然人才会有情感，只有自然人才会有精神损害，因此精神损害赔偿的主体只能是自然人而不能是法人、非法人组织。

关于法人、非法人组织是否可为精神损害赔偿请求权的主体，曾经有不同的观点。一种观点认为，法人、非法人组织也享有人身权益，因此，其人身权益受到侵害的，也可以请求精神损害赔偿。另一种观点认为，法人、非法人组织的人身权益受到损害也不会发生情感上的损伤，因此，法人、非法人组织不能成为精神损害赔偿请求权的主体。我国司法实务中一直采取后一种观点。最高人民法院《关于确定民事侵权精神损害赔偿责任若干问题的解释》第4条规定，"法人或者非法人组织以名誉权、荣誉权、名称权遭受侵害为由，向人民法院起诉请求精神损害赔偿的，人民法院不予支持。"立法者采纳了实务中的观点。

2. 须自然人因人身权益受侵害或者具有人身意义的特定物受侵害而产生精神损害

自然人的人格权益包括生命权、身体权、健康权、姓名权、肖像权、名誉权、荣誉权、隐私权等；自然人的身份权益包括婚姻自主权、配偶权、监护权、亲权等。凡因人身权益受到侵害而遭受精神损害的，被侵权人可以请求精神损害赔偿。而且，在侵权责任与违约责任竞合的情形下，即使被侵权人选择行使违约请求权，其精神损害赔偿请求权也不能被违约请求权代替。依《民法典》第996条规定，"因当事人一方的违约行为，损害对方人格权并造成严重精神损害，受损害方选择请求其承担违约责任的，不影响受损害方请求精神损害赔偿。"

除侵害人身权益外，侵害特定的具有人格象征意义的物的，被侵权人也可以请求精神损害赔偿。在现代法学理论上，有学者将物分为有生命的物和无生命的物。一些无生命的物，尽管也可以归入传统的动产或者不动产，但又不同于一般的动产或者不动产。这些物是满足人们的精神生活需要的，被称为人格物。人格物问题最初是由美国学者玛格丽特·简·雷丁（Margaret Jane Radin）提出的。雷丁指出，我们几乎每个人都拥有一些与自己有特别亲密关系、无法替代的物品。乃至失去这些物品会感到特别难受，仿佛自己的一部分已经失去，而任何其他同样的物品都无法减轻这种难受。这些物就是人格物。我国最高人民法院《关于确定民事侵权精神损害赔偿责任若干问题的解释》（法释【2001】7号）曾规定，"具有人格象征意义的特定纪念物品，因侵权行为而永久性灭失或者毁损，物品所有人以侵权为由，向人民法院起诉请求赔偿精神损害的，人民法院应当依法予以受理。"这是司法实务中第一次明确规定侵害人格物造成精神损害的，被侵权人可以请求精神损害赔偿。司法实务中的这一做法也为立法所采纳。

　　因为人格物是具有人格象征意义的，它不能也难以按照一般市场价格定价，它具有的主要不是财产价值，而是精神价值。也就是说，这类物对于权利人来说，其价值在于精神寄托，在于特殊的情感，而不在于财产价值。因此，侵害他人人格物的，对被侵权人来说，造成的主要是精神损害，而不是财产损失。哪些物属于人格物呢？诸如婚礼录像、亲人书信、祖传纪念物品、祖坟等为人格物，基本没有争议。但对于宠物是否为人格物则有争议。一种观点认为，宠物寄托着主人的深厚情感，被主人视为自己的亲人，其精神价值远大于财产价值，因此，宠物属于人格物。另一种观点认为，宠物不为人格物，因为人格物只能是无生命物，宠物为有生命的物，对于宠物的侵害应适用关于动物保护的规定。还有一种观点认为，宠物是否为人格物，应当依据宠物与主人间关系的具体情况而论，如果主人与宠物间确实已经长期形成不可分的亲密关系，原则上可视为人格物；但一般情形下，宠物不为人格物。

　　侵权人侵害他人的不具有人格象征意义的贵重物品的，尽管也会造成被侵权人精神上的痛苦和难受，但被侵权人不能要求精神损害赔偿。于此场合，只能适用财产损害赔偿，而不能适用精神损害赔偿。

　　如果受害人不是自己的人身权益或者具有人身意义的特定物受到侵害而受到精神损害的，其可否请求精神损害赔偿呢？这涉及纯精神损害赔偿问题。所谓纯精神损害，是指并非因自己的人身权益或者人格物受到侵害而造成的精神损害。例如，某人因目睹了与自己无关的他人被害的凄惨情景，受到严重恐吓，事后经常做恶梦，精神上极为痛苦。这种精神损害即为纯精神损害。对于纯精神损害可否请求赔偿，有肯定说与否定说两种不同观点。从我国《民法典》规定看，我国尚未承认受害人可以请求纯精神损害赔偿。

3. 须被侵权人精神受到严重损害

无论是人身权益受到侵害，还是人格物受到侵害，都是会给被侵权人造成精神损害的。例如，侵害他人的身体，即使未造成伤害，被侵权人也会疼痛，感到痛苦。因此，并非只要被侵权人精神受到损害，就可以请求精神损害赔偿。依我国法规定，只有精神损害达到严重程度，被侵权人才有权请求精神损害赔偿。但是，有学者认为，严重性并不应作为判断是否赔偿精神损害的标准，而只应该作为赔偿多少的标准。同时，严重性在司法实践中不好掌握，不同的法官会有不同的理解。有损害就有赔偿，精神损害并非一定要达到严重程度时，才可以赔偿。[①] 然而，依我国法规定，只有精神损害达到严重程度，被侵权人才有权请求精神损害赔偿。如何判断精神损害是否为严重呢？对此，有观点认为，应进行类型化分析，具体而言，侵害物质性人格权的，除去轻微损害之外，均采客观标准，即便对精神病人和植物人造成损害也应如此；侵害精神性人格权，造成心理疾病等的，应推定为严重，否则需要受害人加以

[①] 参见杨立新：《侵权责任法条文背后的故事与难题》，法律出版社2011年版，第79页。

证明。① 也有学者认为，不应将精神损害赔偿限定于致残以上的严重伤害，未导致永久性损伤的身体、健康侵害，同样可能发生严重精神损害后果，此时没有不予赔偿的理由。严重性要求本身已经将轻微精神损害排除出去，完全没有必要再于有无严重永久性创伤之处，设定另一门槛。② 实际上，立法者将严重性设置为精神损害赔偿的条件，其目的是在于克服精神损害的模糊性，因此，对于严重性的判断需要综合多种因素加以衡量，如侵害的后果、侵害的手段、侵害方式、被侵权人的情感等。一般来说，侵害人身致伤残、死亡的，都会造成严重精神损害；残害被害人手段特别恶劣的，被侵权人会受到精神损害，被侵权人与被害人有特别情感或者与被侵害的人格物有特殊精神寄托的，受到的精神损害会相对严重。由于精神损害赔偿不仅具有救济功能，也具有预防功能，因此，对于植物人也应适用精神损害赔偿，其目的主要在于预防损害的发生。

4. 被侵权人的精神损害与侵权人的侵权行为间具有因果关系

如果被侵权人的精神损害不是因侵权人的侵权行为造成的，当然不会适用精神损害赔偿。

5. 侵害人身权益的侵权人有过错，侵害人格物的侵权人有故意或者重大过失

侵权人侵害他人的人身权益没有过错的，侵权人侵害他人的人格物没有故意或者重大过失的，不能适用精神损害赔偿。

---

① 参见谢鸿飞:《精神损害赔偿的三个关键词》，载《法商研究》2010年第6期。

② 参见叶金强:《精神损害赔偿制度的解释论框架》，载《法学家》2011年第5期。

(三) 精神损害赔偿数额的确定

由于精神损害是一种情感上的损害，而情感又是无法以金钱衡量其价值的，因此，因人身权益或者具有人格象征意义的物品受到侵害而遭受精神损害的被侵权人要求侵权人赔偿精神损害的，并不是要求侵权人完全赔偿精神损害的价值。实质上，精神损害也是不可能完全得到赔偿的。如前所述，精神损害赔偿金对于被侵权人来说，仅仅是一项精神抚慰金。依最高人民法院《关于确定民事侵权精神损害赔偿责任若干问题的解释》第5条规定，实务中是根据以下因素确定精神损害赔偿数额的：（1）侵权人的过错程度，但是法律另有规定的除外；（2）侵权行为的目的、方式、场合等具体情节；（3）侵权行为所造成的后果；（4）侵权人的获利情况；（5）侵权人承担责任的经济能力；（6）受诉法院所在地平均生活水平。

五、侵害财产的损害赔偿

第一千一百八十四条　侵害他人财产的，财产损失按照损失发生时的市场价格或者其他合理方式计算。

本条规定了侵害财产的损害赔偿。

(一) 侵害财产损害赔偿的含义

侵害财产损害赔偿，是指侵害他人财产的侵权人应当承担的赔偿被侵权人财产损失的侵权责任。侵害财产，是指损毁他人财产，侵害他人财产权益的侵权行为。侵害财产，广义上包括对无形财产的侵害,狭义上仅指对有形财产的侵害。对有形财产的侵害,外观上表现为对他人财物的侵害,包括侵占财物和损毁他人的财物。《民法典》第460条规定,"不动产或者动产被占有人占有的,权利人可以请求返还原物及其孳息"。权利人请求侵占财产的占有人返还原物的,不法占有人应承担返还原物的侵权责任。因为,侵占财物的侵权行为人承担的是返还财物的侵权责任,被侵权人有其他损失的,侵权人才承担赔偿损失的责任。所以,狭义上的侵害财产,主要是指损毁财产;如果不是损毁他人的财物,则不构成狭义上的侵害财产。损毁财产包括损坏财物和毁灭财物。损坏财物是指侵害他人的物的使用价值,使被侵权人不能与未受侵害前一样地使用该物。损坏财物的,如果受损坏的物可以和有必要修复的,应当予以修复,即侵权人应当承担恢复原状的侵权责任,被侵权人因此受有其他财产损失的,侵权人还应当承担赔偿其他损失的侵权责任。毁灭财物,是指物的价值和使用价值完全丧失。侵权行为人毁灭他人财物的,因物已经灭失,不存在返还和修复问题,侵权人只能承担赔偿损失的侵权责任。因此,侵害财产的损害赔偿主要是指损毁财物的损害赔偿,但也包括因侵害他人财产造成被侵权人损失而承担的损害赔偿责任。

　　侵害他人财产的,侵权人应当赔偿被侵权人的财产损失。被侵权人的财产损失包括实际损失和可得利益损失。实际损失是指财物的现有价值的减损,可得利益损失是指没有侵权行为被侵权人就会得到的利益损失。例如,侵权人损坏被侵权人的一辆营运车辆,修复该车辆的费用和该车辆受损的价值减少为被侵权人的实际损失;因车辆不能营运而失去的运输收入,则为被侵权人的可得利益损失。

（二）侵害财产的损失计算

侵权人承担财产损害赔偿责任的前提，是被侵权人受有财产损失。按照损害赔偿的完全赔偿原则，被侵权人有多少财产损失，侵权人就应赔偿多少。因此，准确确定被侵权人的财产损失，是确定侵权人赔偿责任的基本和核心问题。关于财产损失的计算，涉及损失的计算点和损失的计算标准。

1. 被侵权人财产损失的计算点

被侵权人财产损失的计算点是指从何时计算损失。关于损失的计算点主要有四个时点：一是侵权行为实施时；二是损失发生时；三是提起诉讼时；四是诉讼终结时。我国法明确规定，财产损失以损失发生时为计算损失的时点。因为，只有在损失发生时，才能确定损失额；在损失发生前，尽管侵权行为已经发生，但是否造成损失、造成多大损失是不能确定的；而在损失发生后，因市场关系的原因，损失额也会出现或增或减，但这都不属于侵权行为造成的后果。但也有学者对此规定有不同看法，主张应当以诉讼中口头辩论结束时为标准时点比较妥当。其理由在于：第一，损害赔偿的目的就是要使得受害人恢复到如同没有遭受损害时的状态；第二，受害人从事故发生时起到诉讼结束，即使接受了损失发生时价格的赔偿，也不一定就能购入代替物。①

---

① 参见王利明、周友军、高圣平:《中国侵权责任法教程》，人民法院出版社2010年版，第336页。

2. 被侵权人财产损失的计算标准

关于应以何标准计算被侵权人的财产损失，也有不同的观点。我国法规定，财产损失按照市场价格或者其他合理方式计算。由于在市场经济条件下，财产的价值表现为市场价格，因此，确定财产损失时应以当时当地的市场价格为计算标准。依此标准计算，被侵权人的财产损失为原物的市场价格减去受损后的物的市场价格。由于被侵害的财物各种多样，有的会没有市场价格，有的仅以市场价格评价有不合理性。于此情形下可以采取其他合理方式计算。例如，可以通过专业机构的鉴定确定损失额。如，损坏车辆的，被侵权人修复车辆的费用为损失，因车辆损坏导致的车辆价值的贬损也为被侵权人的损失。价值的贬损就可采用评估方法确定。

关于可得利益损失的计算，可以采取收益平均法和同类比照法计算。被侵权人受侵害前的收入能够确定的，按照被侵权人在受侵害前的平均收入来计算可得利益损失；被侵权人受侵害前的平均收入不能确定的，可按照同行业、同业务的平均收入计算可得利益损失。

对于侵权财产损害赔偿是否适用可预见规则呢？对此有不同的观点。一种观点认为，可预见规则仅适用于违约损害赔偿，而不适用于侵权损害赔偿，因为在侵权中不存在损害的可预见问题。另一种观点认为，侵权损害赔偿中也应可适用可预见规则。如果损失是行为人不可能想象到的，损害是侵权人不可预期的，这种损失不应让侵权人全部赔偿。如果按照实际损失赔偿，亦不公平；如果适用预期利益损失原则，确定适当的赔偿数额，较为稳妥。① 这两种观点各有道理。

六、故意侵害知识产权的惩罚性赔偿

第一千一百八十五条　故意侵害他人知识产权，情节严重的，被侵权人有权请求相应的惩罚性赔偿。

本条规定了对故意侵害知识产权行为适用惩罚性赔偿。

（一）对侵害知识产权适用惩罚性赔偿的意义

知识产权是权利人对其创造性智力成果享有的权利。依《民法典》第123条规定，知识产权包括著作权、专利权、商标权、地理标志权、商业秘密权、集成电路布图设计权、植物新品种权以及法律规定的其他知识产权。在知识经济时代，知识产权具有动产、不动产不可替代的经济价值，对于经济、社会的发展具有重要意义，成为人们最重要、最宝贵的财富。知识产权具有取得难，而复制、侵害易的特点。一个人要取得一项知识产权，需要付出相当大的物力、财力、智力，而一项智力成果又是极容易被他人享用的。并且，知识产权为无形财产权，一旦被侵害，很难确定权利人的实际损害，也难以恢复原状。因此，法律必须对知识产权予以特别保护，加强对知识产权侵害的防范力度，强化侵害知识产权的责任，以警示人们应经过知识产权人的许可使用他人知识产权，而不得以窃取、擅自使用等不法手段侵害他人的知识产权。保护知识产权也是保

---

① 杨立新：《侵权责任法》，法律出版社2010年版，第145页。

护人们的创造积极性和主动性，这是增强核心竞争力，建立创新型社会的必要措施和法律保障。我国不仅在各单独的知识产权立法中规定了侵害知识产权的侵权责任，而且在民法典侵权责任编中明确规定对故意侵害知识产权的侵权行为可适用惩罚性赔偿。

（二）对侵害知识产权适用惩罚性赔偿的条件

对侵害知识产权的侵权行为适用惩罚性赔偿，应具备以下两个条件：

第一，侵权行为人主观上为故意。这是对侵害知识产权适用惩罚性赔偿的主观要件。侵权人的故意表现为明知其实施的行为是侵害他人知识产权的，仍然有意追求这种侵害行为后果。最高人民法院《关于审理侵害知识产权民事案件适用惩罚性赔偿的解释》（法释【2021】4号）第3条规定，对于侵害知识产权的故意的认定，人民法院应当综合考虑被侵害知识产权客体类型、权利状态和相关产品知名度、被告与原告或者利害关系人之间的关系等因素。对于下列情形，人民法院可以初步认定被告具有侵害知识产权的故意：（1）被告经原告或者利害关系人通知、警告后，仍继续实施侵权行为的；（2）被告或其法定代表人、管理人是原告或者利害关系人的法定代表人、管理人、实际控制人的；（3）被告与原告或者利害关系人之间存在劳动、劳务、合作、许可、经销、代理、代表等关系，且接触过被侵害的知识产权的；（4）被告与原告或者利害关系人之间有业务往来或者为达成合同等进行过磋商，且接触过被侵害的知识产权的；（5）被告实施盗版、假冒注册商标行为的；（6）其他可以认定为故意的情形。如果侵权行为人主观上没有故意，仅是过失甚至重大过失侵害他人知识产权，则其对受害人承担的赔偿责任也仅是补偿性的，赔偿范围以受害人的损失或者侵权人由此得到的收益为限。

第二，情节严重。情节严重，是对侵害知识产权的侵权行为适用惩罚性赔偿的客观要件。一般来说，侵权人的侵权行为有侵权时间长、侵权手段隐蔽或恶劣、侵权行为重复发生、不顾及以前因侵害知识产权受处罚仍继续实施侵权、社会影响大、对权利人造成巨大损失和严重的负面影响等情节的，可以认定为情节严重。最高人民法院《关于审理侵害知识产权民事案件适用惩罚性赔偿的解释》第4条规定，对于侵害知识产权情节严重的认定，人民法院应当综合考虑侵权手段、次数，侵权行为的持续时间、地域范围、规模、后果，侵权人在诉讼中的行为等因素。被告有下列情形的，人民法院可以认定为情节严重：（1）因侵权被行政处罚或者法院裁判承担责任后，再次实施相同或者类似侵权行为；（2）以侵害知识产权为业；（3）伪造、毁坏或者隐匿侵权证据；（4）拒不履行保全裁定；（5）侵权获利或者权利人受损巨大；（6）侵权行为可能危害国家安全、公共利益或者人身健康；（7）其他可以认定为情节严重的情形。如果侵害知识产权的行为不属于情节严重，则不能适用惩罚性赔偿，被侵权人只能要求补偿性赔偿。例如，侵权人一经被告知其侵害他人知识产权，立即停止侵害，就不能认定其侵权行为情节严重，被侵权人不能请求惩罚性赔偿。

侵害知识产权具备故意和情节严重两个条件的，被侵权人有权请求相应的惩罚性赔偿。这里的相应是指应与侵权行为情节的严重程度相应，并在法律规定的限度内。如2019年修订后的《商标法》第63条第1款中规定,"侵犯商标专用权的赔偿数额,按照权利人因被侵权所受到的实际损失确定;实际损失难以确定的,可以按照侵权人因侵权所获得的利益确定;权利人的损失或者侵权人获得的利益难以确定的,参照该商标许可使用费的倍数合理确定。对恶意侵犯商标专用权,情节严重的,可以在按照上述方法确定数额的一倍以上五倍以下确定赔偿数额。赔偿数额应当包括权利人为制止侵权行为所支付的合理开支。"最高人民法院《关于审理侵害知识产权民事案件适用惩罚性赔偿的解释》第5条规定,人民法院确定惩罚性赔偿数额时,应当分别依照相关法律,以原告实际损失数额、被告违法所得数额或者因侵权所获得的利益作为计算基数。该基数不包括原告为制止侵权所支付的合理开支;法律另有规定的,依照其规定。

应当注意,对于侵犯知识产权,法律规定有法定赔偿额。如《商标法》第63条第3款规定,"权利人因被侵权所受到的实际损失、侵权人因侵权所获得的利益、注册商标许可使用费难以确定的,由人民法院根据侵权行为的情节判决给予五百万元以下的赔偿。"这里规定的500万元以下的赔偿即为法定赔偿数额。法定赔偿数额是在无法确定被侵权人损失的情况下,由法院确定的赔偿额,它仍属于补偿性的赔偿,而不属于惩罚性赔偿。惩罚性赔偿的赔偿数额应为被侵权人损失的一倍以上。

七、双方均无过错的损失分担

第一千一百八十六条　受害人和行为人对损害的发生都没有过错的,依照法律的规定由双方分担损失。

本条规定了对损害的发生双方均无过错时的损失分担。

（一）双方均无过错时损失分担的含义

双方均无过错时的损失分担，是指在过错责任中双方对于损害的发生都没有过错的，应由双方公平分担损失。

按照过错责任原则，只有行为人对损害的发生有过错，行为人才承担侵权责任；如果受害人对损害的发生也有过错，则按照与有过失规则，受害人对因其过错造成或者扩大的损失，应自行承担。如果当事人双方对损害的发生都没有过错，那么受害人的损失由何方负担呢？这正是本条要解决的现实问题。根据本条规定，双方对损害的发生都没有过错的，依照法律的规定由双方分担损失。本条规定源自原《侵权责任法》第24条规定，但有所不同。

我国原《侵权责任法》第24条规定："受害人和行为人对损害的发生都没有过错的，可以根据实际情况，由双方分担损失。"依该条规定，双方都没有过错的，可以根据实际情况，由双方分担损失。由双方分担损失的根据，是实际情况，而非"依照法律的规定"。

学者多认为，《侵权责任法》第24条是关于公平责任的规定。但对于公平责任的性质以及适用范围却有不同的理解。

对于公平责任的性质，主要有三种不同的观点：第一种观点认为，公平责任并不是侵权责任法的一项归责原则；第二种观点认为，公平责任是侵权责任法的辅助原则；第三种观点认为，公平责任具有归责原则的内在品格但又不同于归责原则。①从立法体系上分析，第一种观点更有道理。

《侵权责任法》第 24 条源自《民法通则》第 132 条。《民法通则》的第 106 条第 2、3 款分别规定了侵权责任的过错责任原则和无过错责任原则，而第 132 条规定："当事人对造成损害都没有过错的，可以根据实际情况，由当事人分担民事责任。"该条规定适用于应适用过错责任原则而双方都没有过错由受害人一方承受损失又不公平的场合。由于本条中规定"由当事人分担民事责任"，所以学者称该条规定了公平责任。由于在实务中出现对该条滥用的现象，一度出现"公平责任是个筐，什么东西都往里装"，因此，在《侵权责任法》立法过程中对于是否规定公平责任，有肯定与否定两种不同的观点。最终《侵权责任法》第 24 条还是作了规定，但不同于《民法通则》第 132 条，该条不是规定"可以根据实际情况，由当事人分担民事责任"，而是规定"可以根据实际情况，由双方分担损失"。而《侵权责任法》是在第 6 条、第 7 条分别规定了过错责任原则和无过错责任原则。从体系上分析，不论《民法通则》第 132 条，还是《侵权责任法》第 24 条，都不可能是有关归责原则的规定。而从《侵权责任法》第 24 条规定的内容上看，立法上并不认为双方都没有过错的情况下，当事人分担损失是承担民事责任。

---

① 参见郭明瑞：《关于公平责任的性质及适用》，载《甘肃社会科学》2012 年第 5 期。

（二）适用分担损失规则的条件

1. 分担损失规则仅适用于应适用过错责任原则的侵权

从《侵权责任法》第24条规定和《民法典》第1186条的规定看，只有受害人和行为人双方对损害的发生都没有过错的情况下，才可由双方分担损失。因此，分担损失规则，不能适用于适用过错推定责任原则和无过错责任原则的侵权行为。因为在适用过错推定责任原则的场合，只要行为人不能证明自己没有过错，就推定其有过错；而在适用无过错责任原则场合，则不论行为人有无过错，均应依法承担侵权责任。

2. 法律有明确规定

《侵权责任法》第24条规定，双方都没有过错的，"可以根据实际情况，由双方分担损失"。而《民法典》1186条规定，双方都没有过错的，"依照法律的规定由双方分担损失"。因此，按照《民法典》的规定，即使双方对损害的发生都没有过错，也只有在法律规定由双方分担损失的情形下，才可以由双方分担损失；而不能凡属双方都没有过错的，就"可以根据实际情况，由双方分担损失"。

《民法典》中规定的双方对损害的发生都没有过错可由双方分担损失的情况主要有以下几种：

（1）第182条规定的紧急避险。危险是由自然原因引起的，紧急避险人不承担民事责任，可以给予适当补偿。适当补偿也就是分担损失。

（2）第183条规定的见义勇为行为。因保护他人民事权益使自己受到损害的，由侵权人承担民事责任。受益人可以给予适当补偿。没有侵权人、侵权人逃逸或者无力承担民事责任,受害人请求补偿的,受益人应当给予适当补偿。这里的适当补偿也是一种损失分担。

(3)第1190条规定的完全民事行为能力人暂时没有意识或者失去控制造成他人损害,没有过错的,对受害人适当补偿。对受害人适当补偿就是分担受害人的损失。

(4)第1254条规定的从建筑物中抛掷物品或者坠落物品造成他人损害难以确定具体侵权人的,"由可能加害的建筑物使用人给予补偿"。给予补偿就是分担损失。

八、损害赔偿费用的支付方式

第一千一百八十七条 损害发生后,当事人可以协商赔偿费用的支付方式。协商不一致的,赔偿费用应当一次性支付;一次性支付确有困难的,可以分期支付,但是被侵权人有权请求提供相应的担保。

本条规定了损害赔偿费用的支付方式。

赔偿费用的支付方式是指侵权人向被侵权人支付损害赔偿金的方式。赔偿费用支付方式有一次性支付和分批支付两种。

一次性支付,是指在赔偿金额确定后,侵权行为人将应给付的赔偿金一次全部给付被侵权人。这种支付方式有做到案结事清之功效,既可以及时结案,又可以避免双方日后发生支付赔偿款纠纷。但是,一次性支付,在赔偿数额大的情况下,侵权人会有支付上的困难或者根本做不到。

分批支付,是指在赔偿金额确定后,由侵权人分期分批地向被侵权人支付赔偿费。这种方式有利于减轻侵权人的支付压力和困难，但易事后发生纠纷。

依法律规定，赔偿费用的支付方式，由当事人协商。当事人协商不一致的，应当一次性支付。只有一次支付确有困难的，才可以分期支付。确有困难，一般是指侵权人一时难以筹措到全部赔偿费或者一次支付全部赔偿费会导致其生活陷入窘境。但是，在确定分批支付时，被侵权人有权请求提供相应的担保。如果被侵权人提出提供相应担保的请求，而侵权人不予提供的，被侵权人有权要求一次性支付赔偿费用。

第三章 责任主体的特殊规定

一、监护人责任

第一千一百八十八条 无民事行为能力人、限制民事行为能力人造成他人损害的,由监护人承担侵权责任。监护人尽到监护职责的,可以减轻其侵权责任。

有财产的无民事行为能力人、限制民事行为能力人造成他人损害的,从本人财产中支付赔偿费用;不足部分,由监护人赔偿。

本条规定了监护人责任。

(一)监护人责任的含义与归责原则

所谓监护人责任,是指无民事行为能力人、限制民事行为能力人因自己的侵权行为造成他人损害的,由其监护人承担的侵权责任。也有学者称之为法定代理人侵权责任。[1]

监护人责任是由监护人对无民事行为能力人、限制民事行为能力人实施的侵权行为造成他人的损害而承担的责任。因直

---

[1] 参见杨立新:《侵权法论》(第二版),人民法院出版社2004年版,第395页;林诚二:《民法债编总论——体系化解说》,中国人民大学出版社2003年版,第169页;曾隆兴:《详解损害赔偿法原理》,中国政法大学出版社2004年版,第81页。

接实施侵害行为的主体为无民事行为能力人、限制民事行为能力人，而责任主体为直接行为人的监护人，责任主体与行为主体不一致，因此，监护人责任属于责任主体特殊的一种情形。责任主体与行为主体不一致的，学者称此种责任为替代责任。替代责任也就是为他人的侵害行为或者为自己管领下的对象致人损害承担的责任。为他人的侵害行为承担的责任为人的替代责任；为自己管领的对象致人损害承担的替代责任为物的替代责任，包括饲养动物致人损害责任和物件致人损害责任等。

替代责任并非完全是替他人承担的责任。实际上，替代责任的特殊性就在于直接造成他人损害的不是责任人的行为，而是他人的行为或者责任人管领的对象。从责任构成上说，须他人的行为或者责任人管领对象是造成损害的直接原因，而责任人的行为仅是造成损害的间接原因，所以有的称责任人承担的责任为间接责任。

替代责任是否为自己责任呢？对此，有不同的观点。一种观点认为，替代责任是与自己责任对称的，并不是自己责任。另一种观点认为，替代责任的责任人的行为与损害间仍有间接的因果关系，责任人仍是对自己的行为承担的责任，因此，替代责任仅是自己责任的特殊形式。在侵权责任中，只有共同危险行为的责任会有完全为他人损害行为承担责任的情形，因为承担连带责任的共同危险行为的行为人有的其行为确实与损害不具有任何因果关系。

关于监护人责任的归责原则，主要有以下不同观点：

其一，无过错责任说。无过错责任说认为，监护人责任并非监护人对自己侵害行为的责任，而是对他人侵害行为负责的替代责任。只要被监护人造成他人损害，监护人就要承担责任。即使法律规定了监护人没有过失可以减轻或者免除责任，监护人没有过错也仅仅是一种免责事由，而不是过错责任的表现。

其二，过错推定责任说。过错推定责任说认为，监护人责任的根据是监护人没有尽到监护职责，违反了监护义务，但是由于受害人很难证明监护人没有履行监护职责，所以通过举证责任倒置的方式进行缓和，如果监护人不能证明自己已经尽到监护职责即没有过错，就要承担责任。

其三，特别责任说。特别责任说认为，监护人责任既不是过错责任，也不是过错推定责任，又不同于一般无过错责任，而是一种特别责任。该说认为，监护人怠于履行监护职责，并不一定是对被监护人的侵害行为具有过失，违反监护义务也未必与被监护人的加害行为具有因果关系，法律规定监护人只有能够证明自己已尽到监护义务或者该损害与违反监护义务之间没有因果关系才能免责，这就使受害人比一般侵权行为的受害人更容易举证证明监护人应当承担民事责任。故这种规定对于监护人来说不如无过错责任那样严格，因此，监护人的责任应为介于过错责任和无过错责任之间的中间特别责任。

其四，多元归责原则说。该说认为，监护人责任的归责原则是多元的。无民事行为能力人造成他人损害的，其监护人的责任适用无过错责任原则；限制民事行为能力人造成他人损害的，其监护人的责任适用过错推定责任原则。被监护人造成他人损害的，还可以适用公平原则减轻监护人的责任。

我国从《民法通则》到《侵权责任法》再到《民法典》，立法上都是规定，只要被监护人造成了他人损害，监护人就要承担侵权责任。法律对于监护人责任的构成在责任归属方面显然没有考虑监护人的过错，即使监护人已经尽了监护职责，也不能不承担责任，因此，监护人责任应属于无过错责任。但是，监护人责任确又不同于一般无过错责任，如果监护人已经尽到监护职责的，在责任分担和损害赔偿数额上可以予以减轻。

（二）监护人责任的构成要件

由于监护人责任的归责原则是无过错责任原则，在构成要件中就无须考虑监护人的过错。因此，监护人责任的构成仅须具备以下要件：

其一，无民事行为能力人、限制民事行为能力人即被监护人实施了不法的加害行为。监护人责任中的侵害行为主体为被监护人。被监护人包括未成年人和精神病人。只有被监护人实施了加害他人的不法行为，包括教唆、帮助侵权行为，才会发生监护人的责任。如果被监护人的行为不具有不法性，即使该行为造成他人损害，也不能发生监护人责任。例如，被监护人实施正当防卫造成他人损害的，因其行为不具有违法性，不能产生侵权责任。

其二，无民事行为能力人、限制民事行为能力人实施加害行为造成他人损害。被监护人虽然实施了加害行为，但未造成他人损害的，也不构成侵权责任。

其三，被监护人的行为和损害之间存在因果关系。只有被监护人的行为是他人损害发生的原因，他人所受损害是被监护人行为的结果，才会发生监护人责任。至于被监护人实施行为时对于自己的行为是否有认识能力，即对于损害的发生是否有过错，则不影响监护人责任的成立。

其四，监护人与实施加害行为的行为人之间存在监护关系。至于双方是否存在监护关系，应当依照民法典总则编关于监护制度的规定确定。但需要说明的是，夫妻离婚的，离婚的男女双方仍为其未成年子女的监护人，未与未成年子女生活在一起的一方也是监护人，未成年子女造成他人损害的，其作为监护人仍应当承担监护人责任。

监护人可以是自然人，也可以是村民委员会、居民委员会或者民政部门。不论监护人是否为自然人，只要担任监护人就应对被监护人侵害他人权益的不法行为承担监护人责任。

监护人责任原则上是监护人代替直接实施加害行为的被监护人承担的责任，所以，只要无民事行为能力人、限制民事行为能力人不法造成他人损害，不论监护人有无过错，都应承担责任。但是，监护人对被监护人尽到监护职责的，可以适当减轻其侵权责任。

（三）有财产的被监护人的责任

在监护人为被监护人的侵害行为承担替代责任的情形下，被监护人是否应承担责任和应如何确定其责任呢？

从各国立法规定看，被监护人于一定条件下也是应当承担责任的。但是，各国法关于被监护人承担责任的条件规定不一，一般是以行为人有无责任能力来确定被监护人是否承担责任的。因为，任何人承担民事责任都须有责任能力，因此，被监护人承担责任也须有责任能力。在确定无民事行为能力人、限制民事行为能力人的责任能力上有财产能力说和认识能力说两种观点。

认识能力说认为，确定无民事行为能力人、限制民事行为能力人有无责任能力即应否对其侵害行为承担责任，应以其在实施侵害行为时是否有相应的认识能力即有无过错为根据。如果其在实施侵害行为时没有相应的认识能力，不能认识到其行为的损害后果，不能做出正确判断，也就无责任能力，对损害不承担责任。如《德国民法典》第828条规定，"Ⅰ未满七岁之人，就其所加于他人之损害，不负责任。Ⅱ满七岁但不满十岁之人，就其于动力车辆、轨道电车或空中缆车之事故所加于他人之损害，不负责任。但故意造成侵害者，不适用之。Ⅲ未满十八岁且其责任未经第一款或第二款规定排除之人，在为加害行为时，未具识别其责任所必要之能力者，就其所加于他人之损害，不负责任。"[①] 从行为能力与责任能力的关系上看，限制民事行为能力人应是有相应责任能力的。该说主张，被监护人实施侵害时有辨别能力而造成损害的，应首先自行承担责任，而有监护过错的监护人承担连带责任，如监护人无过错，监护人则不承担责任；对于行为时无辨别能力的被监护人致他人损害，监护人也只承担过错责任。[②]

另一种观点认为，因为被监护人致人损害的侵权责任是一种财产责任，有财产才能承担责任，因此，确定被监护人是否有责任能力、应否承担责任，应以其是否有财产为标准。

依我国法规定，有财产的无民事行为能力人、限制民事行

[①] 《德国民法典》，台湾大学法律学院、台大法学基金会编译，北京大学出版社2017年版，第735页。

[②] 参见张新宝：《侵权责任法原理》，中国人民大学出版社2005年版，第307页。

为能力人造成他人损害的,从本人财产中支付赔偿费用;不足部分,由监护人赔偿。对于有财产的被监护人造成他人损害的,也应从本人财产支付赔偿费用的根据,有不同的观点。有的认为,我国法是以有无财产来确定被监护人有无责任能力的。也有的认为,被监护人承担的责任是公平责任。①

(四) 监护人责任的承担

被监护人造成他人损害的,如果被监护人没有财产,则监护人承担全部责任;如果被监护人有财产,则先由被监护人的财产支付赔偿费用;被监护人的财产不足以支付赔偿费用的,剩余的赔偿费用由监护人承担。

因为有财产的无民事行为能力人、限制民事行为能力人造成他人损害的,先从被监护人的财产中支付赔偿费用,对于不足的部分才由监护人承担。因此,在被监护人有财产的情况下,监护人承担的只是补充责任。

二、委托监护双方的责任

第一千一百八十九条 无民事行为能力人、限制民事行为能力人造成他人损害,监护人将监护职责委托给他人的,监护人应当承担侵权责任;受托人有过错的,承担相应的责任。

本条规定了委托监护时双方的责任承担。

---

① 王利明、周友军、高圣平:《中国侵权责任法教程》,人民法院出版社2010年版,第479页。

（一）委托监护的含义与性质

委托监护是指监护人与受托人达成协议，监护人将监护职责委托给受托人，由受托人履行相应监护职责。委托监护关系依当事人之间的委托协议成立，受托人负有依约定为委托人履行监护职责的义务；委托人负有依其约定向受托人支付办理受托事务的费用和报酬的义务。委托人和受托人任何一方违反约定义务，都应当向对方负违约责任。

在委托监护中，委托人可以将部分监护职责委托给受托人行使，也可以将全部监护职责委托给受托人行使。但是，委托监护不同于协议监护。委托监护是监护人与非监护人之间确定由非监护人代监护人履行监护职责的协议，而协议监护是指有法定监护资格的人之间确定监护人的协议。在协议监护中，依当事人之间的协议所确定的监护人对被监护人负监护人责任，其就是被监护人的监护人。而在委托监护中，尽管委托人可以将监护职责全部委托给受托人，但即使在此情况下，受托人也不是监护人。也就是说，监护人不能依照委托监护的协议将监护人的资格转让给他人，他人也不能通过委托监护的协议来取得监护人资格。

（二）委托监护的被监护人造成他人损害的责任承担

在委托监护的情形下，无民事行为能力人、限制民事行为人造成他人损害的，因监护人的监护资格并未终止，因此，监护人仍应承担监护人应承担的替代责任。即使监护人与受托人之间有关于监护人不承担责任的约定，该约定也不具有对抗第三人的效力，被侵权人仍有权请求监护人承担侵权责任。当然，监护人在向被侵权人承担责任后，可以依其约定向受托人追偿。

由于无民事行为能力人、限制民事行为能力人造成他人损害时，受托人负有按照约定履行对被监护人的行为进行约束、管教的责任，受害人未尽到约束、管教责任，致使被监护人造成他人损害的，因受托人对该损害的发生有过错，因此，受托人也应承担相应的责任。受托人承担的相应责任应与其过错和行为的原因力相适应。受托人承担的相应责任是指其与监护人内部应就损害承担的责任。被侵权人可以请求受托人承担相应责任，但是，被侵权人没有请求受托人承担责任而仅要求监护人承担责任的，监护人不能以受托人的过错予以抗辩，而只能在向被侵权人承担责任后就受托人应承担的相应责任向受托人追偿。

三、行为人暂时丧失意识致人损害的责任

第一千一百九十条 完全民事行为能力人对自己的行为暂时没有意识或者失去控制造成他人损害有过错的，应当承担侵权责任；没有过错的，根据行为人的经济状况对受害人适当补偿。完全民事行为能力人因醉酒、滥用麻醉药品或者精神药品对自己的行为暂时没有意识或者失去控制造成他人损害的，应当承担侵权责任。

本条规定了完全民事行为能力人暂时丧失意识能力致人损害的责任。

（一）暂时丧失意识能力致人损害责任的含义与构成要件

完全民事行为能力人暂时丧失意识能力致害责任，又称为暂时丧失心智致害责任，是指完全民事行为能力人在暂时丧失意识或者失去控制的情形下造成他人损害的侵权责任。

丧失意识能力致人损害的侵权责任的构成，须具备以下条件：

第一，造成损害的行为人为完全民事行为能力人。如果造成损害的行为人为无民事行为能力人、限制民事行为人，则会发生监护人责任。

第二，行为人在实施造成他人损害的行为时暂时没有意识或者失去控制。行为人暂时没有意识或者失去控制意味着行为人在实施行为时是没有意识能力的，也就没有选择行为的自由，对损害的发生没有过错。

第三，行为人对暂时失去意识或者失去控制有过错。因为行为人在造成损害时暂时丧失意识，是不能控制自己行为的。因此，行为人对于损害的发生没有过错。但是，行为人对损害的发生没有过错，不等于其在暂时失去意识或者失去控制上没有过错。如果行为人在对暂时丧失意识或者失去控制上有过错，行为人就应对其行为造成的损害承担责任。行为人对暂时失去意识或者失去控制有过错，是指因行为人自身的过错导致暂时失去意识、失去控制。例如，行为人患有某种疾病，须按时服药，行为人知道不按时服药，会导致暂时失去意识，行为人未按时服药的，对其暂时丧失意识也就有过错。

完全民事行为能力人因醉酒、滥用麻醉药品或者精神药品致使自己暂时没有意识或者失去控制造成他人损害的，视为有过错，行为人应当承担侵权责任。这种视为是不可推翻的。除非行为人能够证明自己不是因为醉酒、滥用麻醉药品或者精神药品而暂时没有意识或者失去控制的。

（二）行为人对暂时丧失意识无过错时的损失分担

完全民事行为能力人因暂时失去意识或者失去控制造成他人损害有过错的，应当承担侵权责任。而行为人对自己暂时丧失意识或者失去控制没有过错的，按照过错责任原则，其对损害的发生不承担侵权责任。但是，如果受害人对于损害的发生也没有过错，该损害完全由受害人承担也是不公平的。因此，于此情形下，因双方对于损害的发生都没有过错，应由双方分担损失。双方应如何分担损失呢？法律规定，根据行为人的经济状况由行为人对受害人适当补偿。也就是说，根据行为人的经济状况确定其应分担的损失额。但是，尽管该条中并未规定在考虑行为人经济状况的同时，应否考虑受害人的经济状况，在公平分担的适用上，还是应对双方的经济状况同时加以考量：具体而言，如果行为人的经济状况较受害人经济状况好，则行为人应多给予一些补偿；如果双方的经济状况相当，行为人给予的补偿额应相当于受害人损失额的一半。

四、用人单位侵权责任和劳务派遣责任

第一千一百九十一条 用人单位的工作人员因执行工作任务造成他人损害的，由用人单位承担侵权责任。用人单位承担侵

权责任后，可以向有故意或者重大过失的工作人员追偿。

劳务派遣期间，被派遣的工作人员因执行工作任务造成他人损害的，由接受劳务派遣的用工单位承担侵权责任；劳务派遣单位有过错的，承担相应的责任。

本条规定了用人单位侵权责任和劳务派遣责任。

（一）用人单位侵权责任的含义与构成

用人单位侵权责任，是指因其使用的工作人员执行工作任务造成他人损害时，使用该工作人员的单位应就该损害承担的侵权责任。用人单位责任属于使用人责任的一种形态。

所谓使用人责任，在他国或地区的立法中多称为雇主责任，是指使用人所使用的员工（雇员）在执行使用人的指令完成使用人的工作任务中造成他人损害时，由使用人承担的侵权责任。我国自《侵权责任法》到《民法典》都将使用人区分为单位和个人。使用人为个人的，使用人与被使用人之间的关系为个人间的劳务关系，使用人责任属于个人劳务致害责任；使用人为单位的，使用人与被使用人间的关系为劳动关系，使用人责任为用人单位侵权责任。所谓单位，既包括法人，也包括非法人组织。有学者将此种使用人责任称为职务侵权责任。广义的使用人责任，还包括使用人对被使用人在执行工作任务中受到损害所承担的责任。但是，我国《民法典》第1191条规定的使用人责任不包括后一种情况。

用人单位侵权责任的构成，须具备以下条件：

其一，须直接造成损害的行为人与单位之间有劳动关系。也就是说，造成损害的行为人须为单位的工作人员。如果双方间没有劳动关系，行为人不为单位的工作人员，则不能发生用人单位侵权责任。

其二，须工作人员是因执行工作任务造成他人的损害。如果行为人不是因执行单位的工作任务造成他人损害，则只能由行为人自己承担侵权责任，而不能发生用人单位的侵权责任。

其三，须工作人员造成损害的行为构成侵权行为。如果工作人员造成他人损害的行为不构成侵权行为，则不能发生侵权责任，当然也就谈不上用人单位的侵权责任。

（二）用人单位侵权责任的理论基础和归责原则

用人单位侵权责任属于使用人责任。关于使用人责任的理论基础，有不同学说。郑玉波将使用人责任（雇主责任）的理论基础归纳为三种学说：一是危险说。此说认为，为维持社会一般人之安全，应课以雇佣人以责任，以促使其用人时深切注意，而免发生危险。二是报偿说。此说认为，雇佣人既借受雇人之活动，以扩张其事业之范围，自因之而受利益，利之所在，损之所归，故雇佣人应负赔偿责任。三是伦理说。此说认为，主人之于受雇人有如长官之于僚属，发生伦理关系，故应负责。[1] 王利明将使用人责任的理论基础归纳为六种：一是"深口袋"理论；二是报偿理论；三是控制理论；四是分摊成本理论；五是雇主意志理论；六是损害风险控制理论。[2] 上述各种学说都有其合理性，都从某一方面说明了使用人责任的理

---

[1] 参见郑玉波：《民法债编总论》，中国台湾三民书局1978年版，第180页。
[2] 参见王利明：《侵权责任法研究》（下卷），中国人民大学出版社2010年版，第88—89页。

论根据。

但是，采用不同的学说，对使用人责任性质的认识就会不同，对使用人责任采用的归责原则也会不同。以伦理说或者控制理论、雇主意志理论等为理论根据的，雇主责任则属于自己责任，其归责原则多采过错责任原则。而以危险说、报偿说或者"深口袋"理论、分摊成本理论等为理论根据的，雇主责任则属于替代责任，其归责原则多采无过错责任或严格责任原则。从各国立法看，少有仅仅采用一种理论根据的。

如上所述，我国法上的用人单位侵权责任与他国或地区法上的雇主责任（使用人责任）有所不同。在他国法上雇主责任不包括法人责任，中国台湾地区也是如此。而我国法规定的用人单位侵权责任包括法人的侵权责任，我国法没有将法人的侵权责任排除在用人单位侵权责任之外。那么，依我国法的规定，用人单位侵权责任应适用何种归责原则呢？对此，学者中也有不同的观点。例如，杨立新主张，用人单位责任应当适用过错推定责任。他认为：首先，用人单位责任不适用无过错责任，因为一是适用无过错责任原则法律无明文规定，二是适用无过错责任原则，对于保护用人单位的合法权益和发展经济不利；其次，用人单位责任也不适用过错责任原则，因为适用过错责任原则，被侵权人须举证证明用人单位的主观过错，如此要求使被侵权人处于不利地位；过错推定原则的适用，能够从工作人员致被侵权人损害的事实中，推定用人单位疏于选任、监督之责的过错，实行举证责任倒置，由用人单位证明自己没有过错，就使被侵权人处于有利地位，使其合法权益能够得到更好保护。① 梁慧星认为，我国法上的用人单位责任制度之设计，采用法国民法和英美法之无过失责任。② 因为对于用人单位责任，法律并没有规定用人单位能够证明自己没有过错的不承担责任，因此，不能认定用人单位责任适用过错推定原则。

从我国的法律规定看，用人单位侵权责任不以其过错为归责原则。因此，关于用人单位侵权责任的理论基础，有的学者指出，报偿说更值得赞同，它符合"利之所在，损之所归"的规则。③ 因为实施损害行为的行为人是用人单位的工作人员，工作人员是在完成其工作任务中造成他人损害的，工作人员完成工作任务的利益是为用人单位取得的。既然用人单位取得工作人员该行为创造的利益，也就应当承担该行为造成损害的责任。

至于用人单位侵权责任是自己责任还是替代责任，也有不同的观点。一种观点认为，用工责任是替代责任的一种类型。④ 另一种观点则认为，从总体上看，着眼于加害者一方与受害者一方的关系，从加害者一方看，首先由使用人负责，然后使用人才可向被使用人追偿，总体上是使用人自己的责任，是对其业务活动承担的责任，因此就其根本而言是自己的责任。⑤ 这两种观点都有道理。但是，因为用人单位侵权责任是以工作人员损害他人利益的行为构成侵权行为为前提的，用人单位承担

---

① 参见杨立新：《侵权责任法》，法律出版社2010年版，第244—245页。
② 梁慧星：《中国侵权责任法解说》，载《北方法学》2011年第1期。
③ 王利明、周友军、高圣平：《中国侵权责任法教程》，人民法院出版社2010年版，第481页。
④ 王利明：《侵权责任法研究》（下卷），中国人民大学出版社2010年版，第76页。
⑤ 刘士国等：《侵权责任法重大疑难问题研究》，中国法制出版社2009年版，第177页。

责任后可以向造成损害的有故意或者重大过失的工作人员追偿,而依《民法典》第170条规定,用人单位的工作人员执行工作任务的行为属于职务代理。因此,将用人单位侵权责任解释为替代责任,也并非不可。

(三)用人单位的追偿权

关于用人单位承担责任之后,是否可以向造成损害的工作人员追偿,在《侵权责任法》第34条中并无明确规定。《侵权责任法》的条文起草者认为,"追偿权的问题比较复杂,追偿条件规定过严,对广大劳动者不利;追偿条件规定过宽,也不利于工作人员谨慎工作,减少事故的发生。不同行业、不同工种和不同劳动安全条件,其追偿条件应有所不同。因此,本法对追偿权的问题没有做出规定。"[1]当然,条文起草者也同时指出,《侵权责任法》未对追偿权问题进行规定,并不影响用工单位依据法律的规定或者当事人的约定行使追偿权,而对于能否行使追偿权或追偿多少有争议时,可以向人民法院起诉,由人民法院根据具体情况公平解决。[2]换言之,《侵权责任法》第34条中虽未规定追偿权,但并不等于否定了用人单位享有追偿权,毕竟用人单位享有追偿权在部分情况下可基于特别法的规定或者当事人的约定。然而,在无特别法规定或当事人约定的情形下,将追偿权的享有与否以及追偿数额的多少完全交由法院裁量,会造成法律适用的不统一。因此,立法者在《民法

---

[1] 全国人大常委会法制工作委员会民法室编:《中华人民共和国侵权责任法:条文说明、立法理由及相关规定》,北京大学出版社2010年版,第134页。

[2] 参见同上。

典》第1191条第1款第二句中规定了用人单位行使追偿权的条件，即"用人单位承担侵权责任后，可以向有故意或者重大过失的工作人员追偿"。依该规定，用人单位得以行使追偿权的条件为工作人员存在故意或重大过失。因此，如果工作人员仅因过失而造成他人损害时，用人单位在承担责任后无权向工作人员追偿。

（四）劳务派遣责任

1.劳务派遣责任的含义与构成

劳务派遣责任，是指在劳务派遣期间，被派遣的工作人员因执行工作任务造成他人损害的，由接受劳务派遣的用工单位和劳务派遣单位承担的侵权责任。

用人单位的侵权责任是以用人单位与实施加害行为的侵权行为人之间存在劳动合同关系为前提的，即实施侵权行为者为用人单位的员工。然而，在以劳务派遣为单位用工方式时，劳务派遣单位为用人单位，用人单位是将其员工派遣到用工单位执行用工单位工作任务的，使用被派遣的工作人员执行工作任务的单位为用工单位而非用人单位。因此，因工作人员执行工作任务造成损害的，原本为用人单位承担的使用人责任也就因采用劳务派遣的用工方式而由用工单位与劳务派遣单位承担，换言之，劳务派遣单位与接受劳务派遣的用工单位就被派遣人员因执行工作任务造成他人损害的责任共同构成用人单位的责任。

2.劳务派遣责任的构成

劳务派遣责任的构成，须具备以下要件：

第一，造成他人损害的工作人员与用人单位、用工单位之间有劳务派遣关系。工作人员与用人单位之间有劳动合同关系，用人单位与用工单位之间有劳务派遣合同。当事人间若不存在劳务派遣关系，不能发生劳务派遣责任。

第二，被派遣的工作人员在执行劳务派遣工作任务中造成他人损害。如果工作人员不是在执行劳务派遣任务中造成他人损害，不能成立劳务派遣责任。

第三，他人受损害的事实与工作人员执行工作任务之间具有因果关系。工作人员执行工作任务既包括执行用人单位的派遣工作任务，也包括执行用工单位的工作任务。

3. 接受派遣的用工单位与派遣单位责任的根据

就接受劳务派遣的用工单位的责任来说，无论是责任的理论基础还是责任的构成条件，其与用人单位侵权责任并无多大区别。也就是说，接受劳务派遣的用工单位承担责任的理论根据也应为报偿理论，其责任不以过错为构成条件。因为被派遣的人员是执行用工单位的工作任务造成损害的，被派遣的人员执行工作任务的利益属于接受派遣的用工单位，其损害也就应由该用工单位承担责任。只要接受劳务派遣的用工单位使用的被派遣人员在执行工作任务中给他人造成损害，该用工单位就应承担侵权责任。

但是，劳务派遣单位责任的理论根据则不能采报偿说，因为被派遣的人员执行工作任务的利益并不属于劳务派遣单位。可见，劳务派遣单位与劳务用工单位责任是用人单位侵权责任中的一种特殊形态。这种特殊责任形态是因现实生活中出现了新的劳务派遣用工方式而发生的。在劳务派遣用工方式中，实际用人的单位所使用的员工与其并不存在劳动合同关系，而是属于劳务派遣关系，即用工单位使用的员工与劳务派遣单位有劳动合同关系，是由劳务派遣单位派遣其到劳务用工单位执行用工单位的工作任务的。正是劳务派遣用工方式的采用才出现了劳务派遣员工在执行用工单位工作任务中造成他人损害的责任承担问题。由于该种责任的主体包括劳务派遣单位与劳务用工单位，因此也属于多人责任的一种形态。

4. 劳务派遣单位的责任

依照法律规定，劳务派遣人员因执行工作人员造成他人损害的，劳务派遣单位有过错的，承担相应的责任。因此，劳务派遣单位责任为过错责任。

劳务派遣单位承担责任的根据在于劳务派遣单位与被派遣人员之间的劳动关系，被派遣的人员是由劳务派遣单位选派的，劳务派遣单位负有选派合格人员派遣的义务。选派何人是劳务派遣单位得以选择的，因此，劳务派遣单位责任的理论基础应以控制理论为宜。依《劳动合同法》规定，"劳务派遣单位派遣劳动者应当与接受以劳务派遣形式用工的单位订立劳务派遣协议。劳务派遣协议应当约定派遣岗位和人员数量、派遣期限、劳动报酬和社会保险费的数额与支付方式以及违反协议的责任。"依照劳务派遣协议，劳务派遣单位负有派遣与派遣岗位相适应的合格的劳务派遣人员的义务。若其派遣了与派遣岗位不相适应的人员，则其相当于用人单位对其人员未尽必要的注意义务。因此，劳务派遣单位责任适用过错责任原则。

关于劳务派遣单位承担责任的构成要件，学者中有不同的观点。例如，王利明认为，劳务派遣单位承担过错责任的要件在于：第一，必须是在劳务派遣期间发生损害；第二，必须是被派遣的工作人员因执行工作任务造成他人损害；第三，劳务派遣单位具有过错。①杨立新认为，构成劳务派遣责任，应当具备以下要件：一是当事人之间存在劳务派遣的劳动关系；二是被派遣的工作人员在执行劳务派遣工作任务中造成他人损害；三是损害事实的发生与被派遣的工作人员的执行工作任务行为有因果关系；四是接受派遣单位在指挥监督工作人员中有过失。具备以上要件，用工单位承担责任。劳务派遣单位有过错的，劳务派遣单位承担补充责任。②显然，杨立新将劳务派遣责任归为用工单位责任与劳务派遣单位责任。但是，如前所述，用工单位侵权责任的构成条件与用人单位侵权责任的构成条件并无不同，重要的是确定在何种条件下劳务派遣单位也应承担侵权责任。劳务派遣单位承担责任的条件可分为以下两方面。

其一，被派遣的员工在派遣期间因执行用人单位的工作任务造成他人损害。

这一要件包括三方面的含义：

一是须被派遣人员在派遣期间造成他人损害。劳务派遣期间应依劳务派遣合同的约定来确定。但如果超出劳务派遣合同约定的期间，被派遣的人员仍在用工单位工作，而劳务派遣单位也未提出异议的，应视为劳务派遣合同期间的延长。如果超过劳务派遣合同规定的派遣期间，被派遣人员仍在用工单位执行工作任务，而劳务派遣单位对此提出异议的，则不应发生劳务派遣单位的责任。当然，若并无劳务派遣关系，劳务派遣单

---

① 参见王利明：《侵权责任法研究》（下卷），中国人民大学出版社 2010 年版，第 105—106 页。

② 参见杨立新：《侵权责任法》，法律出版社 2010 年版，第 250—251 页。

位的员工未被派遣而造成他人损害的，如果构成用人单位的责任，则应由用人单位即劳务派遣单位承担责任；若不构成用人单位责任，则劳务派遣单位即用人单位不承担责任，由该员工自己承担责任。

　　二是须被派遣人员因执行用工单位工作任务造成他人损害。何谓执行工作任务？简单地讲，执行工作任务，就是指被用工者按照用工者的要求从事一定的工作。① 在他国或地区的雇主责任中执行工作任务称为"执行职务"。在如何确定执行职务的范围上，向来有三说：（1）以雇用人之意思为标准者，即执行职务之范围应依雇用人所命办理事件决定之；（2）以执行职务之外表为标准者，即执行职务之范围固应依雇用人所命办理之事件决定之，然如外表上系以执行职务之形式为之者，亦属于职务之范围；（3）以受雇人之意思为标准者，即执行职务原则上固应依雇用人所命办理之事件决定之，然如受雇人系为雇用人之利益为之者，亦应属于执行职务。② 其中第二种学说被称为外观说。王利明认为，从有利于保护受害人考虑，采取外观说较为合理。③ 然而，在确定外观上为执行职务，也应当注意以下三点：第一，行为人的行为应与工作任务的执行有同一外形，即外形的同一性。若行为人的行为与执行工作任务不具有同一外形，则不能认定为执行工作任务。第二，行为人的行为与执行工作

---

　　① 王利明：《侵权责任法研究》（下卷），中国人民大学出版社2010年版，第99页。
　　② 王泽鉴：《民法学说与判例研究》（第一册），中国政法大学出版社1998年版，第20页。
　　③ 王利明：《侵权责任法研究》（下卷），中国人民大学出版社2010年版，第99页。

任务有适当的牵连,即活动范围的扩张性。这种活动范围的扩张应为执行工作任务所必要的。若行为人的行为与执行工作任务并无牵连,则不能认定为执行工作任务。第三,行为人的行为虽超出授权范围但其是基于职务关系而不是基于个人关系超出的。若行为人是基于个人关系而实施执行工作任务范围外的行为,则该行为不能认定为执行工作任务。①

三是须被派遣人员造成他人损害。只有被派遣人员在用工单位执行工作任务中造成他人损害,才会发生派遣单位的责任。这里所要求的造成损害,既包括财产损害,也包括人身损害,是指被派遣人员执行工作任务中的行为构成侵权行为。如果被派遣人员的行为不构成侵权行为,例如被派遣人员实施正当防卫造成他人损害的,其行为不构成侵权,也就不会发生派遣单位与用工单位的侵权责任。这里的他人,自然不包括被派遣人员自身,也不包括用工单位使用的其他人员。如果被派遣人员在执行用工单位工作任务中受到损害或者给该单位的其他人员造成损害,则用工单位或派遣单位承担的责任不属于《民法典法》第1191条第2款规定的责任。

其二,劳务派遣单位有过错。

劳务派遣单位责任实行过错责任原则,因此,劳务派遣单位有过错是其对被派遣人员执行用工单位工作任务中造成他人损害承担责任的必要条件。如果劳务派遣单位没有过错,被派遣人员在执行用工单位工作任务中造成他人损害的,仅由用工单位承担责任,劳务派遣单位不承担任何责任。王利明指

---

① 参见刘士国等:《侵权责任法重大疑难问题研究》,中国法制出版社2009年版,第180页。

出,劳务派遣单位的过错,主要是指其在选任、培训等方面的过错。① 在确定劳务派遣单位的过错上应特别注意以下两点:

第一,劳务派遣单位的过错,是"劳务派遣单位在派遣工作人员方面存在过错"。② 这种过错是指劳务派遣单位违反选派合格人员的选任义务,其派出的员工不符合用人单位的特殊要求。例如,劳务派遣协议约定的岗位为司机,劳务派遣单位派出的人员没有驾驶员资格,其就为违反选任义务,在派遣人员上有过错;劳务派遣协议约定的岗位为电工,劳务派遣单位派出的人员不具有电工的基本技能,也就属于在派遣人员上有过错。但是劳务派遣单位对于被派遣人员没有法定的人事担保义务(当然若劳务派遣单位与用工单位的劳务派遣协议有特别约定的例外)。因此,若劳务派遣单位所派出的工作人员符合约定的岗位所要求的资格和技能,则其在派遣人员上就不为有过错。例如,被派遣人员在用工单位执行工作任务时不是因其不具有相应的技能而是因其性格上的原因出现差错而造成他人损害,除劳务派遣单位知道该人员性格上的缺陷不适于从事相应岗位的工作外,不应认定劳务派遣单位有过错。

第二,劳务派遣单位的过错是指对造成他人损害的人员选派上的过错。也就是说,劳务派遣单位的过错具有特定性,只能是针对特定人选派上的过错,而不能是一般选派上的过错。例如,劳务派遣单位向用工单位派出五名驾驶员,其中一名不

---

① 王利明:《侵权责任法研究》(下卷),中国人民大学出版社 2010 年版,第 106 页。
② 王胜明主编:《中华人民共和国侵权责任法释义》,法律出版社 2010 年版,第 174 页。

具备驾驶员资格,其他四名都符合要求,恰是这四名合格人员中的一人执行工作任务中造成他人损害,于此情形下,尽管劳务派遣单位违反劳务派遣协议,但不能认定劳务派遣单位有侵权上的过错,不能因其派出的人员中有一个不合格的人员而由其对其他人员造成的损害承担侵权责任。

5. 劳务派遣单位与接受劳务派遣的用工单位的责任承担

劳务派遣人员在执行用工单位工作任务中造成他人损害的,用工单位和劳务派遣单位具备承担侵权责任条件的,都为侵权责任主体,都应向受害人承担侵权责任。也就是说,在用工单位和劳务派遣单位都应承担侵权责任时,发生多人责任。多人责任包括连带责任、按份责任、补充责任等形态。原《侵权责任法》第34条明确规定,用工单位与劳务派遣单位共同承担责任时,劳务派遣单位承担相应的补充责任。但是,《民法典》第1191条未规定劳务派遣单位承担的是补充责任,而仅规定,其"有过错的,承担相应的责任"。因此,派遣单位承担的责任应是与其过错及原因力相适应的按份责任。

五、个人劳务责任

第一千一百九十二条　个人之间形成劳务关系,提供劳务一方因劳务造成他人损害的,由接受劳务一方承担侵权责任。接受劳务一方承担侵权责任后,可以向有故意或者重大过失的提供劳务一方追偿。提供劳务一方因劳务受到损害的,根据双方各自的过错承担相应的责任。

提供劳务期间,因第三人的行为造成提供劳务一方损害的,提供劳务一方有权请求第三人承担侵权责任，也有权请求接受劳务一方给予补偿。接受劳务一方补偿后，可以向第三人追偿。

本条规定了个劳务关系中的侵权责任。

（一）个人劳务侵权责任的含义

个人劳务关系，是指自然人之间一方向另一方提供劳务，另一方接受劳务的关系。提供劳务的一方称为雇员，接受劳务的一方称为雇主。个人劳务关系中的侵权责任，也属于使用人责任或雇主责任。但因为我国法区分了用人单位的侵权责任与个人劳务关系中的侵权责任，因此，个人劳务关系中的侵权责任实际上也就是使用人为自然人或者说雇主为自然人时的使用人责任。

个人劳务关系中的侵权责任，是指雇员在提供劳务中所受损害和雇员在提供劳务中对第三人造成损害的责任。因此，个人劳务关系中的侵权责任包括雇主对雇员在提供劳务中因提供劳务造成他人损害的责任和对雇员在提供劳务时受到第三人损害的责任两种。

（二）提供劳务一方因劳务造成他人损害的责任

个人之间形成劳务关系，提供劳务一方在劳务提供过程中造成他人损害的，由接受劳务一方承担侵权责任。[①] 即在个人

[①] 最高人民法院 2003 年的《关于审理人身损害赔偿案件适用法律若干问题的解释》第 9 条第 1 款规定，"雇员在从事雇佣活动中致人损害的，雇主应当承担赔偿责任；雇员因故意或者重大过失致人损害的，应当与雇主承担连带赔偿责任。雇主承担连带赔偿责任的，可以向雇员追偿。"立法上未接受雇员与雇主承担连带责任的观点。

之间形成劳务关系的前提下，提供劳务的一方造成他人损害的，应该由接受劳务的一方承担侵权责任。这种责任为无过错责任，即不论接受劳务的人在用人上有无过错，也不论其对劳务提供人的指示有无过错，接受劳务的人均应承担侵权责任。例如，一个人雇佣的保姆在洗菜后忘记关水管，结果因积水将楼下房子的天花板浸泡造成损害，该损害就应该由接受劳务的一方即聘请保姆的人（雇主）承担责任。因为，一方面，基于报偿原理，提供劳务的人此时是为接受劳务的一方的利益服务的，由接受劳务一方对提供劳务一方因劳务所致损害的侵权行为承担赔偿责任，具有合理性；另一方面，由接受劳务的一方（雇主）承担赔偿责任也是保护被侵权人权益的需要，因为很多情况下，提供劳务的雇员是具有较强的流动性的，让被侵权人向接受劳务的一方即雇主请求赔偿比较方便。

如果提供劳务的一方在造成第三人损害上有故意或者重大过失，则因为任何人都应对其故意造成的损害承担责任，在一般情形下重大过失视同故意，因此，接受劳务的人在向被侵权人承担侵权责任后，有权向有故意或者重大过失的提供劳务的一方追偿。

（三）提供劳务的人因劳务自己受损害的侵权责任

雇员即提供劳务的一方在提供劳务中也会受到损害，这也有两种情形：一是雇员因提供劳务自己受到损害；二是雇员在提供劳务期间因第三人的行为造成损害。

提供劳务一方因劳务自己受到损害的，根据双方各自的过错承担相应的责任。这种责任为过错责任。如果劳务提供人在提供劳务中因自己的过错受到损害，则只能自己承担损害，劳务接受人不承担侵权责任。例如，家政服务人员在提供家政服务中因自己不小心摔倒受伤，接受家政服务的一方不承担责任。如果提供劳务人在劳务中受损害，接受劳务的一方有过错，则接受劳务的一方应就自己的过错承担侵权责任。如果在劳务提供人因劳务受损害上双方都有过错，则应根据双方的过错各自承担相应的责任，也就是说，接受劳务的人不承担全部损害赔偿责任，而仅就自己应承担的部分承担侵权责任。

　　劳务提供人提供劳务期间因第三人的行为受到损害的，第三人应当承担侵权责任，提供劳务人对第三人享有侵权请求权。因为劳务提供人是为接受劳务人提供劳务的，是在提供劳务过程中受到损害的，因此，接受劳务人对于提供劳务人在提供劳务期间因劳务受到的损害也应给予补偿。这也是符合报偿理论的。所以，于此种情形下，受损害的劳务提供人享有选择权，既可以请求第三人承担侵权责任，也可以请求接受劳务人给予补偿。不过，受损害的劳务提供人请求接受劳务人给予补偿的，接受劳务人补偿后，有权向第三人追偿，因为第三人是最终的侵权责任人。需要说明的是，在第三人造成劳务提供人损害的情形下，尽管劳务提供人有权请求接受劳务人给予救济，但此种救济为补偿而非赔偿。因为在个人之间形成劳务关系时，接受劳务人承担责任的归责原则为过错责任原则，而在第三人造成劳务提供人损害上，接受劳务人因无过错，也就无责任，所以其承担的并非侵权责任而仅是补偿义务。

六、承揽人和定作人责任

第一千一百九十三条 承揽人在完成工作过程中造成第三人损害或者自己损害的，定作人不承担侵权责任。但是，定作人对定作、指示或者选任有过错的，应当承担相应的责任。

本条规定了承揽人和定作人的责任。

（一）承揽人与定作人责任的含义

承揽人和定作人的责任是指承揽人在完成承揽的工作过程中造成他人损害或者自己受损害时，承揽人和定作人应当承担的侵权责任。

关于承揽人与定作人责任的规定，源自于最高人民法院2003年的《关于审理人身损害赔偿案件适用法律若干问题的解释》第10条。该条规定，"承揽人在完成工作过程中对第三人造成损害或者造成自身损害的，定作人不承担赔偿责任。但定作人对定作、指示或者选任有过失的，应当承担相应的赔偿责任。"法律之所以规定承揽人与定作人的责任，是因为承揽人与定作人之间存在着一种特殊的关系：承揽人与定作人之间是一种承揽关系，承揽人是按照定作人的指示、要求，为定作人完成一定工作并向定作人交付工作成果的。

（二）承揽人的责任

承揽人的责任是指承揽人对其在完成承揽工作任务中造成他人损害或者自己受损害应承担的侵权责任。因承揽关系既不同于劳动关系，也不同于雇用（个人劳务）关系，所以承揽人的地位既不同于用人单位的工作人员，也不同于个人劳务关系中的劳务提供人。由于承揽人是以自己的人力、物力、财力独立完成承揽工作的，因此，承揽人在独立完成工作中造成第三人损害或者自己受损害的，应自行承担责任，尽管承揽人完成的是定作人的工作，也不能以此为由让定作人承担责任。

（三）定作人的责任

定作人的责任是指定作人对于承揽人因完成承揽工作中造成第三人损害或自己遭受损害应承担的侵权责任。由于承揽人是按照定作人的指示为定作人完成工作的，因此，对于承揽人在完成工作中造成第三人的损害或者自己遭受损害，定作人有过错时，也应承担责任。也就是说，对于承揽人在完成工作过程中对第三人造成损害或者自身遭受损害的，一般情形下定作人不承担赔偿责任。但是，在具备也只有具备以下两个条件时，定作人才应承担相应的赔偿责任：

其一，定作人对定作、指示或者选任有过错。若定作人对定作、指示、选任没有过错，则定作人不承担责任。定作人定作上的过错，是指定作人对定作工作的危险性未对承揽人予以必要的充分告知或者说明。当然，这种说明和告知应以必要为限。例如，定作人的定作虽有危险性，但这种危险性是承揽人通常都清楚的，则定作人虽未特别告知和说明，也不应认定定作人在定作上有过错。定作人指示上的过错，是指定作人对承揽人提出的要求不合理。定作人选任上的过错，是指在选择承揽人上有过错。因为定作人在选择承揽人上都负有谨慎选择的注意义务，若选人不当则为有选任上的过错。例如，承揽人应具有相应的资质，而定作人却选择了不具有相应资质的承揽人，定作人即有选任上的过错。

其二，定作人在定作、指示或者选任上的过错与第三人所受损害或者承揽人自身所受损害之间有因果关系。如果承揽人在完成工作中对第三人造成损害或者自身受到损害，这种损害与定作人的定作、指示或者选任上的过错并无关系，也就是说，该损害并非是因定作人在定作、指示或者选任上的过错造成的，则定作人不承担责任。

（四）定作人责任与承揽人责任的关系

定作人对于承揽人完成工作中发生的损害有过错时，也应对承揽人完成工作中造成第三人损害或者自己损害承担一定责任。于承揽人造成第三人损害的情形下，因造成损害的行为人为承揽人，因此，定作人的责任也应属于一种替代责任。但是，定作人的替代责任与其他替代责任不同，定作人是与承揽人一同向被侵权人承担责任的，而不是完全替代承揽人向被侵权人承担责任。关于定作人与承揽人共同承担责任的责任性质，有不同的观点。有的认为，此种责任为连带责任。但是，我国的立法规定与其他国家的规定有所不同，我国法不是规定定作人有过错的，"应当对第三人承担责任"，[①] 而是规定"应当承担相应的责任"。此处的"相应"应是与其过错和原因力相应，因此，

[①] 如《荷兰民法典》第171条规定："非雇员在他人的指示下为该他人的营业从事活动的，应当因其在活动中的过错对第三人承担责任，该他人也应当对该第三人承担责任。"有学者认为，这一规定表明定作人对承揽人的过错造成第三人损害的行为承担连带责任。

定作人因承揽人完成工作造成第三人损害与承揽人共同承担的责任原则上应为按份责任而非连带责任，除非定作人与承揽人的行为构成共同加害侵权行为。

需要注意，定作人对于承揽人在完成工作中造成他人损害的责任，不同于因承揽人完成并交付的工作成果造成他人损害的责任。对于工作成果的缺陷造成他人损害的责任，在特殊侵权领域，法律规定定作人的责任并不以其过错为要件，其与承揽人承担连带责任。如，《民法典》第1252条第1款规定，"建筑物、构筑物或者其他设施倒塌、塌陷造成他人损害的，由建设单位与施工单位承担连带责任，但是建设单位与施工单位能够证明不存在质量缺陷的除外。建设单位、施工单位赔偿后，有其他责任人的，有权向其他责任人追偿。"这里的建设单位即为定作人（发包人）、施工单位就是承揽人（承包人）。

司法实务认为，定作人具有全部过错而承揽人没有过错的，定作人承担全部责任；定作人没有过错的，承揽人单独承担全部责任；定作人与承揽人都有过错的，根据双方的过错程度和致害行为的原因力的比例确定各自责任份额。

七、网络侵权责任

第一千一百九十四条　网络用户、网络服务提供者利用网络侵害他人民事权益的，应当承担侵权责任。法律另有规定的，依照其规定。

第一千一百九十五条　网络用户利用网络服务实施侵权行为的，权利人有权通知网络服务提供者采取删除、屏蔽、断开链接等必要措施。通知应当包括构成侵权的初步证据及权利人的真实身份信息。

网络服务提供者接到通知后,应当及时将该通知转送相关网络用户,并根据构成侵权的初步证据和服务类型采取必要措施;未及时采取必要措施的,对损害的扩大部分与该网络用户承担连带责任。

权利人因错误通知造成网络用户或者网络服务提供者损害的,应当承担侵权责任。法律另有规定的,依照其规定。

第一千一百九十六条　网络用户接到转送的通知后,可以向网络服务提供者提交不存在侵权行为的声明。声明应当包括不存在侵权行为的初步证据及网络用户的真实身份信息。

网络服务提供者接到声明后,应当将该声明转送发出通知的权利人,并告知其可以向有关部门投诉或者向人民法院提起诉讼。网络服务提供者在转送声明到达权利人后的合理期限内,未收到权利人已经投诉或者提起诉讼通知的,应当及时终止所采取的措施。

第一千一百九十七条　网络服务提供者知道或者应当知道网络用户利用其网络服务侵害他人民事权益,未采取必要措施的,与该网络用户承担连带责任。

以上四条规定了网络侵权责任。

(一) 网络侵权责任的含义与构成

网络侵权责任是指网络用户、网络服务提供者利用网络侵害他人民事权益应承担的侵权责任。网络侵权是指利用网络侵害他人民事权益的不法行为,是在网络时代新出现的侵权现象。

但是，网络侵权并不是一种新型的侵权行为，与其他侵权行为相比较，在侵害对象上并无特殊性，在构成要件上也无特殊性，网络侵权的侵权人仅仅是利用网络实施了加害行为而已。

网络侵权责任的主体是在网络上侵害他人民事权益的网络用户和网络服务提供者。网络用户是指利用网络平台实施侵害行为的人。网络服务提供者是指为用户提供网络服务的人，不仅包括提供信息存储、搜索、链接服务等技术服务者，也包括向用户提供内容服务者以及提供网络经营场所、交易撮合、信息发布等服务者。

网络侵权责任的构成，须具备以下条件：

第一，网络用户、网络服务提供者在网络上直接实施侵权行为。如果行为人不是直接在网络上实施侵权行为，也就不构成网络侵权责任。所谓直接侵权行为，是指网络用户或者网络服务提供者直接实施侵害他人民事权益并为法律所明确禁止的行为。例如，把别人享有著作权的作品擅自传到网上，供人下载；在网络上传播他人的隐私；散布不真实事实损害他人的名誉、信用等。

第二，网络用户、网络服务提供者的行为侵害了他人的民事权益。这一要件包含两方面的意思：一是发生他人民事权益受侵害的事实，网维侵权中被侵害的民事权益主要是知识产权与人格权；二是他人权益受损害与网络用户、网络服务提供者的行为间具有因果关系。

第三，网络用户、网络服务提供者有过错。网络侵权责任为过错责任，只有行为人对实施侵害行为造成的损害有过错，行为人才承担侵权责任。网络用户、网络服务提供者实施网络侵权的过错包括故意和过失。

（二）网络侵权中的避风港原则

网络侵权中的避风港原则，是指网络用户利用网络服务提供者提供的服务实施侵权行为，当被侵权人发现侵权事实存在，要求网络服务提供者采取删除、屏蔽、断开链接等必要措施时，如果网络服务提供者及时采取了必要的措施，则对损害的发生不承担侵权责任；网络服务提供者未依法及时采取必要措施的，则对因此扩大的损害部分与该网络用户承担连带责任。避风港原则包括以下内容：

1. 通知规则。通知规则的基本内容，是认为其权利受到网络用户侵害的权利人通知网络服务提供者采取删除、屏蔽、断开链接等必要措施。

权利人的通知应当包括构成网络用户侵权的初步证据及权利人的真实身份信息。权利人的真实身份信息，包括但不限于权利人的姓名、名称、住址、联系方式、电话、电子邮箱等，没有真实身份信息和有效联系方式，网络服务提供者无法与其取得联系，也无法发送网络用户声明不存在侵权行为的通知。[①] 网络服务提供者接到通知后，应根据构成侵权的初步证据和服务类型采取必要的措施。

因为权利人通知的错误，网络服务提供者对用户发布的信息采取删除、屏蔽、断开链接等措施，致使网络用户或者网络

---

① 黄微主编：《中华人民共和国民法典侵权责任编释义》，法律出版社2020年版，第96页。

服务提供者受到损害的，权利人应当承担侵权责任。权利人的这种侵权责任为一般过错责任，须具备以下一般侵权责任的构成要件：一是给网络用户或者网络服务提供者造成损害；二是网络用户或者网络服务提供者的损害与权利人的通知行为间存在因果关系，三是权利人的通知错误，具有滥用权利的违法性；四是权利人对损害的发生主观上有过错。例如，权利人应认真核实侵权的证据而未注意核实就发出侵权的通知。

2. 反通知规则。反通知规则，是指权利人行使权利发出通知主张网络服务提供者对网络用户的信息采取删除等必要措施后，网络用户可以向网络服务提供者提交不存在侵权行为的声明，以维护自己的合法权益。

网络用户行使反通知的权利，是以其知道权利人的通知为前提的。为使网络用户能够及时行使反通知的权利，法律赋予网络服务提供者对权利人通知的转送义务，即网络服务提供者接到权利人关于请求对网络用户采取删除、屏蔽、断开链接等必要措施的通知后应当及时将该通知转送相关网络用户。相关网络用户接到转送的通知后，可以向网络服务提供者提交不存在侵权行为的声明，声明应当包括不存在侵权行为的初步证据以及网络用户的真实身份信息。

3. 网络服务提供者的告知义务和终止所采取措施的义务。网络服务提供者接到网络用户声明后，应当将声明转送发出通知的权利人，并告知其可以向有关部门或者向人民法院提起诉讼。网络服务提供者在转送声明到达权利人后，在合理期限内未收到权利人已经投诉或者起诉通知的，应当及时终止所采取的措施。如何确定网络服务提供者终止所采取措施是否"及时"

呢？最高人民法院《关于审理利用信息网络侵害人身权益民事纠纷案件适用法律若干问题的规定》第4条规定，"认定网络服务提供者采取的删除、屏蔽、断开链接等必要措施是否及时，应当根据网络服务的类型和性质、有效通知的形式和准确程度、网络信息侵害权益的类型和程度等因素综合判断。"该规定虽仅规定了网络服务提供者采取必要措施是否及时的标准，但是对于网络服务提供者终止所采取措施是否及时，也应参照此标准确定。

（三）网络侵权中的红旗原则

网络侵权中的红旗原则，也称为"知道规则"，是指网络服务提供者知道或者应当知道网络用户在利用网络服务侵害他人民事权益（例如，网络用户在利用别人的裸照提高点击率，网络用户在非法公开别人的隐私性信息等），而不采取必要的删除、屏蔽、断开链接等必要措施，仍然给其提供服务的，网络服务提供者与该网络用户对损害承担连带责任。

网络侵权中的避风港原则是确定网络服务提供者对网络用户利用网络侵权可以避免承担责任的规则，而红旗原则是确定网络服务提供者应承担侵权责任的规则。因此，红旗原则是避风港原则适用的例外。这也表明网络服务提供者对用户侵权造成损害承担的是过错责任。

网络服务提供者知道或者应当知道网络用户实施侵权行为而未采取必要措施的，是一种不作为行为，构成间接侵权。因为网络服务提供者的行为虽然并未直接涉及受法律保护的客体，但是为直接侵害该客体的网络用户提供了便利条件，或者造成了直接侵权的损害的扩大，从而也就对权利人的合法权益造成了侵害。网络服务提供者的行为属于帮助侵权的典型形式。帮助侵权，就是指行为人知道侵权行为的损害后果而帮助他人实施侵权。因为网络服务提供者知道网络用户利用其网络服务侵害他人民事权益，因此其未采取必要的措施就是帮助侵权；网络用户利用网络服务实施侵权行为的，被侵权人通知网络服务提供者采取删除、屏蔽、断开链接等必要措施后，而网络服务提供者接到通知后未及时采取必要措施的，也属于典型的帮助侵权。

网络服务提供者实施帮助性侵权的行为主要表现在明知网络用户在进行侵权仍然提供网络服务，如明知网络用户存在侵害他人知识产权的内容而仍然提供链接，在相关权利人对其服务行为提出合理的警告后仍不采取删除、屏蔽、断开链接等必要措施的行为。

现实生活中经常出现网络服务提供者引诱、教唆网民实施侵权的情况，这应属于教唆行为。网络服务提供者之所以实施教唆行为往往是为了追求一定的经济目的。例如，中凯公司诉数联公司一案：广州中凯文化公司是香港电影《杀破狼》在内地的独家发行商，其权利包括电影的资讯网络传播权和音像制品复制权。2006年，中凯公司发现，某数控软件技术公司在运营网站www.poco.cn，其"电影交流区"栏目中有《杀破狼》的电影海报与剧情简介等内容。根据网站的提示，网络用户下载安装POCO软件后，即可点击下载电影《杀破狼》，其下载模式类似于BT软件。为此，中凯公司向上海市一中院起诉数联公司及其广告代理商上海卡芙广告公司。中凯公司认为，数联公司的行为是在引诱、教唆网络用户进行侵权。数联公司明知其网站存在大量侵权影片,仍设立内置式搜索引擎,帮助网络用户快速寻找侵权影片,导致侵权作品大量传播。由此,中凯公司要求被告两公司停止侵权,并共同赔偿人民币15万元。数联公司则辩称,数联公司没有在网上提供涉案电影作品,电影文件的真正提供人是网络用户,公司仅提供了技术平台。本案中,数联公司在新用户注册登录的过程中,以"现在登录POCO,立即下载海量多媒体资源,完全免费"等广告语吸引社会公众成为其用户,同时在POCO网上预先设定了程序,使网络用户可以发布帖子上传电影海报与剧情简介,并向其他用户提供下载链接地址。数联公司尽管未直接实施侵权行为,但其引诱、教唆用户实施了上述侵权行为,应当与直接侵权人共同承担侵权责任。[①]

在现实生活中,也有的网络服务提供者利用提供密码或者软件等手段,教唆破坏他人网络著作权技术保护措施的,应该如何认定该行为的性质呢?司法实务中认为这种行为也属于典型的帮助侵权行为。如《最高人民法院关于审理涉及计算机网络著作权纠纷案件适用法律若干问题的解释》第6条规定:网络服务提供者明知专门用于故意避开或者破坏他人著作权技术保护措施的方法、设备或者材料,而上载、传播、提供的,人民法院应当根据当事人的诉讼请求和具体案情,依照著作权法第47条第(六)项的规定,追究网络服务提供者的民事侵权责任。

[①] 上海市第一中级人民法院民事判决书(2006)沪一中民五(知)初字第384号。

八、违反安全保障义务的侵权责任

第一千一百九十八条 宾馆、商场、银行、车站、机场、体育场馆、娱乐场所等经营场所、公共场所的经营者、管理者或者群众性活动的组织者,未尽到安全保障义务,造成他人损害的,应当承担侵权责任。

因第三人的行为造成他人损害的,由第三人承担侵权责任;经营者、管理者或者组织者未尽到安全保障义务的,承担相应的补充责任。经营者、管理者或者组织者承担补充责任后,可以向第三人追偿。

本条规定了违反安全保障义务的侵权责任。

(一)违反安全保障义务的侵权责任的含义与特征

违反安全保障义务的侵权责任,是指负有安全保障义务者没有履行其安全保障义务,因而直接或者间接造成他人人身或财产权益损害,依法应当承担的侵权责任。

违反安全保障义务的侵权责任具有以下特征:

1. 违反安全保障义务的侵权责任的主体为负有安全保障义务者

这是该种责任主体上的特殊性。这里的所谓负有安全保障义务,是指对不特定的公众负有安全保障义务,而不是对特定的人负有安全保障义务。负有安全保障义务的主体是宾馆、商场、银行、车站、机场、体育场馆、娱乐场所等经营场所、公共场所的经营者、管理者以及群众性活动的组织者。群众性活动是指特定或不特定范围的公众在一定场所举行的各种活动,如庆祝游行活动、节庆活动等。不对外开放的、禁止公众进入的场所不属于公共场所，其管理者不负有安全保障义务。①

2. 违反安全保障义务的侵权责任实行过错推定原则

这是该种责任归责原则上的特殊性。违反安全保障义务的侵权责任的归责原则也是过错责任原则，即以行为人的主观过错为最终的归责根据。但是，违反安全保障义务侵权责任的过错责任原则，属于过错责任原则的特别形式，即过错推定原则：首先，只有"未尽到安全保障义务"造成他人损害的，行为人才应当承担责任。这可以说明该责任本质上适用的还是过错责任原则；其次，只要客观上造成他人损害，就可以直接认定行为人过错的存在。被侵权人无须证明负有安全保障义务人的过错，而负有安全保障义务的一方负有证明自己尽到安全保障义务的举证责任。这属于典型的过错推定责任的表现形式。

3. 违反安全保障义务侵权责任的主体未实施应尽安全保障义务的行为

这是该种责任在行为上的特殊性。尽到安全保障义务，要求行为人积极采取措施保障公众的人身、财产的安全。因此，未尽安全保障义务的行为，一般是消极行为。行为人应为而不为的行为，属于不作为的行为形态。因此，违反安全保障义务的侵权责任是一种不作为的侵权责任。

---

① 参见最高人民法院发布的指导案例141号《支某1等诉北京市永定河管理处生命权、健康权、身体权纠纷案》，载《人民法院报》2020年10月17日第2版。

（二）违反安全保障义务的侵权责任的构成

违反安全保障义务侵权责任的构成，须具备以下要件：

1. 负有安全保障义务人未履行安全保障义务

构成违反安全保障义务侵权行为，负有安全保障义务的人必须是"未尽合理限度范围内的安全保障义务"，因此，未尽合理限度范围内的安全保障义务，是构成这种侵权行为的要件之一。安全保障义务的来源主要有哪些？这是判断行为人是否违反安全保障义务的前提。一般认为安全保障义务来源于三个方面：法律直接规定的义务、合同约定的义务、法定的合同附随义务。[①]但依我国法规定，负有安全保障义务之人仅限于宾馆、商场、银行、车站、机场、体育场馆、娱乐场所等经营场所、公共场所的经营者、管理者以及群众性活动的组织者，而不包括其他人。需要注意的是，经营场所的经营者违反安全保障义务，即便是在非营业时间致他人受到人身伤害的，也应该在过错的范围内承担损害赔偿责任。对此，实务中已有这方面的案例。例如：原告到被告的餐厅就餐，结算餐费时，餐厅工作人员说发票已经用完可以等几天来取。几天后，原告到餐厅取发票。此时，餐厅尚未营业，餐厅工作人员正在店内清扫、擦洗地面。数分钟后，原告换完发票，走到餐厅门口摔倒，致使右下肢腓骨骨折。双方因赔偿发生纠纷诉到法院。经审理后，法院认为，被告应该对原告负有安全保障义务，被告违反安全保障义务致使原告受到人

[①] 杨立新主编：《类型侵权行为法研究》，人民法院出版社2006年版，第655页。

身伤害应该承担侵权责任。①

　　安全保障义务人未履行安全保障义务的具体形式主要表现为：第一，怠于防止侵害行为；第二，怠于消除人为的危险情形；第三，怠于消除公共场所或者活动场所具有伤害性的自然情况；第四，怠于实施告知行为。② 如何判断安全保障义务人违反安全保障义务呢？对此有不同的观点：有的认为，对于实践中需要确定义务人应当负有的具体安全保障义务的内容，进而判断安全保障义务人是否已经尽到安全保障义务的，可以参考该安全保障义务人所在行业的普遍情况、所在地区的具体条件、所组织活动的规模等各种因素，从侵权行为的性质和力度、义务人的保安能力以及发生侵权行为前后所采取的防范、制止侵权行为的状况等各方面，根据实际情况综合判断。③ 有的认为，可以参考以下几点加以判断：其一，是否获利。经营性社会活动中的安全保障义务人防止或者制止损害发生的义务强于非经营性的社会活动。其二，向社会开放的程度。向社会开放程度高的安全保障义务人所负有的防止或者制止损害义务要重于开放程度低的安全保障义务人。其三，预防与控制风险或损害成本。向经营活动或其他社会活动的参与者施加的安全保障义务不应导致其预防和控制风险或损害的成本明显高于可能发

---

　　① 《潘某诉北京宴江南餐饮有限公司朝阳分公司、北京宴江南餐饮有限责任公司人身损害赔偿纠纷案》，载北京市高级人民法院民一庭编：《北京民事审判疑难案例与问题解析》（第一卷），法律出版社2007年版，第143页。
　　② 详见满洪杰等：《〈中华人民共和国民法典·侵权责任编〉释义》，人民出版社2020年版，第81页。
　　③ 王胜明主编：《中华人民共和国侵权责任法释义》，法律出版社2010年版，第202页。

生的损害后果。其四，是否具有专业知识。具有专业知识的安全保障义务人防止或者制止损害义务强度大于不具有专业知识的安全保障义务人。其五，被保护对象的不同。如果受保护对象是老年人或者未成年人，则安全保障义务人应尽到更高的注意义务。① 最高人民法院发布的指导案例 140 号《李秋月等诉广州市花都区梯面镇红山村村民委员会违反安全保障义务责任纠纷案》的裁判要点指出，公共场所经营管理者的安全保障义务，应限于合理限度范围内，与其管理和控制能力相适应。②

2. 须受安全保障义务保护的对象受到人身或者财产损害

这一要件包含两层含义：首先，必须是"为安全保障义务所保护的对象"受到损害。"为安全保障义务所保护的对象"是指进入到安全保障义务人的经营活动或者社会活动的场所之中的人，不仅包括直接的消费者，也包括潜在的消费者。甚至有学者认为包括"实际进入该服务场所的任何人"。③ 其次，由于安全保障义务人违反安全保障义务的不行为，造成了"为安全保障义务所保护的对象"的损害。受害人的这种损害事实主要是指人身损害的事实，但是也包括财产损害的事实，这是因为安全保障义务人的安全保障义务主要保护的是人身权利不受侵害。

3. 受害人受损害的事实与未尽安全保障义务的行为之间具有因果关系

在不同类型的安全保障义务中，对因果关系的要求也不同。

---

① 参见王竹主编：《民法典·侵权责任编》（编纂建议稿·附·立法理由书），清华大学出版社 2019 年版，第 179 页。

② 参见《人民法院报》2020 年 10 月 17 日第 2 版。

③ 张新宝：《侵权责任法立法研究》，中国人民大学出版社 2009 年版，第 259 页。

负有安全保障义务人违反安全保障义务承担责任的一个条件，是其违反义务的行为是损害发生的直接或间接原因。安全保障义务人的安全保障义务是两方面的：一方面是保障不因自己的行为直接损害他人的人身或财产，另一方面是防止他人遭受第三人的侵害。安全保障义务人违反安全保障义务直接造成他人损害的，他人的损害与未尽安全保障义务间应具有直接的因果关系。第三人加害造成受害人损害，安全保障义务人未尽安全保障义务是造成损害的间接原因的，也应该承担相应责任。第三人实施加害行为，负有安全保障义务人没有及时制止加害行为的，也须对损害结果承担相应的责任。

4. 违反安全保障义务的主体主观上具有过错

违反安全保障义务的责任本质上仍然属于过错责任的范畴，要求违反安全保障义务的行为人具有过错才承担责任，这种过错是未尽安全保障义务的过错。不过，未尽安全保障义务的人身损害赔偿责任适用过错推定原则，只要安全保障义务人未尽到安全保障义务造成他人损害，从他人受损害的事实就可以推定义务人有过错。如果安全保障义务人认为自己没有过错，应当自己举证证明自己没有过错。安全保障义务人证明自己没有过错的，推翻过错推定，义务人不承担责任，反之，过错推定成立，构成侵权责任。[①] 经营者、管理者、组织者有无过错的一般标准是：其是否达到了法律、法规、规章或者操作规定所要求达到的注意程度，或者是否达到了其所要达到的通常注意程

[①] 杨立新主编：《人身损害赔偿司法解释释义》，人民出版社2004年版，第109—110页。

度;或者是否达到了一个诚信善良的经营者、管理者、组织者应当达到的注意程度。①

(三)违反安全保障义务侵权责任形态

根据我国法规定,未尽安全保障义务致人人身损害的侵权责任分为两种形态:直接责任和补充责任。

1. 直接责任

直接责任,是指违法行为人对自己实施的侵权行为所造成的他人人身损害和财产损害的后果由自己直接承担侵权责任的侵权责任形态。从经营者、管理者或者群众活动的组织者的经营、管理活动或者组织的群众性活动而言,安全保障义务人未尽安全保障义务造成受保护对象的人身、财产损害,由安全保障义务人自己承担责任,这就是直接责任。例如,经营者因其设施设备的缺陷造成损害或者因服务管理不到位造成损害所应承担的责任都属于直接责任。

未尽安全保障义务的直接责任的特点在于:(1)是安全保障义务人自己实施的行为;(2)是安全保障义务人自己实施的行为造成的损害;(3)是安全保障义务人自己对自己实施的行为所造成的损害承担的责任。这三个特点,都突出了一个概念,就是"自己",因此,直接责任就是"自己的责任",是为自己的行为负责的侵权责任形态。在一般侵权行为中,行为人和责任人是同一人,行为人对自己实施的不法行为后果承担责任,即自己

---

① 参见张新宝:《侵权责任法立法研究》,中国人民大学出版社2009年版,第272页。

造成的损害，自己赔偿，不能由没有实施违法行为的人承担赔偿责任。前述的因设施缺陷造成损害和服务不到位造成损害两种侵权行为，都是经营者、管理者或者社会活动组织者自己实施的行为造成受保护对象的人身损害，须自己承担责任，因此符合直接责任的特点。

2. 补充责任

未尽安全保障义务人的补充责任，是指在由于第三人的侵权导致受害人损害的情形下，安全保障义务人未尽到安全保障义务即有过错的，应该在相应范围内承担的相应的补充赔偿责任。这里的补充责任具有如下特点：

第一，该种责任适用于由于第三人侵权行为导致受害人损害的情形。第三人的侵权行为是否也包括过失侵权呢？对此有不同的观点。一种观点认为，这里的第三人侵权应仅限于故意侵权，而不包括过失侵权。如果第三人是过失侵权，因安全保障义务人也有过失，应由第三人和违反安全保障义务人分别承担责任。例如，某顾客在商场购物，因商场地滑人挤，被他人无意撞了一下摔倒致伤。因第三人并非故意，对该损害应由第三人和商场共同承担责任，而商场不能仅承担补充责任。

第二，负有安全保障义务的人对于损害的发生具有一定的过错，即经营者、管理人或者组织者未尽到安全保障义务。安全保障义务人于此时违反的是防止和制止第三人实施加害行为的安全保障义务。如果安全保障义务人尽到安全保障义务，则其不承担责任。

第三，安全保障义务人的责任是第二顺位的。补充责任是共同责任中一种特殊形态，其特殊性就在于各责任人的责任是有先后顺序的。侵权请求权人须先请求前顺序的责任人承担责任，而不能直接要求后顺序的责任人承担责任。只有请求前顺序责任人承担责任不能实现或者不能完全实现其请求权时，才可以请求后顺序的责任人承担责任。依我国法规定，负有安全保障义务人与直接造成损害的第三人间的责任是有顺序的，第三人的责任是第一顺位，而安全保障义务人的责任是第二顺位的。因此，第三人造成损害的，首先应由直接侵权的第三人承担责任，在第三人不能完全赔偿或者暂时查找不到第三人时，被侵权人才可以请求由安全保障义务人承担补充责任。安全保障义务人承担的补充责任范围多大呢？对此有不同的观点。从立法史上看，民法典的规定与原侵权责任法的规定有所不同。原侵权责任法仅规定安全保障义务人承担"相应的补充责任"，而没有规定其可否向第三人追偿。因此，有的主张，这里的相应的补充责任应是与其过错或者原因力相应，这一相应的补充责任是因自己也有过错而应承担的。而民法典虽然也规定安全保障义务人承担相应的补充责任，但是明确规定安全保障义务人承担补充责任后，可以向第三人追偿。因此，安全保障义务人相应的补充责任的范围，应是被侵权人未能得到的相应的赔偿，但不能是全部责任。安全保障义务人在承担补充责任后，可以向第三人追偿，这表明法律认为第三人是造成损害的直接行为人，是第一责任人，本应负全部侵权赔偿责任。

九、教育机构的侵权责任

第一千一百九十九条 无民事行为能力人在幼儿园、学校或者其他教育机构学习、生活期间受到人身损害的，幼儿园、学校或者其他教育机构应当承担侵权责任；但是，能够证明尽到教育、管理职责的，不承担侵权责任。

第一千二百条　限制民事行为能力人在学校或者其他教育机构学习、生活期间受到人身损害，学校或者其他教育机构未尽到教育、管理职责的，应当承担侵权责任。

第一千二百零一条　无民事行为能力人或者限制民事行为能力人在幼儿园、学校或者其他教育机构学习、生活期间，受到幼儿园、学校或者其他教育机构以外的第三人人身损害的，由第三人承担侵权责任；幼儿园、学校或者其他教育机构未尽到管理职责的，承担相应的补充责任。幼儿园、学校或者其他教育机构承担补充责任后，可以向第三人追偿。

以上三条规定了教育机构的侵权责任。

（一）教育机构侵权责任的含义和特点

教育机构的侵权责任，又称学校事故责任，也有学者称为学生伤害事故责任、校园伤害事故责任、校园伤害赔偿责任等。教育机构的侵权责任仅是指由教育机构事故引发的侵权责任，不包括与事故相关的行政责任、刑事责任。所谓教育机构事故是指在教育机构实施的教育教学活动或者组织的校外活动中，以及在负有管理责任的校舍、场地、其他教育教学设施、生活设施内发生的，造成在校学生人身损害后果的事故。因此，教育机构的侵权责任，也就是指在教育机构实施的教育教学活动或者组织的机构外活动中，以及在机构负有管理责任的校舍、场地、其他教育教学设施、生活设施内发生造成在校学生人身损害后果的事故,教育机构依法应承担的侵权责任。

教育机构侵权责任具有以下特点:

其一,教育机构侵权责任的主体为教育机构。教育机构侵权责任的主体只能是教育机构,而不能是其他机构。所谓教育机构,是指实施教育活动的机构,包括幼儿园、各级学校以及各类教育培训机构。

其二,教育机构侵权责任是因在其机构内接受教育的无民事行为能力人、限制民事行为能力人受到人身损害的侵权责任。完全民事行为能力人在教育机构内受到损害的,不适用教育机构侵权责任的规定。

其三,教育机构侵权责任是因受教育者在教育机构学习、生活期间受到人身损害的责任。无民事行为能力人、限制民事行为能力人不是在教育机构学习、生活期间受到损害的,不发生教育机构的侵权责任。

(二)教育机构侵权责任的归责原则与构成

关于教育机构侵权责任的归责原则,大陆法系存在不同的立法例。一种是过错推定的立法例,如德国、希腊和日本等采用该种立法例。另一种是过错的立法例,如法国、比利时和意大利等采用该种立法例。我国法对于教育机构侵权责任的归责原则有一个发展过程。最高人民法院《关于贯彻执行〈中华人民共和国民法通则〉若干问题的意见(试行)》第160条规定,"在幼儿园、学校生活、学习的无民事行为能力人或者在精神病院治疗的精神病人,受到伤害或者给他人造成损害,单位有过错的,可以责令这些单位适当给予赔偿。"最高人民法院2003

年的《关于审理人身损害赔偿案件适用法律若干问题的解释》第 7 条第 1 款规定:"对未成年人依法负有教育、管理、保护义务的学校、幼儿园或者其他教育机构,未尽职责范围内的相关义务致使未成年人遭受人身损害,或者未成年人致他人人身损害的,应当承担与其过错相应的赔偿责任。"《学生伤害事故处理办法》第 8 条规定:"学生伤害事故的责任,应当根据相关当事人的行为与损害后果之间的因果关系依法确定。因学校、学生或者其他相关当事人的过错造成的学生伤害事故,相关当事人应当根据其行为过错程度的比例及其与损害后果之间的因果关系承担相应的责任。当事人的行为是损害后果发生的主要原因,应当承担主要责任;当事人的行为是损害后果发生的非主要原因,承担相应的责任。"依上述规定,教育机构侵权责任适用过错责任原则,以教育机构的过错为其承担责任的根据。学者中对于教育机构侵权责任的归责原则有过错推定与过错责任两种不同的观点。《侵权责任法》对教育机构侵权责任的归责原则的规定,未完全采取过错责任原则或者过错推定责任原则,而是区分了受管理、受教育者是无民事行为能力人还是限制行为能力人,对其伤害事故分别适用过错推定和过错责任原则。《民法典》继受了《侵权责任法》的做法。

1. 无民事行为能力人受损害的教育机构侵权责任的归责原则与构成

依我国法规定,无民事行为能力人在教育机构受损害的,教育机构承担的侵权责任为过错推定责任。之所以采用过错推定原则,主要是因为,无民事行为能力人并不能辨认自己的行为和理解行为后果,需要对其加以特别保护,对其进行教育的教育机构应予以更高的注意，并且无民事行为能力人在教育机构受到损害的，由于其认识能力的局限性，不能或者难以证明教育机构的过错，适用过错推定原则，可免去受损害的无民事行为能力人对教育机构过错的证明责任，而由教育机构负证明自己没有过错的举证责任。同时，学校等教育机构更有可能通过保险等方式向社会转移风险。①

无民事行为能力人受损害的教育机构侵权责任的构成，须具备以下条件：

第一，须是无民事行为能力人受到人身损害。无民事行为能力人包括两部分人，即不满8周岁的未成年人和不能辨认自己行为的精神病人。在一般教育机构中接受教育的无民事行为能力人主要是不满8周岁的未成年人，不能辨认自己行为的精神病人限于其精神的限制往往难以接受一般教育机构的教育，只能是在特殊的教育机构接受教育。

第二，须是无民事行为能力人在幼儿园、学校或者其他教育机构学习、生活期间受到人身损害。如果无民事行为能力人不是在教育机构学习、生活期间受到人身损害，如在学校的放假学生离校期间、在幼儿园的放学离园期间受到伤害，不成立教育机构侵权责任。

第三，幼儿园、学校或者其他教育机构不能够证明其已经尽到教育、管理职责。由于教育机构对无民事行为能力人受损害的侵权责任实行过错推定原则，所以，只要无民事行为人在

---

① 参见黄薇主编：《中华人民共和国民法典侵权责任编释义》，法律出版社2020年版，第113页。

该机构内生活、学习期间受到人身损害，法律就推定幼儿园、学校或者其他教育机构对损害的发生具有过错，如果教育机构不能够证明其已经尽到教育、管理职责，就应该承担责任。

教育机构具有法律规定的侵权责任的免责事由时，当然也可以免除或减轻责任。依《学生伤害事故处理办法》第12条规定，"因下列情形之一造成的学生伤害事故，学校已履行了相应职责，行为并无不当的，无法律责任：（一）地震、雷击、台风、洪水等不可抗的自然因素造成的；（二）来自学校外部的突发性、偶发性侵害造成的；（三）学生有特异体质、特定疾病或者异常心理状态，学校不知道或者难于知道的；（四）学生自杀、自伤的；（五）在对抗性或者具有风险性的体育竞赛活动中发生意外伤害的；（六）其他意外因素造成的。"

依《学生伤害事故处理办法》第13条规定，"下列情形下发生的造成学生人身损害后果的事故，学校行为并无不当的，不承担责任；事故责任应当按有关法律法规或者其他规定认定：（一）在学生自行上学、放学、返校、离校途中发生的；（二）在学生自行外出或者擅自离校期间发生的；（三）在放学后、节假日或者假期等学校工作时间以外，学生自行滞留学校或者自行到校发生的；（四）其他在学校管理职责范围外发生的。"

2. 限制民事行为能力人受损害的教育机构侵权责任的归责原则及构成

限制民事行为能力人在教育机构受到人身损害的，教育机构承担的侵权责任为一般过错责任，适用过错责任原则。因为限制民事行为人已经有相当的认识能力和判断能力，对自己的行为和他人会损害自己的行为都能有相当的认识，并且在受到损害时，有能力证明教育机构的过错；由教育机构承担过错责任，也可以鼓励教育机构自由地组织教育活动，不必担心由此承担责任，因为只要其对损害的发生没有过错，就可以不承担责任。

限制民事行为能力人受损害的教育机构侵权责任的构成，须具备以下条件：

其一，须是限制民事行为能力人受到伤害。限制民事行为能力人是指8周岁以上的未成年人以及不能完全辨认自己行为的精神病人。如果受害人为完成民事行为能力人，不发生教育机构的侵权责任。

其二，须限制民事行为能力人是在教育机构学习、生活期间受到人身损害。这里的学习、生活期间应该包括学习、生活的延伸部分，如在学校组织的校外学习、活动也属于学习、生活期间。但不是在教育机构学习、生活期间受损害的，不成立教育机构侵权责任。

其三，须是学校或者其他教育机构未尽到教育、管理职责，即有过错。过错的认定是学校或者其他教育机构承担责任的最为核心的要件。如果教育机构对受害人受损害没有过错，则不构成教育机构侵权责任。因此，受害人请求教育机构承担侵权责任的，应当证明教育机构未尽到教育、管理职责。至于教育机构的教育、管理职责的内容，应依法律法规、地方性法规、部门规章以及教育机构的承诺确定。

《学生伤害事故处理办法》第9条规定，"因下列情形之一造成的学生伤害事故，学校应当依法承担相应的责任：（一）学校的校舍、场地、其他公共设施，以及学校提供给学生使用的学具、教育教学和生活设施、设备不符合国家规定的标准,或者有明显不安全因素的;(二)学校的安全保卫、消防、设施设备管理等安全管理制度有明显疏漏,或者管理混乱,存在重大安全隐患,而未及时采取措施的;(三)学校向学生提供的药品、食品、饮用水等不符合国家或者行业的有关标准、要求的;(四)学校组织学生参加教育教学活动或者校外活动,未对学生进行相应的安全教育,并未在可预见的范围内采取必要的安全措施的;(五)学校知道教师或者其他工作人员中患有不适宜担任教育教学工作的疾病,但未采取必要措施的;(六)学校违反规定,组织或者安排未成年学生从事不宜未成年人参加的劳动、体育运动或者其他活动的;(七)学生有特异体质或者特定疾病,不宜参加某种教育教学活动,学校知道或者应当知道,但未予以必要的注意的;(八)学生在校期间突发疾病或者受到伤害,学校发现,但未根据实际情况及时采取相应措施,导致不良后果加重的;(九)学校教师或者其他工作人员体罚或者变相体罚学生,或者在履行职责过程中违反工作要求、操作规程、职业道德或者其他有关规定的;(十)学校教师或者其他工作人员在负有组织、管理未成年学生的职责期间,发现学生行为具有危险性,但未进行必要的管理、告诫或者制止的;(十一)对未成年学生擅自离校等与学生人身安全直接相关的信息,学校发现或者知道,但未及时告知未成年学生的监护人,导致未成年学生因脱离监护人的保护而发生伤害的;(十二)学校有未依法履行职责的其他情形。"在实务中,有上述情形之一的,就可认定教育机构有过错,教育机构应对限制民事行为能力人受到的人身损害承担侵权责任。

（三）教育机构因第三人侵害无民事行为能力人或者限制民事行为能力人造成人身损害的侵权责任

无民事行为能力人或者限制民事行为能力人在教育机构生活、学习期间因第三人的行为受到人身损害的，教育机构对损害承担相应的补充责任。教育机构承担补充责任的构成要件具有一定的特殊性。除了具备学生伤害事故人身损害赔偿责任的构成之外，还必须具备以下两个要件：

第一，无民事行为能力人、限制民事行为能力人在教育机构学习生活期间因受第三人侵害造成人身损害。这里的第三人是指教育机构以外的第三人，不包括在教育机构接受教育的人和教育机构的工作人员。但是，依《学生伤害事故处理办法》第14条规定，因学校教师或者其他工作人员与其职务无关的个人行为，或者因学生、教师及其他个人故意实施的违法犯罪行为，造成学生人身损害的，由致害人依法承担相应责任。该条规定的这些人也应属于这里的第三人的范畴。如果无民事行为能力人、限制民事行为能力人所受人身损害完全是由于学校的过错所致，就是一般的学生伤害事故人身损害赔偿责任，适用关于教育机构对无民事行为能力人、限制民事行为能力人受人身损害的侵权责任的规定。

第二，学校、幼儿园等教育机构有过错，即教育机构未尽到管理职责。这里所谓教育机构的管理职责，主要是指防止和制止接受教育的无民事行为能力人、限制民事行为能力人免受第三人不法侵害的权利义务。如果教育机构尽到管理职责并无过错，也就不会产生补充赔偿责任，只能完全由实施加害行为的第三人承担损害赔偿责任。教育机构是否尽到管理职责，要根据人身损害发生时的具体情况判断，如幼儿园、学校或者其他教育机构的安全管理制度是否有明显疏漏，或者是否管理混乱，存在重大安全隐患。① 需要注意的是，学校、幼儿园等教育机构的过错与第三人的致害应当有一定的关联，如果不存在关联性，也不应当让学校承担补充赔偿责任。②

教育机构承担的补充责任与安全保障义务人承担的补充责任，性质是相同的。因此，第三人造成在教育机构接受教育的无民事行为能力人、限制民事行为能力人身损害的，受害人应当首先请求第三人承担侵权责任，而不能请求教育机构承担侵权责任。因为教育机构承担的是补充责任，是后一顺位的责任人。受害人只有无法向第三人行使侵权请求权或者向第三人行使侵权请求权不能得到满足时，才可以向教育机构行使侵权请求权。依法律规定，教育机构承担相应的补充责任。对这里的相应责任也应与安全保障义务人的相应责任作相同的解释。相应的补充责任不是与其未尽到的管理职责相应，而是与受害人未能在第三人实现的侵权请求相应。因为民法典规定，教育机构承担补充责任后，可以向第三人追偿。这表明第三人毕竟是损害的直接责任人和第一责任人，第三人应负全部责任。教育机构承担的补充责任具有替代责任性质。

---

① 王胜明主编：《中华人民共和国侵权责任法释义》，法律出版社 2010 年版，第 217 页。

② 杨立新主编：《人身损害赔偿司法解释释义》，人民出版社 2004 年版，第 139 页。

第四章 产品责任

一、产品责任的含义和性质

(一) 产品责任的含义

产品责任有积极意义产品责任与消极意义产品责任两种含义。积极意义产品责任，是指产品的生产者、销售者保证其生产、制造以及销售的产品符合质量要求的责任；消极意义的产品责任，是指产品生产者、销售者因产品质量不符合要求造成损害后果而应承担的责任。前者实为产品生产者、销售者的义务，而后者实为产品生产者、销售者违反前者的后果。消极意义的产品责任包括行政责任、刑事责任以及民事责任。民法中所称的产品责任只能是民事责任。因此，侵权法上的产品责任是指因产品缺陷致人损害发生的民事责任。

产品责任是商品经济发展的产物。在现代社会，市场经济已经从卖方市场转向买方市场，对消费者利益的保护日益加强，各国对产品责任的立法日益重视。自20世纪70年代开始，就出现有关产品责任的国际公约，如1973年海牙国际私法会议制定的《关于产品责任法律适用的公约》、1976年欧洲共同体制定的《产品责任指令草案》和《关于人身伤亡产品责任欧洲公约》（斯特拉斯堡公约）。

（二）产品责任的性质

关于产品责任的性质有合同责任说、侵权责任说和合同责任与侵权责任竞合说。

合同责任说认为，当因产品缺陷损害的受害人为买受人时就构成一种合同责任。该说的理由是，出卖人违反对出卖物的瑕疵担保义务。依合同法理论，出卖人对出卖物的质量负有瑕疵担保义务，既包括明示担保，也包括默示担保。因为只有合同当事人才能追究出卖人的瑕疵担保责任，因此，产品责任只能发生在合同当事人之间，为一种合同责任。为解决非合同当事人的特定的第三人也可以追究产品生产者、销售者的瑕疵担保责任，德国民法确立了"准合同关系"理论和"附保护第三人作用之合同"理论。"准合同关系"理论认为，产品生产者与受害第三人之间存在一种类似合同的准合同关系，因此，受害第三人可依法追究生产者责任。"附保护第三人作用之合同"理论认为，合同债务人对于特定的第三人亦负有默示的担保义务，债务人违反该义务的，特定的第三人可以基于该合同追究债务人的责任。美国在《统一商法典》中也有关于"利益第三人担保责任"的规定。该法第2-318条规定，"出卖人明示或者默示的担保责任也及于买方的家族、共同居住者、其家中的客人，若可以合理期待此类自然人会使用、消费或者受商品影响，并且其人身因违反担保义务遭受损害，出卖人不得排除或者限制本条的适用。"

产品责任说认为，因产品缺陷造成他人人身、财产损害的行为，也构成侵权行为，受害人可以依据侵权行为法直接请求产品生产者或者销售者承担侵权责任，而不论有无合同关系存在。

责任竞合说认为，产品责任既可为合同责任，也可为侵权责任，产品生产者或者销售者的行为能构成合同法和侵权法上的双重违反行为，从而发生合同责任与侵权责任的竞合。发生责任竞合应具备以下条件：一是受害人为买卖合同的当事人；二是损害发生在产品质量担保期限内；三是瑕疵产品造成的损害是涉及产品本身之外的人身或者财产损害。

我国对于产品责任性质的认识，也曾有不同的观点。但是，自《侵权责任法》起，我国法就确认产品责任为一种特殊的侵权责任。这种责任的特殊性主要表现在：它是法律直接规定的，而不是也不能由当事人事先约定；受害人与责任人之间不以存在合同关系为必要；受害人的损害既包括缺陷产品造成的人身或者财产损害，也包括缺陷产品本身损失；适用无过错责任原则，责任人不能以证明自己没有过错而免责。

二、产品责任的构成

第一千二百零二条　因产品存在缺陷造成他人损害的，生产者应当承担侵权责任。

本条规定了产品责任的构成。

产品责任为特殊侵权责任，其特殊性在归责原则上体现为无过错责任。由于过错并不是产品责任的构成要件，因此，产品责任的构成须具备以下三个条件：

1. 产品存在缺陷

所谓产品，是指经过加工、制作，用于销售的产品。因此，这里的产品只能是经过加工、制作的动产，既不包括未经人们加工、制作的大自然提供的初级产品，也不包括不动产。产品还必须是用于销售的即投入流通的产品，自家加工、制作用于自家消费的物品，不为产品责任法上的产品。因此，其未将产品投入流通，是产品责任人的免责事由。

产品存在缺陷，是指产品存在不合理危险状态或者缺乏应有安全的状态。我国有的称产品缺陷是指产品质量不符合国家有关法律法规的规定、质量标准以及合同约定的对产品适用、安全和其他特性的要求。产品的缺陷包括以下四种情况：（1）设计上的缺陷，即产品结构的设计本身有不安全因素。为保证产品设计无缺陷，新产品投入批量生产前须制订出新产品的技术标准，并按规定履行相应的手续。（2）制造上的缺陷，即产品设计本身没有问题，但在制造过程中由于技术、设备等原因造成产品有缺陷，如装配不当，使用的零部件不合要求。（3）指示缺陷，又称警示风险、告知缺陷、说明缺陷，是指对产品的性能、使用方法未作正确的全面的说明，对产品的危险性未作出必要的警告或者说明。（4）发展中的缺陷，即产品在制作时其质量已经符合当时的科学技术标准，但仍不免存在的缺陷。

前三种产品缺陷造成损害的，发生产品责任。但对于发展中的缺陷造成损害是否可成立产品责任，有不同的观点。通说认为，因产品发展中的缺陷造成损害的情形下，产品的生产者可以不承担产品责任。但是，需要注意的是，发展中的缺陷须是在产品投入流通时以全社会当时的科学技术水平是不能发现的缺陷，而不能以生产者自身的技术水平不能发现为标准。

2. 产品缺陷造成他人损害

产品缺陷造成他人损害，是指因缺陷产品的使用造成他人损害。这里的他人，是指产品生产者以外的人，既包括产品使用人，也包括产品使用人以外的其他人。这里的损害，既包括人身损害，也包括财产损害。

3. 损害事实与产品缺陷间存在因果关系

损害事实与产品缺陷间存在因果关系，是指损害发生的原因是产品存在缺陷，损害事实是缺陷产品造成的后果，没有产品缺陷也就不会发生该损害。若损害与产品缺陷间不存在因果关系，也就不会发生产品责任。

三、产品责任的主体

第一千二百零三条　因产品存在缺陷造成他人损害的，被侵权人可以向产品的生产者请求赔偿，也可以向产品的销售者请求赔偿。

产品缺陷由生产者造成的，销售者赔偿后，有权向生产者追偿。因销售者的过错使产品存在缺陷的，生产者赔偿后，有权向销售者追偿。

本条规定了产品责任的主体。

产品责任主体是指对产品缺陷造成损害承担侵权责任的主体，也就是被侵权人对其享有赔偿请求权的人。

因为，依照法律规定因产品缺陷而受损害的被侵权人可以向产品的生产者要求赔偿，也可以向产品的销售者要求赔偿。因此，产品责任的主体既包括产品的生产者，也包括产品的销售者。但是，产品的生产者与销售者的地位有所不同。

被侵权人请求产品销售者赔偿的，只要符合产品责任的构成要件，产品的销售者就应予以赔偿，而不论其是否有过错。从被侵权人与产品销售者的关系上看，销售者向被侵权人承担的也是无过错责任。但是，在产品销售者与生产者之间，产品销售者仅在因自己过错使产品存在缺陷时，才承担缺陷产品造成损害的责任，而产品责任的最终承担者只是产品生产者。因此，产品销售者向被侵权人赔偿后，有权向产品生产者追偿。

被侵权人请求产品生产者赔偿的，只要符合产品责任的构成要件，产品生产者就应当予以赔偿。产品生产者赔偿后，如果能够证明是因销售者的过错使产品存在缺陷，则其有权向销售者追偿。

如果被侵权人同时请求产品生产者和销售者承担赔偿责任，法院应如何处理呢？这涉及产品生产者与销售者之间的关系。有学者认为，产品生产者的责任与销售者的责任构成不真正连带责任关系，因为生产者与销售者基于不同的原因都对损害承担内容相同的赔偿责任，二者之间不存在责任份额的划分。这种观点有一定道理。但是，产品生产者与销售者的侵权责任关系并不同于一般连带责任关系和按份责任关系，他们之间的责任关系是是否为最终责任的关系，也就是说生产者与销售者间的责任关系是最终责任与非最终责任间的关系。生产者承担的责任是最终责任，而销售者承担的是非最终责任。即使被侵权人同时请求生产者和销售者承担赔偿责任，只要生产者不能证明产品缺陷是因销售者的过错造成的，法院就只应判决由生产者承担责任；如果生产者能够证明造成损害的产品缺陷是因销售者的过错发生的，法院则应判决由销售者承担责任。只要生产者与销售者不构成共同侵权，法院就不能判决二者承担连带责任。

四、产品生产者、销售者对第三人的追偿权

第一千二百零四条　因运输者、仓储者等第三人的过错使产品存在缺陷，造成他人损害的，产品的生产者、销售者赔偿后，有权向第三人追偿。

本条规定了产品生产者、销售者对第三人的追偿权。

产品生产者、销售者的追偿权是指产品生产者、销售者在向被侵权人承担赔偿责任后享有的对第三人予以追偿的权利。

产品生产者、销售者追偿权的构成，须具备以下条件：

其一，生产者、销售者对因产品缺陷造成的损害已向被侵权人承担了赔偿责任。如果生产者、销售者未承担赔偿责任，也就不会发生追偿。

其二，第三人对产品缺陷的发生有过错。如果第三人对产品缺陷的存在没有过错，则第三人不会对损害承担责任，也就不能被追偿。这里的第三人，主要是指产品的运输者、仓储者但不限于运输者和仓储者。因为产品从产品生产者经销售者到消费者，中间一定经过运输者、仓储者。运输者，是指运送产品的人。运输是产品流通的必然环节，没有运输也就不会有物流。至于运输的方式则是多种多样，不论何种运输方式，在运输过程中都有可能因运输者的过错造成无缺陷的产品出现缺陷。仓储者是指储存产品的人，仓储是物流中的必然环节，因此，

产品的缺陷也可能是因仓储者的过错造成的。除运输者、仓储者外，产品在流通过程中还会经过检验者、进口商等人之手。只要是生产者、销售者以外的人都为第三人。

因第三人过错导致产品存在缺陷的，该第三人应对缺陷产品造成的损害承担赔偿责任。但因被侵权人请求产品生产者、销售者承担赔偿责任时，生产者、销售者就须依法承担侵权责任。于此情形下，生产者、销售者承担的责任，也可以说是一种替代责任，即生产者、销售者是替因其过错造成产品缺陷的第三人承担责任，所以，生产者、销售者承担责任后，有权向应承担责任的第三人追偿。

五、生产者、销售者因产品缺陷承担的预防性侵权责任

第一千二百零五条 因产品缺陷危及他人人身、财产安全的，被侵权人有权请求生产者、销售者承担停止侵害、排除妨碍、消除危险等侵权责任。

本条规定了生产者、销售者因产品缺陷承担的预防性侵权责任。

产品责任不仅包括生产者、销售者因缺陷产品造成他人损害而承担的赔偿责任，也包括生产者、销售者因产品缺陷危及他人人身、财产安全而承担的预防性侵权责任。承担预防性侵权责任的条件有二：一是产品存在缺陷；二是产品缺陷危及他人人身、财产安全。预防性侵权责任包括停止侵害、排除妨碍、消除危险等。

这里的停止侵害，是指缺陷产品已造成他人损害且损害在

继续中,被侵权人有权请求生产者、销售者停止侵害,生产者、销售者应当承担停止侵害的侵权责任。例如,生产、销售的药品有致害作用并已经出现致人损害的迹象,被侵权人有权请求停止侵害。若产品缺陷造成的损害并未发生或者损害已经终止,则不能适用停止侵害的责任方式。

这里的排除妨碍,是指缺陷产品存在的危险已经妨碍权利人正常行使其权利的,被侵权人有权要求生产者、销售者消除缺陷产品造成的权利行使障碍,生产者、销售者应排除该妨碍,以保障被侵权人正常行使权利。例如,汽车发动机有缺陷导致权利人的汽车不能正常行驶,生产者、销售者就应承担排除影响汽车正常行驶的障碍的责任。

这里的消除危险,是指缺陷产品有造成他人人身、财产安全的现实危险时,被侵权人有权请求生产者、销售者消除该危险,生产者、销售者应当承担消除危险的侵权责任。例如,汽车刹车失灵,有发生车毁人亡的危险,被侵权人有权请求生产者、销售者消除该危险,生产者、销售者应当承担消除该危险的侵权责任。

六、生产者、销售者发现产品缺陷应采取的补救措施

第一千二百零六条 产品投入流通后发现存在缺陷的,生产者、销售者应当及时采取停止销售、警示、召回等补救措施;未及时采取补救措施或者补救措施不力造成损害扩大的,对扩大的损害也应当承担侵权责任。

依据前款规定采取召回措施的,生产者、销售者应当负担被

侵权人因此支出的必要费用。

本条规定了生产者、销售者发现产品缺陷应采取的补救措施。

产品不投入流通，不发生产品责任；产品一经投入流通，若产品有缺陷，就会对使用人造成不安全状态或者损害后果。因此，一方面生产者、销售者应严格产品投入流通前的检验，以防止和避免缺陷产品进入流通领域；另一方面在产品投入流通后发现产品存在缺陷的，生产者、销售者应及时采取必要的补救措施，以免造成危险和损害。生产者、销售者未及时采取补救措施或者补救措施不力造成损害扩大的，对扩大的损害应当承担赔偿责任。

生产者、销售者发现产品缺陷后应采取的补救措施主要有停止销售、警示和召回等。

停止销售的补救措施，是指生产者、销售者发现投入流通的产品存在缺陷时，立即停止出售该产品的救济措施。停止销售即不再销售该产品。因为生产者、销售者一经停止销售也就不会使缺陷产品的使用人范围扩大，也就会使可能造成的损害得到有效控制。因此，立即停止销售是生产者、销售者发现产品存在缺陷时首先应采取的补救措施。

警示的补救措施，是指生产者、销售者发现投入流通的产品存在缺陷，应当对产品予以真实、合理、充分的说明，对可能发生的风险予以警告和指示。警示的作用有二：一是告知使用者使用的产品有缺陷，存在危险性；二是告知产品使用者使用中应如何避免损害的发生。一般来说，对于投入后发现产品存在不合理危险或者未对产品可能存在的危险予以说明和警示的，生产者、销售者一经发现就应当立即采取警示的补救措施。

召回的补救措施,是指生产者、销售者在产品投入流通后发现产品存在缺陷,应当立即要求消费者将其购买的该类产品返回的补救措施。召回包括退货、换货,也包括更换零部件。产品的生产者、销售者一经发现产品存在设计或者制造上的缺陷,就应立即将同类产品全部召回,以避免该类产品缺陷造成大规模的损害,这不仅有利于保障产品消费者的安全利益,也有利于保障社会公共安全。

生产者、销售者采取召回产品的救济措施时,消费者将产品返回给生产者、销售者支出的必要费用,由生产者、销售者负担。

停止销售、警示和召回等补救措施,也可以说是产品生产者、销售者承担侵权责任的方式。但是,这些补救措施是生产者、销售者主动采取的,而不是在被侵权人的要求下被动采取的。这对于防止损害的发生,保障消费者安全以及避免生产者、销售者承担赔偿责任,都有积极意义。

七、产品责任的惩罚性赔偿

第一千二百零七条 明知产品存在缺陷仍然生产、销售,或者没有依据前条规定采取有效补救措施,造成他人死亡或者健康严重损害的,被侵权人有权请求相应的惩罚性赔偿。

本条规定了产品责任中的惩罚性赔偿。

惩罚性赔偿是相对于补偿性赔偿而言的。因为民事责任是平等的民事主体一方向另一方承担的责任,而平等主体之间是不存在谁惩罚谁的问题的，因此，民事责任具有补偿性，一般不具有惩罚性。加害人向受害人承担赔偿责任，其赔偿范围应以受害人所受损失为限。但是，为遏制、惩罚民事不法行为，在民事责任领域出现惩罚性赔偿制度。惩罚性赔偿的主要目的不在于填补受害人的损失，而在于惩戒不法行为。通说认为，惩罚性赔偿最初是由英国侵权法创设的。

产品责任中适用惩罚性赔偿，须具备以下条件：

第一，产品的生产者、销售者主观上有故意。这里的故意是指生产者、销售者在生产、销售缺陷产品上的故意。生产者、销售者明知自己投入流通的产品有缺陷或者在将产品投入流通后发现产品存在缺陷而未依法采取必要的补救措施的，均为生产者、销售者主观上有故意。

第二，客观上缺陷产品造成他人死亡或者健康严重损害。缺陷产品造成他人财产损害的，不论损害有多严重，也不能适用惩罚性赔偿。缺陷产品造成他人人身损害，若未造成受害人死亡或者健康严重损害，也不能适用惩罚性赔偿。

第三，被侵权人死亡或者健康严重受损害与生产者、销售者故意生产、销售缺陷产品间有因果关系。

产品责任具备适用惩罚性赔偿条件时，应如何确定赔偿金额呢？对此，《民法典》未作具体规定。一般来说，确定赔偿金额，应考虑被侵权人受侵害应得到的补偿性赔偿的数额，这是确定惩罚性赔偿的基数；还要考虑侵权人行为的影响程度、获利数额以及赔偿能力。依《消费者权益保护法》第55条规定，经营者明知商品或者服务存在缺陷，仍然向消费者提供，造成消费者或者其他受害人死亡或者健康严重损害的，受害人有权要求经营者依照法律法规的规定赔偿损失，并有权要求所受损失两倍以下的惩罚性赔偿。对产品生产者的惩罚性赔偿也可参照此标准确定赔偿额。

第五章 机动车交通事故责任

一、机动车交通事故责任的含义与法律适用

第一千二百零八条 机动车发生交通事故造成损害的,依照道路交通安全法律和本法的有关规定承担赔偿责任。

本条规定了机动车交通事故责任的含义与法律适用。

机动车交通事故责任,是指机动车在道路运行中造成他人人身、财产损害而发生的侵权责任。机动车交通事故,又称为道路交通事故,其构成应具备以下要件:

其一是机动车造成事故。机动车是指以动力装置驱动或者牵引,在道路上行驶的轮式车辆。

其二是在道路上发生事故。道路是指公路、城市道路以及虽然在单位管辖范围内却是允许社会机动车辆通行的地方,包括广场、公共停车场,以及其他公众通行的场所。

其三是发生他人人身、财产损害事故,而不包括机动车和机动车上人员自身损害的事故。事故是指机动车在道路上造成人身、财产损害。

机动车交通事故责任除应适用民法典的有关规定外,还应当适用道路交通安全法律的规定。

二、机动车交通事故责任的类型与归责原则

机动车发生交通事故造成他人人身伤亡、财产损失的,其责任会因类型不同而有所不同。机动车交通事故责任可以分为机动车之间交通事故的责任和机动车与非机动车、行人之间交通事故的责任两类。

(一) 机动车之间发生交通事故的责任

机动车之间发生交通事故责任,是指发生事故的双方均为机动车驾驶人员。机动车之间发生交通事故的,适用过错责任原则。因此,有过错的一方应承担赔偿另一方损害的责任;双方都有过错的,则各自按照其过错比例承担相应的责任。因为,于此情形下,双方的风险控制能力是相同的,各方防止事故发生的义务与责任并没有区别。

(二) 机动车与非机动车、行人之间发生交通事故的责任

机动车与非机动车、行人之间发生的交通事故,是指事故的双方一方为机动车,而另一方为非机动车或者行人。关于机动车与非机动车、行人之间交通事故责任的归责原则,主要有过错推定责任说、无过错责任说、过错推定责任与部分无过错责任结合说三种不同的观点。过错推定说认为,在机动车与非机动车、行人之间发生交通事故时,直接推定机动车一方有过错;只有其能够证明自己对事故的发生没有过错或者能够证明非机动车、行人对于损害的发生有过错,才可以适当减轻其责任。无过错责任说认为,机动车与非机动车、行人之间发生交

通事故的，机动车一方承担的责任为无过错责任，即不论其是否有过错，都应对损害负赔偿责任；即使受害人对于损害的发生有过错，也只能减轻而不能免除其责任。过错推定责任与部分无过错责任结合说认为，在机动车与非机动车、行人之间发生交通事故时，有证据证明非机动车、行人一方有过错的，适当减轻机动车一方的责任，这是适用过错推定原则；如果不能证明非机动车、行人一方有过错，则机动车一方承担无过错责任。上述各说都有一定道理。但是，机动车与非机动车、行人之间发生损害事故的责任确定的理论基础应是分配正义，而不是矫正正义。这里实际是风险分配问题，即何方有能力控制风险，何方就应当对损害的发生承担责任。因此，无过错责任说更具合理性。

依《道路交通安全法》第76条规定，机动车与非机动车、行人之间发生交通事故，非机动车、行人一方没有过错的，由机动车一方承担赔偿责任；有证据能够证明非机动车、行人一方有过错的，根据过错程度适当减轻机动车一方的赔偿责任；机动车一方没有过错的，承担不超过百分之十的赔偿责任。交通事故的损失是由非机动车驾驶人、行人故意碰撞机动车造成的，机动车一方不承担赔偿责任。

三、机动车交通事故的责任主体

（一）机动车交通事故责任主体的含义与认定标准

机动车交通事故责任主体，是指对机动车交通事故承担赔偿责任的人。因为机动车交通事故是由人在驾驶机动车行驶中发生的，而机动车又是归特定的人所有和管理的，因此，应由何人对机动车交通事故造成的损害承担赔偿责任，也就成为机动车交通事故责任中的一个重要问题。

从各国立法看，各国普遍规定机动车交通事故的责任主体为机动车保有人。确定是否为机动车保有人的标准，是损害发生时对机动车拥有实际支配力并对其享有运行利益。通常情形下，机动车的所有人对机动车拥有支配力并享受其运行利益，因此，通常情形下，机动车交通事故的赔偿责任主体是机动车所有人。但是，在特别情形下，机动车的保有人也可以不是机动车所有人，而是其他人；于此情形下，其他人成为机动车交通事故赔偿责任的主体。

（二）租赁、借用的车辆发生交通事故的责任主体

第一千二百零九条　因租赁、借用等情形机动车所有人、管理人与使用人不是同一人时，发生交通事故造成损害，属于该机动车一方责任的，由机动车使用人承担赔偿责任；机动车所有人、管理人对损害的发生有过错的，承担相应的赔偿责任。

本条规定了因租赁、借用等情形机动车所有人、管理人与使用人不为同一人时发生交通事故的赔偿责任主体。

机动车租赁是指机动车所有人、管理人将其机动车交付给承租人使用，机动车所有人收取租赁费，但不为承租人提供驾驶服务。机动车借用，是指机动车所有人、管理人将其机动车无偿地提供给借用人使用，并不对借用人使用机动车提供驾驶服务。在机动车被租赁、借用等情形下，机动车的使用人与所有人、管理人不为同一人，而为两个不同的人。于此情形下，

使用机动车的是承租人、借用人等使用人。机动车的使用人于此期间对该机动车享有实际支配力和享有运行利益,因此,机动车使用人应对发生交通事故造成的损害,承担赔偿责任。

但是,因为机动车使用人是从机动车所有人、管理人处经其同意而租借机动车使用的,机动车的所有人、管理人在出租、出借机动车时应当对租赁、借用车辆的人控制风险的能力予以必要的审查,对出租、出借的机动车的安全状况予以必要的检查。如果机动车所有人、管理人未对承租人、借用人予以必要的审查,例如,将车辆出租、出借给没有驾驶执照之人;或者未对出租、出借的车辆进行安全检查,将有安全隐患的机动车出租、出借,且未告知承租人、借用人,因此而发生交通事故造成损害的,因机动车的所有人、管理人因为对该损害事故的发生有过错,尽管其在此期间内不为机动车保有人,也应就其过错承担相应的赔偿责任。关于机动车所有人、管理人一方过错的认定,司法实务中采取过错客观化认定规则:机动车所有人或者管理人有下列情形之一,法院就应当认定其对损害的发生有过错:(1)知道或者应当知道机动车存在缺陷,且该缺陷是交通事故发生原因之一的;(2)知道或者应当知道驾驶人无驾驶资格或者未取得相应驾驶资格的;(3)知道或者应当知道驾驶人因饮酒、服用国家管制的精神药品或者麻醉药品,或者患有妨碍安全驾驶机动车的疾病等依法不能驾驶机动车的;(4)其它应当认定机动车所有人或者管理人有过错的。①

---

① 参见最高人民法院《关于审理道路交通事故损害赔偿案件适用法律若干问题的解释》第1条。

机动车所有人、管理人对损害发生有过错的，承担相应的赔偿责任。这里的相应是指与其过错程度和原因力相应。于此情形下，机动车所有人、管理人与承租人、借用人对损害承担的责任是一种按份责任。

实务中还有一种情形为代驾现象。代驾是指代机动车的驾驶人员驾驶机动车的行为。在代驾中机动车发生交通事故的，应由何人赔偿呢？对此有不同的意见。一种意见认为，代驾是代驾人受机动车车主委托驾驶机动车的，因此，应适用委托的规定，由机动车所有人承担责任，代驾人有过错的，机动车所有人可以追偿。另一种观点认为，代驾中机动车主已经不能控制风险，而代驾人员才有能力控制风险，并且代驾是一种有偿服务，代驾人也享有运行利益，因此，代驾中发生交通事故的，应由代驾一方承担责任，代驾人员是受公司委派从事代驾工作的，应由公司承担责任。

还有一种现象是试驾中发生交通事故。对于试驾发生交通事故损害赔偿的责任承担，有不同观点。一种观点认为，应由试驾人承担赔偿责任，因为是在试驾人驾驶过程中发生事故的，试驾人为风险的控制人。另一种观点认为，应由许可试驾的机动车经销商即4S店承担责任，因为试驾是经其许可的，且经销商是有专人陪同试驾人试驾的，因此，应由其承担赔偿责任。还有一种观点主张，如试驾人有过错，试驾人承担责任；如试驾人没有过错，则由经销商承担责任。《关于审理道路交通事故损害赔偿案件适用法律若干问题的解释》第6条规定，"机动车试乘过程中发生交通事故造成试乘人损害，当事人请求提供试乘服务者承担赔偿责任的，人民法院应予支持。试乘人有过错的，应当减轻提供试乘服务者的赔偿责任。"

（三）机动车转让未过户发生交通事故的责任主体

第一千二百一十条　当事人之间已经以买卖或者其他方式转让并交付机动车但是未办理登记，发生交通事故造成损害，属于该机动车一方责任的，由受让人承担赔偿责任。

本条规定了机动车转让但未过户时发生交通事故的责任主体。

机动车转让也就是机动车的所有权发生变动。机动车转让方式既可是有偿的买卖或者互换、互易，也可是无偿的赠与。因为机动车为特殊动产，依我国法规定，机动车物权变动是采取登记对抗主义的，即自交付时起机动车所有权转移，但是未经登记不能对抗善意第三人。而这里的第三人只能是交易中的第三人，而不能包括因机动车交通事故受害的第三人。

因为当事人之间已经以买卖或者其他方式转让并交付机动车，机动车已经为受让人取得所有权，受让人成为机动车的保有人，因此，尽管未办理变更登记，于此期间发生机动车交通事故造成损害的，由受让人承担侵权责任，而不由登记的机动车所有人承担侵权责任[①]。最高人民法院《关于审理道路交通事故损害赔偿案件适用法律若干问题的解释》（法释【2020】17号）第2条规定，被多次转让但未办理转移登记的机动车发生交通

---

① 在《侵权责任法》立法过程中，也有一种意见认为，为充分保护受害人，应当将登记记载的机动车所有人与买受人都确定为机动车一方的责任人，共同对受害人承担连带责任；登记记载的所有人承担责任后，有证据证明确实不支配机动车，也不享有运行利益的，可以向买受人追偿。

事故造成损害，属于该机动车一方责任，当事人请求由最后一次转让并交付的受让人承担赔偿责任的，人民法院应予支持。

当然，如果机动车的受让人将机动车出租、出借给他人使用的，在承租人、借用人使用机动车期间发生事故的，则应依租赁、借用机动车发生交通事故的责任确定责任主体。

（四）挂靠机动车发生交通事故的责任主体

第一千二百一十一条　以挂靠形式从事道路运输经营活动的机动车，发生交通事故造成损害，属于该机动车一方责任的，由挂靠人和被挂靠人承担连带责任。

本条规定了挂靠机动车发生道路交通事故的责任主体。

挂靠机动车是指挂靠人将其自主经营的运输车辆挂在被挂靠人名下，登记为被挂靠人的机动车。一般来说，挂靠人是没有相应营运资质的个人，被挂靠人是具有相应营运资质的单位。挂靠人自己出资购置机动车，将该车辆挂靠在被挂靠人名下，被挂靠人为挂靠人办理从事道路运输经营活动的各种法律手续，由挂靠人利用挂靠的机动车自行进行道路运输业务，但挂靠人须依约定向被挂靠人交付一定的挂靠费用。

关于挂靠机动车发生交通事故后，是应由挂靠人还是被挂靠人对损害承担侵权责任，曾有一定争议。有的主张，挂靠机动车发生交通事故，应由挂靠人自行承担责任。因为挂靠人是自主经营、自负盈亏的，其发生交通事故与被挂靠人无关。也有的主张，挂靠机动车发生交通事故，应由被挂靠人承担侵权责任。因为发生事故的机动车是登记在被挂靠人名下的，机动车的营运手续、税务登记等也都是以被挂靠人的名义，况且被挂靠人收取挂靠费用。被挂靠人既对挂靠的机动车负有管理义务，又享有一定的运营利益，因此，对于挂靠机动车发生交通事故造成的损害，应由被挂靠人自己承担责任。

为统一法律的适用，最高人民法院于2012年《关于审理道路交通事故损害赔偿案件适用法律若干问题的解释》中明确规定，以挂靠形式从事道路运输经营活动的机动车发生交通事故造成损害，属于该机动车一方责任，当事人请求由挂靠人和被挂靠人承担连带责任的，人民法院应予以支持。司法实务中的这一做法得到立法者的肯定。

依《民法典》规定，挂靠机动车发生交通事故造成损害，属于机动车一方责任的，由挂靠人与被挂靠人承担连带责任。这种连带责任是法定的，当事人不能排除其适用。因此，即使挂靠人与被挂靠人之间有关于发生交通事故责任的约定，该约定也不能对抗第三人，被侵权人仍有权请求挂靠人与被挂靠人承担连带责任。法律之所以规定由被挂靠人承担连带责任，主要是因为被挂靠人接受挂靠也就负有管理义务，被挂靠人也通过收取挂靠费用的方式享有运营利益；挂靠人与被挂靠人不仅有利益上的共同性与一致性，而且在违规挂靠机动车上双方有共同的过错。

除挂靠现象外，现实中还有机动车套牌现象。机动车套牌是指机动车所有人或管理人套用其他人的机动车车牌。依最高人民法院2020年修正的《关于审理道路交通事故损害赔偿案件适用法律若干问题的解释》第3条规定，套牌机动车发生交通事故造成损害，属于该机动车一方责任，当事人请求由套牌机动车的所有人或者管理人承担赔偿责任的，人民法院应予支持；

被套牌机动车所有人或者管理人同意套牌的，应当与套牌机动车的所有人或者管理人承担连带责任。

（五）擅自驾驶他人机动车发生交通事故的责任主体

第一千二百一十二条　未经允许驾驶他人机动车，发生交通事故造成损害，属于该机动车一方责任的，由机动车使用人承担赔偿责任；机动车所有人、管理人对损害的发生有过错的，承担相应的赔偿责任，但是本章另有规定的除外。

本条规定了擅自驾驶他人机动车发生交通事故的责任。

擅自驾驶他人机动车是指未经机动车所有人、管理人的许可而驾驶其机动车。如果经机动车所有人、管理人同意驾驶他人机动车，则属于租赁、借用机动车问题。

擅自驾驶他人的机动车会有以下不同的情形：一是擅自使用机动车的使用人与机动车的所有人、管理人之间有特殊关系，如双方之间为亲属朋友关系。基于双方的特殊关系，使用人认为自己驾驶他人的机动车没有必要告诉所有人、管理人，所有人、管理人不会不同意其使用。二是擅自使用机动车的人因有特别急需而擅自使用他人机动车。如急需送病人就医，见他人的机动车未锁就擅自使用该车。三是擅自使用机动车的人出于好奇、好玩而驾驶他人的机动车。不论何种情形，擅自驾驶机动车的人都不是以占有机动车归自己为目的的。

未经机动车所有人、管理人允许而驾驶他人机动车发生交通事故的，因为于发生交通事故时，擅自驾驶机动车的使用人为机动车的保有人，他享有运行利益、支配运行、控制风险，因此，于此情形下机动车发生交通事故造成损害时，属于该机动车一方责任的,擅自驾驶他人机动车的机动车使用人应当承担侵权责任。

但是,因为机动车的使用人毕竟不是机动车的所有人、管理人,机动车所有人或者管理人负有防止他人随意驾驶自己的机动车的义务,因此,机动车所有人、管理人对于机动车使用人取得机动车使用有过错的,也应对使用人擅自驾驶他人机动车造成损害,承担一定的责任。所以,法律规定,机动车所有人、管理人对损害的发生有过错的,承担相应的赔偿责任。这里所说所有人、管理人对损害的发生有过错,是指所有人、管理人在导致机动车使用人擅自使用机动车上的过错,而不是对损害发生的直接过错。例如,机动车所有人、管理人未锁车,未取下机动车钥匙。机动车所有人或者管理人有过错的,其与擅自驾驶机动车的人对损害承担按份责任,所有人或者管理人只承担与其过错及原因力相应的份额。

需要说明的是,这里所说的未经允许驾驶他人机动车,不包括盗抢他人机动车的情形,因为盗抢机动车是以占有机动车为己所有为目的的。

四、机动车交通事故赔偿责任与保险赔偿的适用

第一千二百一十三条 机动车发生交通事故造成损害,属于该机动车一方责任的,先由承保机动车强制保险的保险人在强制保险责任限额范围内予以赔偿;不足部分,由承保机动车商业保险的保险人按照保险合同的约定予以赔偿;仍然不足或者没有投保机动车商业保险的,由侵权人赔偿。

本条规定了机动车交通事故的赔偿责任与保险赔偿的适用。

由于机动车在道路上的运行本身具有一定的危险性，而一旦发生道路交通事故，就会造成人身、财产损害，因此，为保障受损害的第三人能够得到及时的救济，法律对机动车实行强制责任保险制度。机动车强制责任保险是对机动车一方应向发生交通事故受损害的第三人承担的赔偿责任的强制保险。同时，机动车所有人、管理人为避免自己因发生道路交通事故时承担赔偿责任而影响其经营，也会就可能发生的损害责任事故投保第三者责任商业险。因此，在发生道路交通事故时就会发生侵权人、保险人如何向受害第三人支付赔偿费问题。

最高人民法院2012年的《关于审理道路交通事故损害赔偿案件适用法律若干问题的解释》中规定，同时投保机动车第三者责任强制保险（交强险）和第三者责任商业保险（商业险）的机动车发生交通事故造成损害，当事人同时起诉侵权人和保险公司的，人民法院应当按照下列规则确定赔偿责任：（1）先由承保交强险的保险公司在责任限额范围内予以赔偿；（2）不足部分，由承保商业三者险的保险公司根据保险合同予以赔偿；（3）仍有不足的，依照道路交通安全法和侵权责任法的相关规定由侵权人予以赔偿。被侵权人或者其近亲属请求承保交强险的保险公司优先赔偿精神损害的，人民法院应予支持。

最高人民法院在实务中确认的这一赔付规则，为《民法典》接受。因此，在机动车发生道路交通事故造成损害时，属于该机动车一方责任的，应依照以下规则确定赔偿责任：

首先，由承保机动车第三者责任强制保险的保险人在强制保险责任限额范围内予以赔偿。承保机动车第三者责任强制保险的保险人的赔偿是有责任限额的,并依据死亡伤残赔偿、医疗费用赔偿、财产损失赔偿及被保险人在交通事故中无责任的赔偿,分别规定了赔偿限额。依银监会2020年9月3日发布的《关于实施车险综合改革的指导意见》,机动车交通事故强制保险责任的限额为:机动车在道路交通事故中有责任的赔偿限额为:死亡伤残赔偿限额为18万元人民币;医疗费用赔偿限额为1.8万元人民币;财产损失赔偿限额为0.2万元人民币。机动车在道路交通事故中无责任的赔偿限额为:死亡伤残的赔偿限额为1.8万元人民币;医疗费用赔偿限额为1800元人民币;财产损失赔偿限额为100元人民币。

其次,承保强制保险的保险人按照规定赔偿后,不足的部分,由承保机动车商业保险的保险人按照保险合同的约定赔偿。

最后,承保商业保险的保险人赔偿后仍不足的,或者没有投保机动车商业保险的,则由侵权人赔偿。

五、转让拼装、报废的机动车发生交通事故的责任承担

第一千二百一十四条 以买卖或者其他方式转让拼装或者已经达到报废标准的机动车,发生交通事故造成损害的,由转让人和受让人承担连带责任。

本条规定了转让拼装、报废的机动车发生交通事故的责任。

按照国家规定,制造、组装机动车必须取得机动车生产许可证。拼装的机动车,是指没有制造、组装机动车许可证的人,擅自非法以各种零部件拼装组成的机动车。已经达到报废标准的机动车,是指已经超过规定的使用年限或者经检验不符合国

家机动车运行安全技术条件依规定应予以报废的机动车。按照国家有关规定，达到报废的机动车不得继续上路运行，也不能自行拆解，而只能交售给报废机动车回收企业处置。

拼装的机动车和已经达到报废标准的机动车是没有安全保障的，为保障社会公众的交通安全，法律法规不允许拼装机动车和已经达到报废标准的机动车运行，也不允许当事人进行拼装机动车和达到报废标准机动车的交易。因此，以买卖或者其他方式转让拼装或者已经达到报废标准的机动车，发生交通事故造成损害的，转让人和受让人应当承担连带责任。因为在导致拼装或者应报废的机动车上路运行而造成交通事故损害上，转让人与受让人对同一损害的发生有共同的过错，双方的行为构成共同侵权。

依最高人民法院《关于审理道路交通事故损害赔偿案件适用法律若干问题的解释》第4条规定，拼装车、已达到报废标准的机动车或者依法禁止行驶的其他机动车被多次转让，并发生交通事故造成损害，当事人请求由所有的转让人和受让人承担连带责任的，人民法院应予支持。

六、盗抢的机动车发生交通事故的责任承担

第一千二百一十五条 盗窃、抢劫或者抢夺的机动车发生交通事故造成损害的，由盗窃人、抢劫人或者抢夺人承担赔偿责任。盗窃人、抢劫人或者抢夺人与机动车使用人不是同一人，发生交通事故造成损害，属于该机动车一方责任的，由盗窃人、抢劫人或者抢夺人与机动车使用人承担连带责任。

保险人在机动车强制保险责任限额范围内垫付抢救费用的，有权向交通事故责任人追偿。

本条规定了盗抢的机动车发生交通事故的责任承担。

盗抢的机动车是指被盗窃、抢劫或者抢夺的机动车。机动车被盗抢的，机动车的所有人、管理人无法控制机动车发生事故的风险，也不能取得机动车运行的利益，并且机动车被盗抢也是意外发生的事件，不是自己能够控制的，因此，盗抢的机动车发生交通事故造成损害的，机动车的所有人、管理人是不承担任何责任的，而应由盗窃、抢劫、抢夺机动车的人承担侵权责任。

盗抢的机动车发生交通事故时，机动车也可能不是由盗抢的人控制，即使用人与盗抢人不是同一人，于此情形下，因使用人控制机动车运行中的风险，使用人自应对交通事故造成的损害承担责任。同时，由于该交通事故的之所以发生还是源于盗窃人、抢劫人或者抢夺人盗抢机动车，因此，机动车的盗窃人、抢劫人或者抢夺人应与发生事故时的机动车使用人承担连带责任。法律之所以规定盗抢人承担连带责任，是"为了惩罚盗窃人、抢劫人或者抢夺人，使他们不能逃脱法律的制裁"。①

由于机动车实行第三者责任强制保险制度，在发生交通事故后，为使受害人及时得到救济，承保机动车第三者责任强制保险的保险公司在强制保险责任限额范围内可先承担受害人的

---

① 黄微主编：《中华人民共和国民法典侵权责任编释义》，法律出版社2020年版，第141页。

赔偿费用。但是，因为机动车被盗抢、抢劫或者抢夺发生交通事故的，机动车所有人、管理人并不承担责任，保险公司也就没有保险赔偿责任。因此，保险公司在机动车强制保险责任限额范围内支付的抢救费用，实际上是为责任人垫付的费用，保险公司当然有权向交通事故责任人追偿。

七、机动车驾驶人肇事后逃逸的责任

第一千二百一十六条 机动车驾驶人发生交通事故后逃逸，该机动车参加强制保险的，由保险人在机动车强制保险责任限额范围内予以赔偿；机动车不明、该机动车未参加强制保险或者抢救费用超过机动车强制保险责任限额，需要支付被侵权人人身伤亡的抢救、丧葬等费用的，由道路交通事故社会救助基金垫付。道路交通事故社会救助基金垫付后，其管理机构有权向交通事故责任人追偿。

　　本条规定了机动车驾驶人肇事后逃逸的责任。

　　机动车驾驶人肇事后逃逸，是指发生交通事故后，机动车驾驶人驾驶车辆或者丢弃车辆而逃离事故现场的行为。依据《道路交通安全法》第70条的规定，在道路上发生交通事故，车辆驾驶人应当立即停车，保护现场；造成人员伤亡的，车辆驾驶人应当立即抢救受伤人员，并迅速报告执勤的交通警察或者公安机关交通管理部门。驾驶人逃离现场的，不仅应承担相应的民事责任，还会被追究行政责任或刑事责任。

　　发生交通事故后驾驶人员逃离现场，发生交通事故的机动车参加强制保险的，由保险人在机动车强制保险责任限额范围内予以赔偿。因为保险人在强制保险责任限额范围内先予以赔偿，这是机动车发生交通事故后赔偿的一般规则，而不论驾驶人是否在现场。

如果发生事故的机动车驾驶人驾驶车辆逃离，以致发生事故的机动车不明，或者发生事故的机动车未参加强制保险，或者被侵权人的抢救费用超过强制责任险责任限额，则保险公司不支付赔偿费用。于此情形下，需要支付被侵权人伤亡的抢救、丧葬等费用的，由道路交通事故社会救助基金垫付。道路交通事故社会救助基金，是依法筹集用于垫付机动车道路交通事故中受害人人身伤亡的抢救费用、丧葬费用的专项基金。

道路交通事故社会救助基金并无支付抢救、丧葬等费用的责任，其向受害人支付抢救费用、丧葬等费用，是为保护被侵权人的利益，是替交通事故责任人垫付的，因此，道路交通事故社会救助基金垫付后，其管理机构有权向交通事故责任人追偿。

八、非营运机动车发生交通事故致搭乘人损害的责任

第一千二百一十七条　非营运机动车发生交通事故造成无偿搭乘人损害，属于该机动车一方责任的，应当减轻其赔偿责任，但是机动车使用人有故意或者重大过失的除外。

本条规定了非营运机动车发生交通事故致无偿搭乘人损害的责任。

非营运机动车是指不以营运为目的的机动车。非营运机动车是不能有偿运载乘客的，如果其有偿地运送乘客，该机动车

也就成为营运车辆,应就乘客的安全承担无过错责任。也就是说,只要乘客不是因自身原因受到损害的,运送人就应当承担赔偿责任。而营运机动车本来就是承担运输任务的,因此,营运机动车不论是否收取乘客的费用,对乘客在运输过程中受到的损害,都承担无过错责任,除非其能够证明乘客的损害是因自身健康原因或者故意、重大过失造成的。因此,在上述两种情形下,机动车发生交通事故造成机动车内的乘客受损害的,机动车一方自应承担赔偿责任。

现实中有一种情形是乘客无偿搭乘非营运机动车。于此情况下,机动车发生交通事故造成无偿搭乘人受损害的,机动车一方是否应当承担责任?该损害应由何人负担呢?对此,学者中曾有不同的观点。一种观点认为,任何情形下,机动车的驾驶人员都应保证车上人员安全,尽管乘车人搭乘是无偿的,机动车也不是用于营运的,机动车驾驶人员的安全保障义务也不能免除,因此,在机动车发生交通事故致使无偿搭乘人员受到损害的,机动车一方应当承担责任。另一种观点认为,机动车一方允许他人无偿搭乘,是一种好意施惠行为,这种行为应予鼓励,况且这种行为也有利于节约资源,并且因为无偿搭乘者于搭乘时也应预见到相应的风险,其自愿承担了这种风险,因此,机动车一方对无偿搭乘者因交通事故受到的损害,不应承担责任。这两种观点都有一定的道理。《民法典》采取了一种折中的办法。依《民法典》规定,非营运机动车发生交通事故造成无偿搭乘人损害,属于该机动车一方责任的,应当减轻其赔偿责任。这也就是说,应由机动车一方与无偿搭乘人共同负担发生交通事故的损害风险。但是,如果因机动车使用人故意或者重大过失发生交通事故造成无偿搭乘人损害的,则机动车使用人应承担全部赔偿责任,而不能减轻责任。①

确认乘车人是否为无偿搭乘,应以机动车使用人是否收取相应的报酬为标准。现实中,有的乘车人也向机动车使用人支付一定的运行成本(如汽油费),这不应视为有偿搭乘,仍应为无偿搭乘,因为机动车一方并未从搭乘人取得报酬或利益。

---

① 实务中原采取的观点是,机动车使用人有过错的,即应赔偿。例如,陈和平等诉周海浪等道路交通事故人身损害赔偿案[江苏省无锡市惠山区人民法院(2010)锡民终字第1695号民事判决书]。本案的基本案情为:2010年2月20日,周海浪驾驶苏E2HN31号轿车,好意搭乘同乡亲戚戴体桃等到苏州去,沿锡澄高速公路行驶时,因左前轮突然瘪气,车辆失控偏向路左,遇蒋军驾驶的苏JAJ963小型普通客车在左侧车道行驶至此,结果发生两车碰撞后,苏E2HN31号轿车再撞击中央分隔护栏端头后反弹至路中,期间车上左后座成员戴体桃被甩出车外;苏JAJ963号小型普通客车碰撞后再撞击中央活动分隔护栏后驶入对向车道,与对向车道内由王旭东驾驶的正常行驶的苏G88361号轿车发生碰撞,造成三车损坏、路产损坏及苏E2HN31号轿车上人员周海浪、戴体桃受伤,其中戴体桃经送医院抢救无效死亡。苏E2HN31号轿车后座无保险带。经无锡市公安局刑事科学技术研究所检验,戴体桃系由于颅脑合并胸部损伤而死亡。无锡市交通巡逻警察支队锡澄高速大队在事故后进行了详细的勘察、鉴定等,其中苏E2HN31号轿车左前轮经鉴定:该轮胎趾口处伤有2cm长老伤,帘线断一层,该胎在行驶中达到一定速度,使老伤口处应力集中突然爆裂炸胎,该趾口处伤口在日常维护中难以发现。锡公交认字(2010)第00007号交通事故认定书对事故形成原因分析:周海浪驾车在高速公路行驶中因左前轮突然瘪气造成车辆失控,引发事故,认定周海浪、蒋军、王旭东、戴体桃不负事故责任。本案法院裁判要旨:一审法院认为,虽然周海浪在交通事故中不负责任,但是作为车主,对上路机动车保持车况良好是其必要义务,特别是上高速公路的机动车更应如此;综观本次交通事故原因,均因周海浪驾车在高速行驶中因左前轮突然瘪气造成车辆失控,而左前轮瘪气原因又是轮胎老伤口处应力集中突然爆炸裂胎,虽经交警部门认定该轮胎伤口在日常维护中"难以发现",但"难以发现"并不等于不能发现、"无法预见";周海浪作为驾驶员及车辆所有人驾车上路行驶前应确保车辆的安全性能,尤其是驾车上高速公路行驶,更应有谨慎的注意义务,应当确保车辆的转向、轮胎、照明、制动性能都保持良好,并且遇突发事件应冷静正确处理,然而周海浪并未做到,故本事故中,周海浪存在过错,应承担相应民事赔偿责任。

第六章 医疗损害责任

一、医疗损害赔偿责任的含义、构成与责任主体

第一千二百一十八条 患者在诊疗活动中受到损害，医疗机构或者其医务人员有过错的，由医疗机构承担赔偿责任。

本条规定了医疗损害赔偿责任的含义、构成与责任主体

（一）医疗损害赔偿责任的含义与构成

医疗损害赔偿责任，是指因患者受到医疗损害，由医疗机构承担的侵权责任。

医疗损害赔偿责任的构成，须具备以下条件：

1. 患者在诊疗活动中受到损害

这是医疗损害赔偿责任构成的首要条件，也是医疗损害赔偿责任不同于其他损害赔偿责任的特点之一。因为无损害即无责任，所以只有发生医疗损害才会成立医疗损害赔偿责任。何为医疗损害？曾有不同的观点：一种观点认为，所谓医疗损害是指因医疗机构在从事其目的事业（即实施诊断、治疗、护理等行为）时因过错造成的对就诊人的损害；另一种观点认为，所谓医疗损害是指在诊断、护理等过程中，医疗行为对患者所造成的人身伤亡、财产损失、肉体痛苦和精神痛苦以及对患者

隐私权和名誉权的侵害,是医疗行为引起的对患者不利的后果和事实。前一种观点将过错纳入医疗损害的范畴,将没有过错而造成的损害排除在医疗损害之外。这种观点是以当时的《医疗事故处理办法》为依据的。依《侵权责任法》的规定,医疗损害是指患者在诊疗活动中受到的损害。如果损害不是发生在诊疗活动中,不为医疗损害;如果受损害的不是患者而是患者的亲属或者陪护人员,也不为医疗损害。医疗损害不仅应包括医疗行为侵害患者具体权利造成的不利益,也应包括侵害患者合法利益造成的不利益,如医疗机会的丧失。因误诊、漏诊造成的损害往往表现为医疗机会的丧失。但不能将医疗损害等同于医疗事故,不构成医疗事故不等于不属于医疗损害。民法典接受了侵权责任法对医疗损害的规定。

2. 医疗损害与医疗行为之间具有因果关系

医疗行为与医疗损害之间具有因果关系,是指因医疗机构的医疗行为造成患者的损害,医疗行为是损害发生的原因,患者遭受损害是医疗行为实施的结果。如果患者所受损害与医疗机构实施的医疗行为之间没有因果关系,则也不构成医疗损害责任。

3. 医疗机构或者其医务人员有过错

关于医疗损害赔偿责任的归责原则,在《侵权责任法》立法过程中就有不同的观点。一种观点主张,医疗损害责任应实行无过错责任,只要发生医疗损害,不论医务人员是否有过错即是否尽到应有的注意义务,也不论是否依当时的医疗技术水平采取了适当的预防损害后果发生的措施,医疗方均应当承担赔偿责任。这种观点的理由是,医疗方与患者相比较,患者一方属于弱者,如果医疗方没有过错就不承担责任,就只能让患者自行承担所受损害,而医疗方较患者方更具有承担损害的能力,同时医疗方还可以通过保险等转移风险。另一种观点认为,医疗损害赔偿责任应实行过错责任原则。因为医疗活动是一种特殊的活动,医疗是一种医疗机构和医务人员必须从事的活动,而该活动本身又是具有不可避免的风险的,对医疗损害实行无过错责任,表面上看有利于患者一方,但无视医疗损害的特点,最终会有害于患者一方。最终,主张医疗损害责任为无过错责任的观点并未被立法者接受。依我国法规定,医疗损害责任实行过错责任原则。只有医疗机构或者其医务人员对医疗损害的发生有过错,医疗机构才承担侵权责任。这里的医务人员的过错,是指医务人员在实施具体医疗行为中的过错,医疗机构的过错是指在组织、管理实施医疗活动中的过错。

4. 医疗机构实施的医疗活动具有不法性

只有医疗机构实施的医疗活动不符合法律的要求,才发生医疗损害赔偿责任。如果医疗机构的医疗行为符合法律的要求,即使造成患者损害,也不承担侵权责任。

(二)医疗损害赔偿责任主体

依法律规定,发生医疗损害,由医疗机构承担赔偿责任。这也就是说,医疗损害赔偿责任主体为医疗机构。医疗机构是按照规定经登记取得《医疗机构执业许可证》的机构,包括:(1)综合医院、中医医院、中西医结合医院、民族医院、专科医院、康复医院;(2)妇幼保健院、妇幼保健计划生育服务中心;(3)社区卫生服务中心、社区卫生站;(4)中心卫生院、乡(镇)

卫生院、街道卫生院；（5）疗养院；（6）综合门诊部、专科门诊部、中医门诊部、中西医结合门诊部、民族医门诊部；（7）诊所、中医诊所、民族医诊所、卫生所、医务室、卫生保健所、卫生站；（8）村卫生所（室）；（9）急救中心、急救站；（10）临床检验中心；（11）专科疾病防治院、专科疾病防治所、专科疾病防治站；（12）护理院、护理站；（13）医学检验实验室、病理诊断中心、医学影像诊断中心、血液透析中心、安宁疗护中心；（14）其他医疗机构。

医疗机构作为医疗损害赔偿责任主体，而实施具体医疗活动的是医务人员，医务人员是医疗机构的工作人员，医务人员实施诊疗活动也是在完成医疗机构的工作任务。因此，医疗机构承担的医疗损害赔偿责任，从主体特殊性上说，也应属于使用人责任。但医疗机构的医疗损害责任不同于其他的使用人责任。这种损害责任是在医疗活动中发生的。医疗机构承担的医疗损害赔偿责任是替代责任还是自己责任？对此有不同的观点。一种观点认为，医疗机构的责任为替代责任，因为医疗损害是由医务人员的行为造成的，医疗机构对医疗损害承担赔偿责任，是对医务人员的医疗行为承担的责任，行为主体与责任主体不同一，因此，医疗机构承担的责任为替代责任。另一种观点认为，医疗机构承担的责任不属于替代责任，而是自己责任，即医疗机构不是对他人的行为而是对自己行为造成的损害承担的责任。这种观点的主要理由是，医疗机构的医务人员不是以个人名义而是以医疗机构的名义实施医疗行为的，因此，医疗机构的医务人员的行为也就是医疗机构的行为，医疗机构的医务人员实施职务内的医疗行为中的过错，也就是医疗机构的过错。

按照《执业医师法》的规定，执业医师是在医疗机构中从事执业活动的，属于医疗机构的工作人员。

二、医务人员未尽到告知和征得同意义务的责任

第一千二百一十九条　医务人员在诊疗活动中应当向患者说明病情和医疗措施。需要实施手术、特殊检查、特殊治疗的，医务人员应当及时向患者具体说明医疗风险、替代医疗方案等情况，并取得其明确同意；不能或者不宜向患者说明的，应当向患者的近亲属说明，并取得其明确同意。

医务人员未尽到前款说明义务，造成患者损害的，医疗机构应当承担赔偿责任。

第一千二百二十条　因抢救生命垂危的患者等紧急情况，不能取得患者或者其近亲属意见的，经医疗机构负责人或者授权的负责人批准，可以立即实施相应的医疗措施。

以上规定了医务人员未尽到告知和征得同意的义务的责任。

医务人员未尽到告知和征得同意义务的责任，实际上是医疗机构侵害患者知情同意权的责任，其构成要件为以下五项：

1. 医务人员违反说明义务

按照法律规定，医务人员在诊疗活动中负有向患者说明的义务，说明的内容包括对病情和医疗措施的一般说明和特殊诊疗中的特殊说明。因为患者对自己的健康有自主维护和支配的权利，因此，患者对自己的疾病状况应有知情权，对采取的治疗措施应有同意权。而只有医务人员履行了说明义务，才能实现患者的知情权和同意权。

在诊疗活动中，医务人员应当及时、准确、全面地向患者说明患者的病情和采取的医疗措施，以便让患者对自己的病情有所了解，配合医务人员的诊疗。患者需要实施手术、特殊检查、特殊治疗的，医务人员应当及时向患者说明医疗风险、替代医疗方案等情况，并取得其书面同意。依《医疗机构管理条例实施细则》的规定，特殊检查、特殊治疗，是指具有下列情形之一的诊断、治疗活动：（1）有一定危险性，可能产生不良后果的检查和治疗；（2）由于患者体质特殊或者病情危笃，可能对患者产生不良后果和危险的检查和治疗；（3）临床试验性检查和诊疗；（4）收费可能对患者造成较大经济负担的检查和诊疗。因为患者享有知情权和决定权，因此，医务人员应当如实地向患者履行说明义务并就其治疗措施、治疗方案等取得患者的明确同意。如果不能告知患者或者不宜向患者说明，如患者处于昏迷状态或者患者知道病情会引起病情恶化，医疗机构工作人员应当向患者的近亲属履行说明义务，并取得其明确同意。

需要说明的是，在《侵权责任法》第55条中，对患者及其近亲属的同意形式规定为"书面同意"，但在《民法典》中将其修改为"明确同意"。修改的原因在于，在医疗实践中，很多医院在患者及其近亲属的同意上，采取了录音、录像等方式，且采取这些方式也可以体现出明确的意思。因此，在同意的要求上也就没有必要一定局限于"书面同意"。此外，近年来的一些医患纠纷，很重要的矛盾点是医院机械要求患者或者近亲属签署"书面同意"，一旦无法取得，往往不敢或不愿开展紧急措施，从而延误了最佳治疗时机。如果追求"书面"形式而延误治疗，实乃舍本逐末。① 因此，《民法典》中对患者方同意的形式不再局限于书面的修改是合理的。

2. 损害事实的存在

这里的损害事实是指医疗机构、医务人员的行为侵害了患者的知情同意权，造成患者的现实权益和期待利益的损害。例如，医生在进行剖腹产手术中认定患者再次怀孕将会危及患者的安全，于是在手术过程未经患者或者其近亲属的明确同意就对其实施了绝育手术，使患者的身体权受到损害，还对患者造成精神损害。这些都是患者现实利益的损害。这里的损害也包括期待利益的损害，例如，由于医生未尽到说明义务导致患者失去最佳的治疗时机而导致的损害等。

3. 违法行为和损害之间存在因果关系

这种因果关系是指医疗机构、医务人员未尽到说明义务与患者所受到的各种损害间的因果关系。对于医务人员未尽到说明义务与患者所受损害的因果关系的认定，是否可以直接适用侵权法上因果关系的判断规则呢？对此，有不同的观点。从各国立法看，也有不同的立法例。为了保护患者的自主权和选择权，为了使患者知情同意原则不流于形式，为了使当事人的损害能得到救济，普通法国家并没有严格遵守传统的因果关系和损害理论，而是基于政策对其做了灵活的适用。在类似违反风险告知义务的案件中，只要原告能证明如果他被适当告知，他就不会同意选择某一手术，因果关系便成立，哪怕原告以后会

---

① 参见黄薇：《中华人民共和国民法典侵权责任编释义》，法律出版社2020年版，第152页。

选择同样的手术从而面临着同样的风险。①从我国法规定看，只要医务人员未履行说明义务、未取得患者一方的明确同意对患者实施诊治而造成患者损害的，就可认定损害与医务人员的行为间具有因果关系。

4. 医疗机构、医务人员有过错

在认定医务人员的过错上，采取过错客观化的认定标准。只要医务人员违反了法定的说明义务和未取得患者一方的同意而实施诊疗，就可以推定其为有过错。

5. 医疗机构不能提出对侵害患者知情权阻却违法性的抗辩

为保护患者的根本利益，法律赋予医务人员在紧急情况下可以不经患者一方同意就实施治疗的权利。也就是说，只要医务人员能提出未经患者同意实施诊疗是属于紧急情况下的施治，其行为就不具有违法性，对由此造成的损害就可以不承担责任。

所谓紧急情况，是指如果不立即实施相应的医疗措施，可能会导致患者死亡。关于医务人员紧急情况下施治可阻却其诊治违法性的根据，有不同的观点。有的认为，法律授权医务人员在紧急情况下可以实施治疗的理论根据，是推定一般人在此情形会同意医务人员的施救；也有的认为，医务人员的紧急施救属于紧急避险行为；还有的认为，之所以授权医务人员紧急施救是基于医疗行为的救死扶伤的道德义务。

依法律规定，医务人员可以不经患者一方同意而实施治疗行为，须具备以下条件：一是患者的生命有重大危险性；二是时间紧迫，必须立即采取措施；三是客观上不能取得患者或者

---

① 赵西巨：《医事法研究》，法律出版社 2008 年版，第 102 页。

近亲属的同意;四是经医疗机构负责人或者授权的负责人批准,而不是未经批准擅自实施。依最高人民法院《关于审理医疗损害责任纠纷案件适用法律若干问题的解释》第18条规定,下列情形属于客观上不能取得患者近亲属意见:(1)近亲属不明;(2)不能及时联系到近亲属;(3)近亲属拒绝发表意见;(4)近亲属达不成一致意见;(5)法律、法规规定的其他情形。

三、医务人员未尽到相应诊疗义务的责任

第一千二百二十一条 医务人员在诊疗活动中未尽到与当时的医疗水平相应的诊疗义务,造成患者损害的,医疗机构应当承担赔偿责任。

本条规定了医务人员未尽到相应诊疗义务的责任。

医务人员未尽到相应诊疗义务的责任,又称为医疗技术损害责任,是指医疗机构及医务人员在从事病情检验、诊断、治疗方法的选择,治疗措施的执行,病情发展过程的追踪,以及术后照护等医疗行为中,存在不符合当时医疗水平的过失行为,医疗机构所应当承担的侵权赔偿责任。

医务人员在向患者一方履行说明义务并取得其对于治疗措施的同意,或者在紧急情况下经负责人批准,就可以对患者实施相应的诊治。于此情形下,医务人员的施治行为是合法的,不具违法性。但是,医务人员如果在治疗过程中未尽到与当时的医疗水平相应的诊疗义务,由此造成损害就具有违法性,医疗机构应当对此损害承担赔偿责任。

医疗机构对于医务人员在诊疗活动中造成损害的责任也是

过错责任。在认定医务人员的过错上采取过错客观化规则，即只要医务人员在诊疗活动中未尽到与当时的医疗水平相应的诊疗义务，就应认定医务人员在造成诊疗损害上有过错。

在认定医务人员过错的判断上，除了以医疗行为发生时的医务人员的医疗服务应当具备的医疗水平作为判断标准外，是否还应考虑其他因素呢？对此，也有不同的观点。一种观点认为，除时间因素外，还应考虑医疗机构所处地域、专业分工、医务人员资质等因素。其理由主要是：不同地域的医疗服务提供者在医疗水平上可能存在差别；我国采取三级分级医疗体系，医疗机构在医疗服务中所发挥的作用各有不同；医疗为高度分工协作的专业活动，不同专业、不同资质的医务人员均可能参与诊疗活动，对其注意义务标准，应当根据其专业资质情况具体判断。① 另一种观点认为，在认定医务人员的过错上不应实行区域性标准。其理由主要有二：第一，法律未规定医务人员应尽到与当时当地医疗水平相应的诊疗义务，仅要求尽到与当时医疗水平相应的诊疗义务；第二，我国对于医疗机构的资质、医务人员的从业资格实行同一的考核标准。因此，同类同档次的医务人员和同类同级别的医疗机构的医疗水平和医疗技术应是一样的，因而在认定医务人员是否尽到诊疗注意义务上，只能以是否与当时的医疗水平相适应为标准，而不能仅以与当地医疗水平相适应为标准。对此，域外的经验值得参考。如美国在"滴虫病之尿道途径测试案"就曾发生过对于医疗过失的

---

① 满洪杰等：《〈中华人民共和国民法典·侵权责任编〉释义》，人民出版社2020年版，第139—140页。

标准是否应采取全国一致之标准的争议。法官判决理由中指出：法制上有所谓的"区域性法则"。亦即，判断过失与否之标准，应以同一地区之医疗人员应具有之标准为准。即使此区域的过失标准，较其他地域宽松，亦无碍于此一标准之适用。此一法理产生之原因，乃肇因于过去交通不便，城乡间之医疗水准，本有显著之差异。若加诸所有医疗人员同一标准，则将加速乡间医疗人员离职。盖其实无机会取得和城市医疗人员是相同之学习环境。惟于20世纪的今天，交通文明日益精进，所有医疗人员皆按同一标准接受医疗教育，亦按全国一致之标准取得医师资格，往昔城乡间医疗水准之差异不存在。此一法则之适用，其实益已大不如前。相反的，若医疗标准因地而异，恐将造成医师们怠于进步。[①]

在司法实务中，关于医疗机构及其医务人员过错的认定，依最高人民法院《关于审理医疗损害责任纠纷案件适用法律若干问题的解释》第16条规定，应当根据法律、行政法规、规章以及有关诊疗规范进行认定，可以考虑患者病情的紧急程度、患者个体差异、当地医疗水平、医疗机构与医务人员资质等因素确定。

受损害的患者一方要求医疗机构承担赔偿责任的，按照谁主张谁举证的规则，须由原告即受害的患者一方承担举证责任，证明其因医务人员未尽到相应的诊疗义务而遭受损害。但是，在必要的情况下，例如，在受害患者无法提供充分证据证明医疗机构的过失时，可以实行举证责任缓和，在原告证明达到一

---

① 潘维大编著：《英美侵权行为法案例解析》，高等教育出版社2005年版，第97页。

定程度时，转由医疗机构承担举证责任，以证明自己已经尽到与当时的医疗水平相应的诊疗义务。

四、医疗机构过错的推定

第一千二百二十二条 患者在诊疗活动中受到损害，有下列情形之一的，推定医疗机构有过错：
（一）违反法律、行政法规、规章以及其他有关诊疗规范的规定；
（二）隐匿或者拒绝提供与纠纷有关的病历资料；
（三）遗失、伪造、篡改或者违法销毁病历资料。

本条规定了医疗机构过错的推定。

医疗机构过错的推定不同于医疗机构过错的认定。过错推定是指依据法律规定的情形推定行为人存在过错。本条规定的医疗机构过错的推定，是指医务人员只要实施了法律规定的行为，就推定医疗机构有过错。这种推定是不可推翻的，即医疗机构不能以其他方式证明自己没有过错而否认其被推定的过错，医疗机构只能以其他证据证明自己没有实施法律规定的推定其有过错的行为，才可以推翻对其过错的推定。

依我国法规定，患者在诊疗活动中受到损害的，只要患者一方证明医疗机构有下列情形之一，就推定医疗机构有过错，不必证明医疗机构的过错，就可以请求医疗机构承担医疗损害侵权责任：

其一，违反法律、行政法规、规章以及其他有关诊疗规范的规定。诊疗规范是医务人员实施诊疗行为应当遵守的基本技术标准以及操作规程。诊疗规范是由法律、行政法规、规章以及其他有关规定（如行业协会的规定）规定的。医疗机构及其医务人员违反有关诊疗规范的规定，也就具有违法性。这是以行为的违法性推定行为人有过错。

其二，隐匿或者拒绝提供与纠纷有关的病历资料。病历资料是查明医务人员的诊疗活动是否有过错的重要证据材料，因此，患者为提起诉讼要求查阅、复制与医疗纠纷有关的病历资料时，医疗机构应当予以提供，而不能隐匿病历资料，也不能拒绝患者查阅复制病历资料的要求。只要医疗机构隐匿或者拒绝提供与纠纷有关的病历资料，就推定其有过错。但是，医疗机构因不可抗力等客观原因无法提交病历资料的，或者医疗机构隐匿或者拒绝提供的病历资料与医疗纠纷无关，则不能推定其有过错。

其三，遗失、伪造、篡改或者违法销毁病历资料。依最高人民法院《关于审理医疗损害责任纠纷案件适用法律若干问题的解释》第6条规定，病历资料包括医疗机构保管的门诊病历、住院志、体温单、医嘱单、检验报告、医学影像检查资料、特殊检查（治疗）同意书、手术同意书、手术及麻醉记录、病理资料、护理记录、医疗费用、出院记录，以及国务院卫生行政主管部门规定的其他病历资料。不论何种病历资料，医疗机构都应严格按规定保存。医疗机构遗失病历资料、违法销毁病历资料，致使不能查明其诊疗服务情况，推定其对医疗损害有过错。医疗机构伪造、篡改病历资料，是对其医疗活动提供伪证，行为本身表明其过错，否则何必伪造、篡改呢？因此，凡医疗机构有此行为的，也就推定其有过错。

需要指出的是，相比于《侵权责任法》第58条第3项，《民法典》该条第3项中除增加"遗失"外，还在"销毁"之前增加了"违法"二字。理由在于，依据《医疗机构病历管理规定》第29条，病历保管具有明确的时间要求，即门（急）诊病历由医疗机构保管的，保存时间自患者最后一次就诊之日起不少于15年；住院病历保存时间自患者最后一次住院出院之日起不少于30年。[1] 因此，如果在此时间内，医疗机构遗失病历则推定其有过错。同时，在此期间之内，医疗机构销毁病历资料，则属于违法销毁，也推定其有过错。

五、医疗产品责任

第一千二百二十三条 因药品、消毒产品、医疗器械的缺陷，或者输入不合格的血液造成患者损害的，患者可以向药品上市许可持有人、生产者、血液提供机构请求赔偿，也可以向医疗机构请求赔偿。患者向医疗机构请求赔偿的，医疗机构赔偿后，有权向负有责任的药品上市许可持有人、生产者、血液提供机构追偿。

本条规定了医疗产品责任。

（一）医疗产品责任的含义与特征

医疗产品责任，是指医疗机构在医疗过程中使用有缺陷的

---

[1] 参见黄薇主编：《中华人民共和国民法典侵权责任编释义》，法律出版社2020年版，第156页。

药品、消毒产品①、医疗器械以及血液及制品等医疗产品，因此造成患者人身损害的，医疗机构或者医疗产品的生产者、销售者所应当承担的侵权赔偿责任。

医疗产品责任，可以说也属于产品责任，但不同于其他产品责任。我国自《侵权责任法》就在医疗损害责任中专门规定医疗产品损害责任。从体系上解释可以说，我国法认为医疗产品损害责任属于特别的一种医疗损害责任的类型。

医疗产品损害责任具有如下特征：

第一，医疗产品损害责任是发生在医疗过程中的损害责任。不是在医疗活动中发生的，不属于医疗产品责任。所谓在医疗活动中发生，是指医疗产品造成的损害发生在医疗过程中，是因医务人员为救治患者而使用医疗产品导致患者损害。

第二，医疗产品损害责任是由于使用有缺陷的药品、消毒产品、医疗器械、血液及其制品等医疗产品造成患者人身损害的责任。如果因其他产品造成的损害，不属于医疗产品损害，可以成立一般产品责任，而不能成立医疗产品责任。

第三，医疗产品损害责任的赔偿义务主体一般为复数。医疗产品损害责任的主体往往有两个以上。一般情况下，医疗产品损害责任的赔偿义务主体有医疗机构、医疗产品的生产者，有时还有可能有其他机构，如医疗产品的经销者、血液提供机构。

---

① 《侵权责任法》第59条规定的是"消毒药剂"，《民法典》改为"消毒产品"。依《消毒管理办法》第45条规定，消毒产品包括消毒剂、消毒器械（含生物指示物、化学指示物和灭菌物品包装物）、卫生用品和一次性使用医疗用品。

(二) 医疗产品责任的构成

医疗产品责任的构成，须具备以下要件：

1. 医疗产品有缺陷

医疗产品是指用于诊治患者的产品，既包括药品、消毒产品、医疗器械，也应包括为患者输入的血液[①]。医疗产品的缺陷是指医疗产品存在危及患者人身健康的不合理的安全性和有效性。

就药品、消毒产品、医疗器械来说，其生产须经国家有关部门批准，只要是未经国家有关部门批准生产的，就属于有缺陷的产品。但是，即使经国家有关部门批准生产的，只要不符合国家标准、行业标准，或者虽符合标准但确具有不合理的会危及生命健康危险性的产品，也就为有缺陷的产品。

就血液而言，缺陷产品是指不合格血液。合格的血液，是指血液提供者和医疗机构在血液采制、检验、加工、保管、运输、分装、储存过程中，完全严格按国务院卫生主管部门颁布的行政规章和技术规范进行供与和使用的血液。也就是说，输入的血液只要是符合血液提供者、医疗机构按照规定提供和使用的，不论该血液是否有危险性，就都属于合格的血液。这是因为在现有的技术条件下，血液中存在的某些病毒、细菌是无法检出的，有的甚至是不能知悉的。这种风险既然是不可控制和预见

[①] 关于血液是否为产品，有不同的观点。一种观点认为，血液是产品，因为血液在使用之前经过加工、存在加工制作的过程，血站按照一定的价格将血液交付医院，是一个等价交换行为。另一种观点认为，血液不应当属于产品的范畴，因为对血液的加工、制作并不是为了销售，亦非营利，不符合产品的属性。还有一种意见认为血液是准产品，类似于产品，可以适用产品的规定。

的，也就不能让血液的提供机构对由此造成的损害承担责任。

2.因医疗产品的使用，患者受到损害

如果使用有缺陷的医疗产品但患者未受损害，则不发生医疗损害责任。如果患者在医疗中受到损害，但该损害不是因为使用有缺陷的医疗产品造成的，会发生医疗损害赔偿责任，而不成立医疗产品责任。

3.患者所受损害与有缺陷医疗产品的使用之间有因果关系

只有医疗机构给患者使用的药品、消毒产品、医疗器械有缺陷或者输入的血液不合格，由此而使患者受损害的，患者的损害与医疗产品使用之间才具有因果关系。如果患者的损害并不是使用缺陷产品或者输入不合格血液导致的后果，则不成立医疗产品责任。

（三）医疗产品责任的主体

医疗产品责任的主体为医疗产品的提供者和医疗机构。医疗产品的提供者是指药品上市许可持有人、生产者、血液提供机构。药品上市许可持有人，是指拥有药品技术的药品研发机构、科研人员、药品生产企业等主体，通过提出药品上市许可申请并获得上市许可批件，并对药品质量在其整个生命周期内承担主要责任的主体。上市许可持有人可以自行生产，也可以委托他人生产。在委托生产的情形下，上市许可持有人也需要对药品的安全性、有效性和质量可控性负责，仍为有缺陷药品的责任人。

发生医疗产品损害后，患者可以请求医疗产品的提供者赔偿，也可以请求医疗机构赔偿。患者向医疗机构请求赔偿的，医疗机构应当予以赔偿。但是，因医疗产品提供者是医疗产品责任的最终主体，所以医疗机构赔偿后，有权向医疗产品的提供者追偿。

医疗产品的提供者的医疗产品责任为无过错责任，而医疗机构的责任为过错责任。因此，医疗机构向患者赔偿后向医疗产品提供者追偿的，应以其使用不存在过错为条件，否则不能完全追偿。最高人民法院《关于审理医疗损害责任纠纷案件适用法律若干问题的解释》第21条第3款规定，因医疗机构的过错使医疗产品存在缺陷或者血液不合格，医疗产品的生产者、销售者、药品上市许可持有人或者血液提供机构承担赔偿责任后，向医疗机构追偿的，应予支持。第22条第1款规定，缺陷医疗产品与医疗机构的过错诊疗行为共同造成患者同一损害，患者请求医疗机构与医疗产品的生产者、销售者、药品上市许可持有人承担连带责任的，应予支持。第23条规定，医疗产品的生产者、销售者、药品上市许可持有人明知医疗产品存在缺陷仍然生产、销售，造成患者死亡或者健康严重损害，被侵权人请求生产者、销售者、药品上市许可持有人赔偿损失及二倍以下惩罚性赔偿的，人民法院应予支持。

六、医疗机构医疗损害的特别免责事由

第一千二百二十四条　患者在诊疗活动中受到损害，有下列情形之一的，医疗机构不承担赔偿责任：

（一）患者或者其近亲属不配合医疗机构进行符合诊疗规范的诊疗；

（二）医务人员在抢救生命垂危的患者等紧急情况下已经尽到合理诊疗义务；

（三）限于当时的医疗水平难以诊疗。

前款第一项情形中，医疗机构或者其医务人员也有过错的，应当承担相应的赔偿责任。

本条规定了医疗机构医疗损害责任的特别免责事由。

患者在诊疗活动中受到损害的，医疗机构除具有一般免责事由外，有下列事由的，医疗机构也不承担侵权责任：

1. 患者一方不配合诊疗

医疗机构对患者进行诊疗，需要患者一方积极配合，才能取得有效的诊疗效果。如果医疗机构进行符合诊疗规范的诊疗，而因患者一方不予配合，从而造成诊疗失效，患者因此受有损害的，则因该损害是患者一方的过错造成的，医疗机构不对损害承担责任。当然，如果在诊疗活动中医疗机构或者医务人员也有过错，则由于该损害是因双方的过错造成的，医疗机构对其有过错的诊疗活动导致的损害应承担相应的责任，其责任范围应当与其过错程度和原因力相适应。这实际上是适用与有过失规则。

患者一方不配合诊疗的行为既包括患者本人的不配合行为，也包括患者近亲属的不配合行为，但以患者一方的配合是取得有效诊疗的必要条件为限。

2. 紧急情况下的救治已经尽到合理诊疗义务

医疗机构在紧急情况下为抢救生命垂危的患者进行诊疗活动，属于紧急情况下的救助行为，属于紧急情况下实施的无因管理行为。于此情形下，对于医疗机构和医务人员的注意义务的要求不能如同正常情形下的注意义务的要求一样，只要医疗机构和医务人员尽到合理的注意义务，医疗机构就属于无过错，因此，医疗机构对因此造成的损害不承担责任。

3. 限于当时的医疗水平难以诊治

医疗活动本来就是有风险的，受当时技术水平的限制，不可能各种疾病都能得到有效的诊疗效果。俗话说，"治得了病，救不了命"，就是讲医疗损害的不可避免性。从医疗机构来说，其对患者的诊治只能符合当时的医疗水平，不可能超出当时的医疗技术水准。因此，医疗机构和医务人员对患者的诊疗只要是规范的，符合该医疗机构、该医务人员当时应有的诊疗水平，医疗机构就没有过错，也就不对损害承担责任。

七、医疗机构及医务人员的相关注意义务

（一）填写、保管和提供病历的义务

第一千二百二十五条　医疗机构及其医务人员应当按照规定填写并妥善保管住院志、医嘱单、检验报告、手术及麻醉记录、病理资料、护理记录等病历资料。

患者要求查阅、复制前款规定的病历资料的，医疗机构应当及时提供。

本条规定了医疗机构及其医务人员填写、保管以及提供病历资料的义务。

病历资料是对医务人员诊疗活动情况的真实记载，也是证明医疗活动情况的重要证据。医疗机构及其医务人员是病历资料的制作者与保管者。医疗机构及其医务人员应当如实填写病

历资料，而不得伪造、篡改。医疗机构及其医务人员还应当妥善保管病历资料，而不得遗失、违法销毁病历资料。

由于病历资料是确认医疗机构及其医务人员的诊疗活动是否符合要求的重要证据，因此，发生医疗损害纠纷时，患者要求查阅、复制病历资料的，医疗机构除因不可抗力等客观原因外，应当及时向患者提供。

如前所述，医务机构遗失、伪造或者违法销售病历资料，隐匿或者拒绝提供与纠纷有关的病历资料的，推定医疗机构对医疗损害的发生有过错。

（二）对患者隐私和个人信息的保密义务

第一千二百二十六条　医疗机构及其医务人员应当对患者的隐私和个人信息保密。泄露患者的隐私和个人信息，或者未经患者同意公开其病历资料的，应当承担侵权责任。

本条规定了医疗机构及其医务人员对患者隐私和个人信息的保密义务。

隐私权是自然人享有的一项重要的人格权。依《民法典》第1034条第1、2款规定，自然人的个人信息受法律保护。个人信息是以电子或者其他方式记录的能够单独或者与其他信息结合识别特定自然人的各种信息，包括自然人的姓名、出生日期、身份证件号码、生物识别信息、住址、电话号码、电子邮箱、健康信息、行踪信息等。

医疗机构及其医务人员在诊疗活动中必然会获取患者一些隐私和个人信息，有的还需要记录在病历资料上。为了保护患者的隐私权和个人信息，医疗机构及其医务人员对其获取的患者隐私和个人信息负有保密义务。

医疗机构及其医务人员在诊疗活动中未采取必要的措施，泄露患者隐私和个人信息，或者未经患者同意公开其病历资料的，构成侵害患者的隐私权和个人信息，应当承担侵权责任。不过，医疗机构及其医务人员因侵害患者隐私权和个人信息而承担的侵权责任，属于医疗机构侵害患者精神性人格权的侵权责任。

（三）不实施不必要检查的义务

第一千二百二十七条　医疗机构及其医务人员不得违反诊疗规范实施不必要的检查。

本条规定了医疗机构及其医务人员不实施不必要检查的义务。

所谓不必要的检查是相对于必要检查而言的，又称为过度检查，指的是医疗机构及其医务人员对患者进行超出诊疗疾病所必要的不符合诊疗规范要求的检查。

医疗机构及其医务人员对患者进行违反诊疗规范的不必要检查，不仅会给患者增加医疗费用，也可能会因此造成人身损害。如果医务人员进行不必要检查，而增加患者不必要的医疗费用支出的，患者有权拒绝支付该部分医疗费用。因不必要检查而造成患者人身损害的，患者可以请求医疗机构承担医疗损害赔偿责任。

实务中，医疗机构及其医务人员除为不必要检查外，还会实施其他不必要的过度诊疗行为，如过度用药、过度治疗、过度保健等。对于其他过度诊疗行为的法律后果，可以参照不必要检查的法律后果。

八、医疗机构及医务人员合法权益的保护

第一千二百二十八条　医疗机构及其医务人员的合法权益受法律保护。

干扰医疗秩序，妨碍医务人员工作、生活，侵害医务人员合法权益的，应当依法承担法律责任。

　　本条是关于保护医疗机构及其医务人员合法权益的规定。

　　医疗机构和医务人员肩负着救死扶伤的责任，为社会公众提供医疗服务。接受医疗机构及其医务人员的医疗服务，可以说是每个自然人都不可避免的需求。而只有保护医疗机构和医务人员的合法权益，才能使其全身心地投入到医疗服务中；只有让全社会都尊重医务人员，才能吸收更多的优秀人才从事医疗工作，人们才会得到更好的优质的医疗服务。虽然，医疗机构及其医务人员与患者之间不可避免地会发生一些不理解乃至纠纷，但这应当依法予以解决，而不能通过"医闹"的方式，甚至侵害医务人员的合法权益的方式解决。因此，为保障正常的医疗秩序，保障社会公众利益，法律特别规定，"干扰医疗秩序，妨碍医务人员工作、生活，侵害医务人员合法权益的，应当依法承担法律责任。"

　　不论何人，也不论有何种理由，凡干扰医疗秩序的，都应当承担停止干扰的侵权责任；凡妨碍医务人员工作、生活的，都应当承担排除妨碍的侵权责任；侵害医务人员合法权益的，依照其侵害后果承担赔偿责任。侵害医务人员合法权益，构成犯罪的，还应依法承担刑事责任。

第七章 环境污染和生态破坏责任

一、环境污染和生态破坏责任的含义和构成

第一千二百二十九条 因污染环境、破坏生态造成他人损害的，侵权人应当承担侵权责任。

本条规定了环境污染和生态破坏责任的含义与构成

（一）环境污染、生态破坏责任的含义和特征

环境污染、生态破坏责任，是指行为人实施污染环境、破坏生态的行为造成他人损害而应承担的侵权责任。

环境污染、生态破坏侵权责任是随着工业化大生产、人类改造自然的能力的提升而出现的侵权责任。环境，是指影响人类生存和发展的各种天然的和经过人工改造的自然因素的总体，包括大气、水、海洋、土地、矿藏、森林、草原、野生生物、自然遗迹、自然保护区、风景保护区、城市和乡村。生态，是指一切生物的生存状态，以及它们之间和它与环境之间环环相扣的关系。保护环境和生态既是保护人类生存条件的需要，也是保障经济可持续发展的需要。

环境污染、生态破坏责任具有以下特征：

1. 环境污染、生态破坏责任是无过错责任

环境污染、生态破坏侵权责任不以过错为归责原则,而实行无过错责任原则。依照法律规定,只要造成环境污染、生态破坏的损害后果,不论行为人是否有过错,行为人都应依法承担侵权责任。

2. 污染环境、破坏生态的行为既可以是作为也可以是不作为

污染环境、破坏生态的行为可以是行为人的积极行为即作为,也可以是行为人的消极行为即不作为,不论行为人实施的是积极行为还是消极行为,只要使环境受到污染、生态受到破坏,都会发生环境污染、生态破坏的侵权责任。

3. 环境污染、生态破坏责任的承担方式多元化

污染环境、破坏生态的损害具有影响面广、影响后果严重等特点,所以称之为"公害"。为清除公害的影响,行为人应承担的责任多样。环境污染、生态破坏的侵权责任主体承担责任的方式,不仅包括赔偿损害的赔偿责任,也包括停止侵害、排除妨碍、消除危险等排除侵害的责任,还包括其他侵权行为人不会承担的修复生态环境的修复责任。

(二)环境污染、生态破坏侵权责任的构成

因为环境污染、生态破坏的侵权责任属于无过错责任,不以过错为归责原则,不论行为人主观上是否有过错,都应依法对其污染环境、破坏生态的行为承担侵权责任。因此,环境污染、生态破坏侵权责任的成立,需要具备以下条件:

其一,须有污染环境、破坏生态的行为。

环境污染、生态破坏责任的构成需要有污染环境、破坏生态行为，这是当然的，无可争议的。但是，如何认定行为人的行为属于污染环境、破坏生态的行为呢？污染环境的行为是否必须违反国家保护环境防止污染的规定呢？也就是说，是否只有违反国家保护环境防止污染的规定才能被认为是污染环境的行为呢？因为，依我国《民法通则》第124条中规定，"违反国家保护环境防止污染的规定，污染环境造成他人损害的，应当依法承担民事责任"，污染环境的行为应当是"违反国家保护环境防止污染的规定"的行为。因此，对于污染环境的行为是否以违反国家保护环境防止污染的规定为前提，学界曾有不同的认识。有学者认为，"是否超过排污标准，与民事责任之构成无关。我们有必要建立这样一个观念：污染环境的行为，从侵权行为法的角度来考察，它是一种违法行为。这种违法行为可能直接违反环境保护方面的法律法规，也可能不违反环境保护方面的法律法规。但是由于该行为指向他人受到法律保护的生命健康权，因此它是违反《民法通则》第98条的。"[①] 也有学者认为，"污染环境行为须违反国家环境保护法规。这就是要求污染环境的行为具有违法性。违法行为就是违反法律要求的行为，包括违反法律禁止、不履行法定义务的义务、滥用权利等。"[②] 但是，自《侵权责任法》实施以来，因侵权责任法未再做如同《民法通则》一样的规定。因此，在认定污染环境行为的时候无须考察该行为是否"违反国家保护环境防止污染的规定"。污染环境、破坏

---

① 张新宝:《侵权责任法原理》，中国人民大学出版社2005年版，第375页。文中所提到的《民法通则》第98条的内容为"公民享有生命健康权"。

② 杨立新:《侵权法论》(第三版)，人民法院出版社2005年版，第495页。

生态行为的违法性不是体现在其排放是否符合国家规定的标准，而在于其"排放"行为是否使人类的生存环境受到不能容忍的危害，是否破坏生态平衡。

其二，须有客观的损害事实。

环境污染、生态破坏的损害事实，是指由于环境受污染、生态遭破坏导致的人身、财产方面的损害。有学者认为，除人身、财产损害外，还包括环境享受损害。"财产损害与人身损害法律界定标准明确，而环境享受权益标准具有不确定性，但是这种损害是客观存在的，而且是环境侵权中最常见的，随着经济和社会文化的发展，公民对这方面的法律保护要求也不断提高，因而法律对此必须合理规范。环境享受损害通常表现在两个方面：一是妨碍他人依法享受适宜环境的权利或正常生活，如排放恶臭气体，使周围居民难以忍受，排放强大噪声、振动，使周围居民不能正常休息、工作，此种损害往往与人身损害相关联；二是对环境要素造成非财产性损害，降低环境要素的功能或价值，如污染或破坏自然风景区，使其风景减色而降低其观赏娱乐价值，污染疗养胜地使之失去疗养舒适价值，污染或破坏人文古迹，使其科学研究价值或美学价值降低或丧失等。"[①] 值得注意的是："污染环境致人损害，其损害后果既有与其他侵权行为所造成的损害相同的共性，也有其自身的特殊性。共性表现为：它是侵害合法民事权益的后果；它具有法律上的补救性；它具有客观真实性和确定性。其特殊性表现为潜伏性和广

---

① 杨立新主编：《类型侵权行为法研究》，人民法院出版社2006年版，第804页。

泛性。"①

其三，污染环境、破坏生态的行为与损害间具有因果关系。

由于污染环境行为的复杂性、渐进性和多因性，以及损害的潜伏性和广泛性，其因果关系之证明较之普通侵权行为案件更为复杂。国外关于环境污染中污染环境的行为与损害事实之间的因果关系发展出了诸多理论学说，主要有以下学说：

（1）优势证据说。该说主张在环境诉讼中，在考虑民事救济的时候，不必要求以严格的科学方法来证明因果关系，只要考虑举证人所举的证据达到了比他方所举的证据更优。在环境诉讼中，原告在证明损害是由被告的有害物质引起的过程中，由于受科学技术和医学发展的限制，有些因果关系的联系必定无法提示，只须证明二者之间的可能性联系，而且这种可能性联系只要大于50%，原告则100%胜诉。相反，如果认为这种可能性小于50%，原告则得不到赔偿。

（2）比例规则说，又称比例赔偿说。该说主张根据侵权行为人对受害人造成损失的原因力的大小，来认定其承担赔偿责任的比例。

（3）盖然性说。该说的主要内容是：①因果关系的举证责任在形式上仍由原告受害人承担；②被告若不能证明因果关系之不存在则视为因果关系存在，以此实现举证责任的转换，习惯上称事实推定理论；③只要求原告在相当程度上举证，不要求全部技术过程的举证。

（4）疫学因果说。该说主张就疫学上可能考虑的若干因素，

---

① 张新宝：《侵权责任法原理》，中国人民大学出版社2005年版，第376页。

利用统计的方法，调查各因素与疾病之间的关系，选择相关性较大的因素，对其做综合性的研究，以判断其与结果之间有无联系。

（5）间接反证说，又称举证责任倒置。按传统的因果关系理论及证明规则，应由受害人对因果关系之存在进行充分的证明，但根据间接反证法，如果受害人能证明因果关系锁链中的一部分事实，就推定其他事实存在，而由加害人承担证明其不存在的责任。[1]

我国对因果关系的证明也采用了特殊的认证规则。依《民法典》第1230条规定，只要能够证明行为人实施了污染环境、破坏生态的行为，并且公众因环境污染、生态破坏受有损害，就推定损害与行为间有因果关系，除非行为人能够推翻这一推定。

二、环境污染、生态破坏责任的免责事由及否定因果关系的举证责任

第一千二百三十条 因污染环境、破坏生态发生纠纷，行为人应当就法律规定的不承担责任或者减轻责任的情形及其行为与损害之间不存在因果关系承担举证责任。

本条规定了污染环境、破坏生态责任的抗辩事由和不存在因果关系的举证责任。

---

[1] 参见邹雄：《论环境侵权的因果关系》，载《中国法学》2004年第5期。

(一) 免责事由的举证责任

环境污染、生态破坏侵权责任为无过错责任，但不是绝对责任、结果责任。也就是说，并不是只要有环境污染、生态破坏的损害后果，行为人就必须承担侵权责任。污染环境、破坏生态责任，也是有法律规定的可以不承担责任或者减轻责任的事由的，只要行为人能够举证证明其有不承担责任或者减轻责任的情形，就可以免除或者减轻行为人的责任。依法可以免除或者减轻侵权人责任的事由主要有以下情形：

1. 不可抗拒的自然灾害

《环境保护法》和《大气污染防治法》都规定，完全由于不可抗拒的自然灾害，并经及时采取合理措施，仍然不能避免造成污染损失的，免于承担责任。《水污染防治法》《海洋环境保护法》等也有类似规定。需要注意的是，这里所谓"不可抗拒的自然灾害"不同于不可抗力。不可抗力是指不能预见、不能避免，并不能克服的客观现象。而"不可抗拒的自然灾害"的范围是远远小于不可抗力的。另外，必须是"完全"由于不可抗拒的自然灾害且"经及时采取合理措施，仍然不能避免造成环境污染损害的"，方可免除行为人的责任。这说明对环境污染、生态破坏责任的免责条件要求是非常严格的，这可以减少污染环境者、破坏生态者逃避责任的机会，有利于受害人权益的保护。

2. 受害人的过错

因受害人过错造成损害的，也可以免除行为人环境污染、生态破坏的侵权责任。例如，《水污染防治法》第96条第3款规定:"水污染损害是由受害人故意造成的,排污方不承担赔偿责任。"受害人的过错作为免责条件,适用于有关水污染致人损害的案件,也适用于其他污染致人损害的案件,行为人应当对受害人的过错进行举证证明。

3. 其他事由

除不可抗拒的自然灾害和受害人的过错外,法律也规定有其他的免除责任或减轻责任的事由。如《海洋环境保护法》规定:"完全属于下列情形之一,经过及时采取合理措施,仍然不能避免对海洋环境造成污染损害的,造成污染损害的有关责任者免予承担责任:(一)战争;(二)……;(三)负责灯塔或者其他助航设备的主管部门,在执行职责时的疏忽,或者其他过失行为。"

(二)行为与损害间不存在因果关系的举证责任

行为与损害间具有因果关系,是任何侵权责任构成不可或缺的要件。不过,在一般情形下,被侵权人请求侵权人承担侵权责任须就侵权人的行为与损害间存在因果关系负举证责任。由于污染环境、破坏生态行为的特殊性,法律在行为与损害间存在因果关系的认定上实行举证责任倒置规则,即推定行为与损害间具有因果关系,而由行为人对行为与损害间不具有因果关系负举证责任。如果行为人不能证明其行为与损害之间不具有因果关系,则因果关系成立,侵权人应当承担侵权责任。如果行为人能够举证证明其行为与损害间不具有因果关系,则行为人对该损害不承担侵权责任。

三、数人污染环境、破坏生态的责任承担

第一千二百三十一条 两个以上侵权人污染环境、破坏生态的，承担责任的大小，根据污染物的种类、浓度、排放量，破坏生态的方式、范围、程度，以及行为对损害后果所起的作用等因素确定。

本条规定了数人污染环境、破坏生态的责任承担。

数人污染环境、破坏生态的责任，是指两个以上的人分别实施了同类的污染环境、破坏生态的行为，并造成了同一损害后果的责任。

数人污染环境、破坏生态的，因为侵权人不是一人而是数人，就会发生实施侵权行为的数人间应如何就损害承担责任问题。这是其特殊性所在。

数人污染环境、破坏生态的，属于数人侵权。如前所述，数人侵权的责任承担有三种情形：一是数人共同侵权，共同侵权的行为人承担连带责任；二是数人的侵权不构成共同侵权，但分别实施侵权的每一个行为人的行为足以导致全部损害，各分别侵权的行为承担连带责任；三是数人分别侵权，且每个人的行为不足以导致全部损害，各分别侵权的行为人承担按份责任。依最高人民法院《关于审理环境侵权责任纠纷案件适用法律若干问题的解释》第2条规定，两个以上侵权人共同实施污染环境、破坏生态行为造成损害，被侵权人请求侵权人承担连带责任的，人民法院应予支持。第3条规定，两个以上侵权人分别实施污染环境、破坏生态行为造成同一损害，每一个侵权人的污染环境、破坏生态行为都足以造成全部损害，被侵权

人请求侵权人承担连带责任的，人民法院应予支持。由此看来，在司法实务中，数人共同实施污染环境、破坏生态的行为，或者数人分别实施污染环境、破坏生态的行为但每个污染者、破坏者的行为足以造成全部损害的，行为人应对损害承担连带责任。本条所规定数人污染环境、破坏生态的责任承担情形为数人侵权中的第三种情形的责任，仅属于数人分别实施污染环境、破坏生态的行为造成同一损害，但各个行为人的行为都不足以造成全部损害时的责任承担。

数人分别实施污染环境、破坏生态的侵权行为，不属于行为人承担连带责任情形的，各侵权人承担按份责任。如何确定各侵权人的责任份额呢？《民法典》确立了比例规则。按照比例规则，对于污染环境、破坏生态的，应根据污染物的种类、浓度、排放量，破坏生态的方式、范围、程度，以及行为对损害后果所起的作用等因素，确定每个侵权行为人对损害的责任比例，按照该比例确定各个侵权人应承担的责任份额。①

四、污染环境、破坏生态的惩罚性赔偿的适用

第一千二百三十二条　侵权人违反法律规定故意污染环境、破坏生态造成严重后果的，被侵权人有权请求相应的惩罚性赔偿。

---

① 比例规则类似于美国法上的市场份额规则。市场份额规则又称市场比例规则。这是辛得尔诉阿伯特制药厂一案中确立的赔偿规则。该案的原告因其母亲怀孕时服用一种药物而受害，但原告无法提出有力的证据证明其母亲服用的药物是何家药厂生产的，事实审法院驳回了原告的诉讼请求，而上诉审法院判决原告胜诉。加州最高法院最终判决，各被告公司无须负全部赔偿责任，仅须依其产品的市场占有率按比例分担赔偿责任。

本条规定了污染环境、破坏生态的惩罚性赔偿。

节约资源、保护生态环境，是我国民法典确立的一项基本原则。保护生态环境，一方面是倡导人们在生产、生活中注重资源的节约、生态环境的保护，反对竭泽而渔，反对以污染环境和破坏生态平衡为代价地追求发展速度；另一方面也应强化污染环境、破坏生态的责任，以使人们不能、不敢污染环境、破坏生态。对污染环境、破坏生态的侵权行为，适用惩罚性赔偿既是对受害人实施全面救济的有力措施，更是制裁恶意的污染者、破坏者，对污染环境、破坏生态的侵权行为予以警示和威慑的有效手段。

对污染环境、破坏生态适用惩罚性赔偿，应具备以下条件：

第一，行为人违反国家规定污染环境、破坏生态。为保护生态环境，防止和避免污染环境、破坏生态，法律对于人们生产、生活中的排污行为予以规范，规定了相关标准。行为人污染环境、破坏生态的行为尽管符合法律规定但确实导致损害的，行为人应承担侵权责任，但是，行为人不承担惩罚性赔偿责任。只有行为人污染环境、破坏生态的行为违反法律关于防止污染环境、破坏生态的规定时，才可以适用惩罚性赔偿。

第二，行为人主观上为故意。行为人明知或者应知自己的行为污染环境、破坏生态而仍为之，是为有故意。故意即是恶意。故意污染环境、破坏生态的行为主观恶性大，应予以严惩。因此，只有行为人故意污染环境、破坏生态的，才可以对其适用惩罚性赔偿。

第三，污染环境、破坏生态的行为造成严重后果。污染环境、破坏生态的侵权行为造成的损害后果严重，是适用惩罚性赔偿的客观要件。何为后果严重？对此，在不同的场合，有不同的判断标准。因为惩罚性赔偿一般是适用于侵害人的生命权、健康权的侵害行为，因此，这里的损害后果严重，应是指自然人死亡或者健康严重损害。也就是说，只有污染环境、破坏生态的行为造成严重的人身损害后果，才可以对侵权人适用惩罚性赔偿。

五、因第三人过错污染环境、破坏生态的责任承担

第一千二百三十三条　因第三人的过错污染环境、破坏生态的，被侵权人可以向侵权人请求赔偿，也可以向第三人请求赔偿。侵权人赔偿后，有权向第三人追偿。

本条规定了因第三人的过错污染环境、破坏生态的责任承担。

因第三人的过错造成环境污染、破坏生态的，该第三人自应就其过错行为承担赔偿责任。因此，于此情形下，第三人应为侵权责任主体，被侵权人可以向第三人请求赔偿。

但是，因为污染环境、破坏生态的侵权责任为无过错责任，只要造成污染环境、破坏生态的损害后果，除法律规定的免责情形外，行为人仍应承担侵权责任。所以，因第三人过错污染环境、破坏生态的，侵权人仍应承担侵权责任，而不能不承担责任。因为于此情形下，侵权人仍为责任主体，所以，被侵权人可以向侵权人请求赔偿。最高人民法院《关于审理环境侵权责任纠纷案件适用法律若干问题的解释》第5条第3款规定，侵权人以第三人的过错污染环境、破坏生态造成损害为由主张

不承担责任或者减轻责任的，人民法院不予支持。

被侵权人既可以要求侵权人赔偿，也可以要求有过错的第三人赔偿时，被侵权人是向侵权人还是向有过错的第三人行使侵权责任请求权，是其权利。被侵权人选择向侵权人行使侵权请求权的，侵权人应当向被侵权人赔偿。但是，因为毕竟是因第三人的过错才造成环境污染、生态破坏的，第三人应为最终责任人，所以，侵权人向被侵权人赔偿后，有权向第三人追偿。

但是，如果损害并非完全是因第三人的过错造成的，则第三人与侵权人之间应成立按份责任甚至连带责任，而不能完全由第三人承担责任。

六、损害生态环境的修复责任

第一千二百三十四条 违反国家规定造成生态环境损害，生态环境能够修复的，国家规定的机关或者法律规定的组织有权请求侵权人在合理期限内承担修复责任。侵权人在期限内未修复的，国家规定的机关或者法律规定的组织可以自行或者委托他人进行修复，所需费用由侵权人负担。

本条规定了损害生态环境的修复责任。

（一）修复责任的含义与适用条件

损害生态环境的修复责任，是指侵权人承担的对损害的生态环境予以修复，以恢复被侵害前的生态环境的原来状态的责任。最高人民法院《关于审理环境民事公益诉讼案件适用法律若干问题的解释》第20条第1款规定，原告请求恢复原状的，人民法院可以依法判决被告将生态环境修复到损害发生之前的状态和功能。无法完全修复的，可以准许采用替代性修复方式。

适用修复责任，须具备以下两个条件：

第一，行为人违反国家规定造成生态环境损害。如果行为人造成生态环境损害的行为不违反国家规定，则不适用修复责任。行为人违反国家规定实施破坏生态环境行为的，会造成两方面的损害：一是对生态环境自身造成损害，二是对民事主体的具体权益造成损害。修复责任仅是行为人对其行为造成的损害生态环境自身的责任。所以，行为人承担修复责任，不影响其承担其他的侵权责任。

第二，损害的生态环境能够修复。损害的生态环境能够修复，是适用修复责任的前提和基本条件。如果损害的生态环境已经不可能修复，则无法适用也不能适用修复责任。但是，损害的生态环境的修复费用是否过大，并非是否适用修复责任的考量因素，因为生态环境具有不可以经济价值衡量的特点。

（二）生态环境修复责任的主体和请求权人

生态环境修复责任的主体当然是损害生态环境的侵权人。因为谁污染谁治理、谁破坏谁修复，这是基本规则。

因为损害生态环境，所损害的不是具体民事主体的具体民事权益，而是公众利益，甚至是当代人及其后代人的公共利益，因此，请求侵权人承担修复责任的诉讼属于公益诉讼，有权请求侵权人承担修复责任的权利人为国家规定的机关或者法律规定的组织。

我国法律规定可以提起公益诉讼的机关主要是检察机关。检察机关承担着法律监督职能，有权提起公益诉讼。因此，检察机关属于国家规定的有权请求侵权人承担修复责任的机关。最高人民法院、最高人民检察院《关于检察公益诉讼案件适用法律若干问题的解释》第13条中规定，"人民检察院在履行职责中发现破坏生态环境和资源保护，食品药品安全领域侵害众多消费者合法权益，侵害英雄烈士等的姓名、肖像、名誉、荣誉等损害社会公共利益的行为，拟提起公益诉讼的，应当依法公告，公告期间为三十日。公告期满，法律规定的机关和有关组织、英雄烈士等的近亲属不提起诉讼的，人民检察院可以向人民法院提起诉讼。"

法律规定的有权请求侵权人承担修复责任的组织是符合特定条件的环保公益组织。依《环境保护法》第58条规定，"对污染环境、破坏生态，损害社会公共利益的行为，符合下列条件的社会组织可以向人民法院提起诉讼：（一）依法在设区的市级以上人民政府民政部门登记；（二）专门从事环境保护公益活动连续五年以上且无违法记录。"

追究侵权人修复责任的，应规定其修复的合理期限。侵权人在规定的期限内未修复的，国家规定的机关或者法律规定的组织可以自行或者委托他人修复损害的生态环境，由侵权人负担修复所需的费用。

七、损害生态环境的赔偿范围

第一千二百三十五条 违反国家规定造成生态环境损害的，国家规定的机关或者法律规定的组织有权请求侵权人赔偿下列损失和费用：

（一）生态环境受到损害至修复完成期间服务功能丧失导致的损失；

（二）生态环境功能永久性损害造成的损失；

（三）生态环境损害调查、鉴定评估等费用；

（四）清除污染、修复生态环境费用；

（五）防止损害的发生和扩大所支出的合理费用。

本条规定了损害生态环境的赔偿范围。

违反国家规定造成生态环境损害的，损害的生态环境能够修复的，侵权人应当承担修复责任，国家规定的机关或者法律规定的组织有权请求侵权人在合理期限内修复损害的生态环境，同时也有权请求侵权人承担赔偿责任。如果损害的生态环境不具有修复的条件，侵权人不能够承担修复责任，国家规定的机关或者法律规定的组织不能请求侵权人承担修复责任，而只能请求侵权人赔偿生态环境损害。总的来说，权利人可以要求侵权人赔偿的范围包括以下五项损失和费用：

其一，生态环境受到损害至修复完成期间服务功能丧失导致的损失。因为在修复完成前，受到损害的生态环境的服务功能不能发挥，此期间内因生态环境服务功能丧失产生的损失，自应由侵权人赔偿。

其二，生态环境功能永久性损害造成的损失。生态环境功能永久性损害，表明受到损害的生态环境不能修复，侵权人应赔偿因生态环境功能永久性不能恢复导致的损失。

其三，生态环境损害调查、鉴定评估等费用。这些费用是因侵权人损害生态环境而发生的,理应由侵权人承担。

其四,清除污染、修复生态环境费用。侵权人自行承担修复责任的,不会发生这些费用的赔偿。若侵权人未自行承担修复责任,而由他人清除污染、修复生态环境的,则清除污染、修复生态环境的费用,应由侵权人赔偿。

其五,防止损害的发生和扩大所支出的合理费用。侵权人实施违反法律规定损害生态环境行为的,有关机关和组织有权也应当采取必要的措施,防止生态环境损害的发生和扩大,由此而支出的合理费用,因为是为避免侵权人的侵权行为的损害后果的发生和扩大而发生的,因此,当然应由侵权人赔偿。

第八章　高度危险责任

一、高度危险责任的含义与构成

第一千二百三十六条　从事高度危险作业造成他人损害的,应当承担侵权责任。

本条规定了高度危险责任的含义和构成。

(一)高度危险责任的含义与特征

高度危险责任是指从事高度危险作业造成他人损害的,作业人应当依法承担的侵权责任。

高度危险责任主要有以下特征:

第一,高度危险责任的主体为从事高度危险作业的作业人。非从事高度危险作业者,不能成为高度危险责任的责任主体。

第二,高度危险责任是从事高度危险作业发生的责任。高度危险责任属于危险责任。而危险责任的理论基础并非矫正正义而是分配正义。法律对危险责任主体的责任承担是依据风险的发生原因、控制能力来确定的,而不是依据其行为选择上的错误来确定的。

第三,高度危险责任的主体进行的高度危险作业不是法律禁止的。高度危险责任的责任人之所以会承担责任,不是因为其从事的作业为法律所禁止,而是因为其作业所造成的损害后果是不合法的。

第四,对高度危险责任,法律一般规定有赔偿限额。

(二) 高度危险责任的构成

高度危险责任属于特殊侵权责任,其特殊性之一就是适用无过错责任原则,不以过错为归责原则。

高度危险责任的构成,须具备以下条件:

1. 行为人从事高度危险作业

高度危险作业包括进行高度危险活动和占有、使用高度危险物品。

高度危险活动中的活动,是指完成特定任务的活动,一般是指生产经营活动,不包括国家机关的公务活动和军队的军事活动。所谓活动的高度危险,是指对周围环境造成损害的概率高,足以超过一般性作业的损害概率。

构成高度危险侵权责任的危险活动,还须具备以下特征:第一,它是一种合法活动,至少是不为法律所禁止的行为,而不能是不法活动;第二,行为人从事这种活动对于周围环境的高度危险以及可能造成的损害具有不可避免性。因为,一方面,我们需要进行某些高空、高压以及高速运输等活动造福人类;另一方面,限于科学技术和工业创造能力、材料强度等多方面的限制,这些活动的高度危险性在目前阶段尚不能完全避免。[①]

---

① 杨立新主编:《类型侵权行为法研究》,人民法院出版社 2006 年版,第 782 页。

例如民用航空器的经营活动，民用核设施的经营活动，高空、高压、地下挖掘活动以及高速轨道运输，均属于高度危险活动。

占有、使用高度危险物品，是指占有、使用的物品不是一般的物而是有高度危险的物品。依《民法典》的规定，高度危险物是指易燃、易爆、剧毒、高放射性、强腐蚀性、高致病性等危险物。《危险货物分类和品名编号》（GB6944-2005代替GB6944-1986）中第3.1条规定，"危险货物（dangerous goods）具有爆炸、易燃、毒害、感染、腐蚀、放射性等危险特性，在运输、储存、生产、经营、使用和处置中，容易造成人身伤亡、财产损毁或环境污染而需要特别防护的物质和物品。"行为人占有、使用高度危险物品也是合法的，是其经营活动所必需的。

2. 行为人在从事高度危险作业中造成他人损害

从事高度危险作业的行为造成他人损害，是高度危险作业人承担侵权责任的前提条件。因为没有损害，也就没有责任。高度危险作业活动造成的他人损害既包括人身损害，也包括财产损害；既包括对特定具体人的合法权益的损害，也包括对不特定人的合法权益的损害。如果高度危险作业对生态环境造成损害，则作业人应按照污染环境、破坏生态的责任规定承担侵权责任。

3. 行为人实施的作业与损害之间有因果关系

这里的因果关系，是指被侵权人的损害是由高度危险作业人的作业引发的，没有高度危险作业人的作业，也就不会发生该损害。最高人民法院《关于民事诉讼证据的若干规定》第4条第2项曾规定，"高度危险作业致人损害的侵权诉讼，由加害人就受害人故意造成损害的事实承担举证责任。"依此规定，实务中对于受害人的故意，由加害人承担举证责任，而损害与高度危险作业间的因果关系仍须由受害人举证证明。有学者认为："在通常情况下，这种因果关系须由受害人证明。但是，由于高度危险作业的特殊性，因此，因果关系也具有一定的特殊性。例如，在某些情况下，受害人往往只能证明高度危险作业与损害结果存在表面上的因果关系，甚至仅能证明高度危险作业是损害结果发生的可能原因，而无法确切地证明二者之间的因果关系。如放射性物质造成损害的，受害人就基本上无法证明损害发生的具体原因。因此，为切实保护受害人的利益，对于因果关系可以采用推定的方法。即由高度危险作业人证明作业活动与损害后果没有因果关系。如果作业人不能证明，则推定有因果关系存在，高度危险作业致害的赔偿责任即成立。"[1] 这种观点甚有道理。

（三）高度危险责任的免责事由

高度危险责任为无过错责任，但不是绝对责任、结果责任。法律对高度危险责任也规定了一定的免责事由。在发生损害后，如果高度危险作业人能够证明有可以不承担责任或减轻责任的事由，则其可以不承担责任或者减轻责任。

不过，由于高度危险作业的危险性不同，作业人可控情况不同，因此，对于不同高度危险作业造成损害的免责事由，法律规定有所不同。一般来说，受害人的故意为各种高度危险责

---

[1] 王利明主编：《中国民法案例与学理研究》（侵权行为编·亲属继承编），法律出版社2003年版，第168页。

任的免责事由。因不可抗力造成损害的，除法律另有规定外，也可以免除作业人的责任。

二、高度危险责任的类别

（一）民用核设施和核材料发生核事故致害的责任

第一千二百三十七条 民用核设施或者运入运出核设施的核材料发生核事故造成他人损害的，民用核设施的营运单位应当承担侵权责任；但是，能够证明损害是因战争、武装冲突、暴乱等情形或者受害人故意造成的，不承担责任。

本条规定了民用核设施和核材料发生核事故造成损害的侵权责任。

第一，民用核设施和核材料发生核事故责任的含义与构成。

民用核设施和核材料发生核事故责任，是指民用核设施或者核材料发生核事故造成他人损害的，由民用核设施的营运单位承担的侵权责任。民用核设施的营运单位，是指在中华人民共和国境内，申请或者持有核设施安全许可证，可以经营和运行核设施的单位。

民用核设施和核材料致人损害责任的构成，须具备以下条件：

1. 因民用核设施和核材料发生核事故

民用核设施是指经国家有关部门批准，为非军事的民用核目的而建立的设施。依《核安全法》第2条的规定，核设施是指：（1）核电厂、核热电厂、核供汽供热厂等核动力厂及装置；（2）核动力厂以外的研究堆、实验堆、临界装置等其他反应堆；（3）核燃料生产、加工、贮存和后处理设施等核燃料循环设施;(4)放射性废物的处理、贮存、处置设施。核材料是指:(1)铀-235材料及其制品;(2)铀-233材料及其制品;(3)钚-239材料及其制品;(4)法律、行政法规规定的其他需要管制的核材料。

只有民用核设施和运入运出核设施的核材料发生核事故,才成立民用核设施和核材料致人损害的侵权责任。如果不是民用核设施或者运入运出核设施的核材料发生的核事故,则不成立民用核设施和核材料致害责任。

2. 核事故造成他人损害

核事故,是指核设施内的核燃料、放射性生产物、放射性废物或者运入运出核设施的核材料所发生的放射性、毒害性、爆炸性或者其他危害性事故,或者一系列事故。发生核事故造成他人损害,是构成民用核设施和核材料致人损害责任的前提。这里的损害既包括人身损害,也包括财产损害。

3. 核事故与他人所受损害间具有因果关系

只有他人遭受损害是因核事故造成的,没有核事故的发生,就不会有该损害,核事故与他人损害间才存在因果关系。如果核事故的发生与他人的损害间没有因果关系,也就不会成立民用核设施和核材料发生核事故致害的侵权责任。

第二,民用核设施与核材料发生核事故致害的免责事由。

依我国法规定,民用核设施和核材料发生核事故造成损害,民用核设施的营运人能够证明有下列情形之一的,可以不承担责任:

其一,损害是因战争、武装冲突、暴乱等情形造成的。战争、武装冲突、暴乱等情形属于不可抗力,但是,并不是所有不可抗力都是免责事由。如果损害是因不可抗拒的自然灾害造成的，民用核设施的营运人不能免除责任。

其二，损害是受害人故意造成的。不论受害人的故意为直接故意还是间接故意，只要因其故意造成损害，则该损害只能由其自行承担。这里的受害人故意只能是积极行为的故意，而不能是消极行为。例如，受害人知道有核损害的危险，而未采取防范或者躲避措施而受到损害的，不能认定损害是受害人故意造成的。因为故意造成损害的，只能由故意的行为人自行承担后果，所以民用核设施的营运人不承担责任。

（二）民用航空器致害的责任

第一千二百三十八条　民用航空器造成他人损害的，民用航空器的经营者应当承担侵权责任；但是，能够证明损害是因受害人故意造成的，不承担责任。

本条规定了民用航空器致人损害的侵权责任。

第一，民用航空器致害责任的含义和构成。

民事航空器致人损害的责任，是指因民用航空器造成他人损害，由民用航空器的经营者承担的侵权责任。

民用航空器致害责任的构成须具备以下条件：

1. 民用航空器发生事故

民用航空器是指经国家有关部门批准而投入营运的民用航空器，包括各种各类民用飞机、热气球等，不包括用于执行军事、海关、警察飞行任务的航空器。民用航空器发生的事故主要包括两种情形：一是航空器失事，如飞机或者热气球坠落、爆炸等；二是从航空器上坠落或者投掷人或物等。

2. 造成他人损害

这里的损害既包括人身损害，也包括财产损害。但这里的他人只能是民用航空器以外的人和物。在民用航空器上的人遭受损害的，不包括在内。民用航空器上人或物在运输期间遭受损害的，适用航空运输合同责任的规定。这里所称的损害仅指损害事故造成的直接损害，而不能包括间接损害，也不能包括仅仅是民用航空器依照国家有关的空中交通规则在空中通过造成的损害，如飞机飞行的噪声造成的损害。

3. 民用航空器的事故与他人所受损害间具有因果关系

如果损害的发生与航空器无关，二者间不存在因果关系，也就不能产生民用航空器致害的侵权责任。

第二，民用航空器致害责任的免责事由。

民法典明确规定，民用航空器的经营者"能够证明损害是因受害人故意造成的，不承担责任"。因此，受害人的故意为民用航空器致害责任的免责事由。

除受害人故意外，是否还存在其他免责事由呢？对此，有不同的观点。一种观点认为，只有受害人的故意才为免责事由，因为法律未再列举其他的免责事由。另一种观点认为，其他法律规定的民用航空器致害责任的免责事由，也为法定的免责事由。如《民用航空法》第160条规定，损害是武装冲突或者骚乱的直接后果，责任人不承担责任。但是，因自然原因引起的不可抗力不能成为民用航空器的经营者不承担责任的事由。

（三）占有或者使用高度危险物致害的责任

第一千二百三十九条　占有或者使用易燃、易爆、剧毒、高放射性、强腐蚀性、高致病性等高度危险物造成他人损害的，占有人或者使用人应当承担侵权责任；但是，能够证明损害是因受害人故意或者不可抗力造成的，不承担责任。被侵权人对损害的发生有重大过失的，可以减轻占有人或者使用人的责任。

本条规定了占有或者使用高度危险物致人损害的侵权责任。

第一，占有或者使用高度危险物致人损害责任的含义和构成。

占有或者使用高度危险物致人损害的责任，是指因占有或者使用高度危险物而造成他人损害，占有人或者使用人因此应承担的侵权责任。

占有或者使用高度危险物致人损害责任的构成，须具备以下条件：

其一，行为人占有或者使用高度危险物。占有是指对物有效控制，使用是指对物为利用行为。行为人占有或者使用的物须为高度危险物。高度危险物包括易燃、易爆、剧毒、高放射性、强腐蚀性、高致病性等物品，具有一般放射性、一般腐蚀性、一般致病性之物品不包括在内。占有或者使用高度危险物，包括生产、储存、运输高度危险物品以及将高度危险物品作为原料或者工具进行生产等行为。

其二，占有人或者使用人以外的人受到损害。这里的损害既包括人身损害，也包括财产损害，但不包括占有人、使用人自身的损害。

其三，被侵权人所受损害是因行为人占有或者使用高度危险物造成的，亦即被侵权人的损害与高度危险物的占有或者使用之间具有因果关系。因为高度危险物是具有高度危险性的物品，占有或者使用高度危险物的，必须采取特别的安全措施，以防止造成损害。占有或者使用高度危险物属于从事高度危险作业，从事高度危险作业致人损害责任为无过错责任，因此，只要占有或使用高度危险物是造成他人损害的原因，占有人或者使用人就应对受害人承担侵权责任。

第二，占有或者使用高度危险物致人损害责任的免责事由。

占有或者使用高度危险物致人损害责任的免责或减轻责任的事由包括：

1. 受害人故意。占有人或者使用人能够证明损害是因受害人故意造成的，不承担责任。因为任何人都应对其故意造成的损害承担责任。

2. 不可抗力。损害是因不可抗力造成的，占有人或者使用人不承担责任。这是高度危险物致人损害责任不同于核事故致害责任、民用航空器致害责任的免责事由。高度危险物的占有人或者使用人只要能够证明损害是因不可抗力造成的，不论该不可抗力是自然现象还是社会现象，都不承担责任；而核事故、民用航空器致害仅证明损害是因自然现象引发的不可抗力造成的，并不能免责。

3. 受害人的重大过失。高度危险物的占有人或者使用人能够证明对损害的发生，受害人有重大过失的，可以减轻其责任。但是，若受害人对损害的发生仅有一般过失，则不能减轻占有人或者使用人的责任。

（四）从事高度危险活动致人损害的责任

第一千二百四十条 从事高空、高压、地下挖掘活动或者使用高速轨道运输工具造成他人损害的，经营者应当承担侵权责任；但是，能够证明损害是因受害人故意或者不可抗力造成的，不承担责任。被侵权人对损害的发生有重大过失的，可以减轻经营者的责任。

本条规定了从事高度危险活动致人损害的侵权责任。

第一，从事高度危险活动致人损害责任的含义与构成。

从事高度危险活动致人损害责任，是指因从事高度危险的经营活动造成他人损害，由经营者所承担的侵权责任。

从事高度危险活动致人损害责任的构成，须具备以下条件：

1.经营者从事的为高度危险活动

高度危险活动是指对周围环境有高度危险性的活动，包括：（1）高空作业。高空作业是指超过正常高度进行的作业，具有相当的危险性。何为正常高度？应依据不同场所、不同业务的具体情况，以业内人员的一般认识为准。高空作业又称为高处作业，分为不同的等级：作业高度为2米以上5米以下的，为一级；作业高度为5米以上低于15米的，为二级；作业高度为15米以上低于30米的，为三级；作业高度为30米以上的，为特级。高空作业的内容可以是建筑施工、安装广告牌、张挂标语、卫生清洁等。（2）高压作业。高压作业是指在压力超过正常标准下进行作业。例如，高压输送电力，高压制造、储藏、输送热力、燃气等，都为高压作业。高压作业对周围具有高度危险性。（3）地下挖掘活动。地下挖掘是指在地表以下挖掘隧道、构筑坑道、构筑地铁、建造地下建筑物、构筑物等。地下挖掘活动具有造成地面塌陷的危险，属于高度危险活动。地下挖掘活动不同于地面施工活动，地面施工活动只是具有一般危险性的作业，而不属于高度危险作业。（4）高速轨道运输工具。高速轨道运输工具包括铁路、地铁、城铁、有轨电车等轨道高速行驶的运输工具，不包括游乐场所的小火车等轨道运输工具。高速轨道运输的重要特点是速度快，具有高度危险性。在公路上行驶的机动车致害责任属于危险责任；不是在公路行驶而是在轨道上行驶的高速运输工具致人损害的责任，当然也属于危险责任，且属于高度危险责任。

2. 受害人受有损害

无损害，就无责任。受害人受有损害，是发生高度危险活动致害责任的前提。需要注意的是，这里的受害人也仅指行为人以外的第三人。直接从事高度危险活动的人，如进行高空作业的作业人员、从事高压作业的工作人员、进行地下挖掘活动的施工人员、轨道高速运输工具的驾驶人员，都不能属于这里所称的受害人，这些人员在作业中受到损害的，不适用高度危险活动致人损害责任的规定，通常应适用工伤保险的有关规定。受害人的损害，既包括人身损害，也包括财产损害，但只能是现实的直接损害。

3. 高度危险活动与他人受损害间具有因果关系

行为与损害间具有因果关系，是任何侵权责任成立的必备要件。任何人都不对与自己行为无关的损害承担责任，任何人也都应对自己行为造成的损害后果负责。因此，只有受害人的损害是因经营者从事的高度危险活动造成的，即高度危险活动与损害间有因果关系,从事高度危险活动的经营者才对损害承担责任。因为高度危险责任为无过错责任,因此,只要高度危险活动与他人损害间具有因果关系,经营者的侵权责任就可以构成。

第二,高度危险活动致人损害责任的免责事由。

高度危险活动的危险性,低于民用核设施和核材料及民用航空器的危险性,与占有或者使用高度危险物的危险性类似,因此,高度危险活动责任人的免责可能性大于民用核设施和民用航空器责任人的免责可能性。高度危险活动致害责任的免责事由包括:

其一,不可抗力。因不可抗力导致危险发生而造成受害人损害的,高度危险活动的经营者可以不承担责任。

其二,受害人故意。因受害人故意造成损害的,高度危险活动的经营者可以不承担责任。例如,连接高压电线自杀,跑到轨道高速运输工具下寻死,由此造成的损害,只能由受害人自行承担。依《最高人民法院关于审理铁路运输人身损害赔偿纠纷案件适用法律若干问题的解释》第5条规定,铁路运输企业举证证明受害人故意以卧轨、碰撞等方式造成损害的,铁路运输企业不承担赔偿责任。

另外,被侵权人对损害发生有重大过失的,可以减轻经营者的责任。也就是说,受害人对损害的发生有重大过失的,虽不能免除经营者的责任,但可以减轻其责任。应当注意,原《侵权责任法》第73条规定,受害人有过失的,可以减轻经营者的责任;而《民法典》改为:受害人有重大过失的,可以减轻经营者的责任。依《民法典》规定,如果被侵权人仅有一般过失,不能减轻经营者的责任,经营者仍应对损害承担全部责任。

(五)遗失、抛弃高度危险物致人损害的责任

第一千二百四十一条 遗失、抛弃高度危险物造成他人损害的,由所有人承担侵权责任。所有人将高度危险物交由他人管理的,由管理人承担侵权责任;所有人有过错的,与管理人承担连带责任。

本条规定了遗失、抛弃高度危险物致人损害的侵权责任。

第一,遗失、抛弃高度危险物致害责任的含义与构成。

遗失、抛弃高度危险物致人损害责任,是指因遗失、抛弃的高度危险物品造成他人损害而产生的侵权责任。

遗失、抛弃高度危险物致害责任的构成要件有三:

一是高度危险物被遗失、抛弃。因为高度危险物具有高度危险性,需要给与特别的保管措施,不能随意丢失和处置。高度危险物的遗失,是指因客观原因使高度危险物脱离合法占有人的占有,如被遗漏、丢失;高度危险物的抛弃,是指因主观原因使高度危险物脱离合法占有人的占有。高度危险物不论是被遗失,还是被抛弃,都脱离了具有专业保管和处置能力的人的控制,增加了造成他人损害的危险性。

二是他人遭受了损害。这里的损害既包括人身损害,也包括财产损害;这里的他人是指高度危险物的合法占有人、使用人以外的人,既包括不法占有人,也包括不法占有人以外的人。

三是他人受损害与遗失、抛弃的高度危险物有因果关系。也就是说,遗失、抛弃的高度危险物造成他人的损害,他人受

到的损害是因高度危险物被遗失、抛弃引发的,如果高度危险物没有被遗失、抛弃,也就不会发生该损害。

第二,遗失、抛弃高度危险物致人损害的责任主体。

遗失、抛弃高度危险物之所以造成他人的损害,固然是因为该物具有高度危险性,但其根本原因还是由于高度危险物被遗失、抛弃,其危险性得不到有效控制。因此,对于遗失、抛弃的高度危险物造成的损害,应由遗失、抛弃高度危险物的人承担责任,也就是说,遗失、抛弃高度危险物的人为责任主体,因为其负有妥善管理和处置高度危险物,而不使高度危险物遗失、随意处置的义务。

遗失、抛弃高度危险物的人一般为所有人,也可能是管理人。

通常情况下,遗失、抛弃高度危险物的人为所有人,因此,所有人为遗失、抛弃高度危险物致害责任的主体。但是,所有人将高度危险物交由管理人管理的,高度危险物在管理人的管理下,管理人为遗失、抛弃高度危险物的人,管理人也就成为遗失、抛弃高度危险物致人损害责任的主体。

高度危险物的所有人将其高度危险物交由管理人管理的,应对管理人的资质、能力等全面考察。如果所有人将高度危险物交由他人管理时,未对管理人的选任尽到必要的注意而有过错,则应对遗失、抛弃高度危险物致人损害与管理人承担连带责任。被侵权人可以请求所有人承担责任,也可以请求管理人承担责任。在所有人与管理人内部,应按照其过错程度确定各自的责任份额。无论是所有人还是管理人,其向被侵权人承担的责任超过自己应承担份额的,可以向另一方追偿。

但是，所有人能够证明在将高度危险物交由他人管理上没有过错，则其对遗失、抛弃高度危险物造成的损害不承担责任，而由管理人独自承担全部责任。

（六）非法占有高度危险物致害的责任

第一千二百四十二条　非法占有高度危险物造成他人损害的，由非法占有人承担侵权责任。所有人、管理人不能证明对防止非法占有尽到高度注意义务的，与非法占有人承担连带责任。

本条规定了非法占有高度危险物致人损害的侵权责任。

非法占有高度危险物致人损害责任，是指在非法占有高度危险物期间高度危险物造成他人损害的侵权责任。

在高度危险物被非法占有期间，因非法占有人为高度危险物的实际控制人，作为高度危险物的实际控制人，非法占有人应对非法占有的高度危险物造成的损害，承担侵权责任。因此，非法占有人是其占有期间高度危险物致人损害责任的责任主体。非法占有人是没有合法根据的物的占有人，如盗窃人、抢劫人和抢夺人。

但是，因为高度危险物不应为他人非法占有，非法占有人占有高度危险物或是未经所有人或者管理人同意，或是采取不正当的手段取得占有的，而控制高度危险物不为他人非法占有，以避免造成不应发生的损害，是高度危险物所有人、管理人的义务。所以，如果所有人、管理人没有尽到必要的注意义务，致使他人无法律根据地非法占有高度危险物，所有人、管理人在管理高度危险物上有过错，而该过错导致高度危险物为非法占有人占有，从而发生高度危险物造成他人损害，所有人和管理人也应承担责任。

依我国法规定，所有人、管理人不能证明防止非法占有尽到高度注意义务的，与非法占有人对高度危险物造成他人的损害承担连带责任。因此，在高度危险物致人损害时，受害人可以请求非法占有人、所有人和管理人承担侵权责任。所有人、管理人能够证明自己在防止非法占有上尽到高度必要注意义务的，则所有人、管理人不承担责任，而由非法占有人单独承担责任；所有人、管理人不能证明自己没有过错的，则与非法占有人承担连带责任，在所有人、管理人与非法占有人内部，所有人、管理人应承担与其过错和原因力相应的责任份额。所有人、管理人向被侵权人承担的责任超过其应承担份额的，有权就其超过部分向非法占有人追偿。

（七）未经许可进入高度危险作业区域受到损害的责任承担

第一千二百四十三条　未经许可进入高度危险活动区域或者高度危险物存放区域受到损害，管理人能够证明已经采取足够安全措施并尽到充分警示义务的，可以减轻或者不承担责任。

本条规定了受害人未经许可进入高度危险作业区域受到损害的侵权责任承担。

高度危险作业区域包括高度危险活动的区域和高度危险物的存放区域。高度危险作业区域具有高度危险性，任何人未经许可不得擅自进入高度危险作业区域。受害人未经许可擅自进入高度危险作业区域受到损害的，因其行为具有不法性，对损害的发生有过错，因此，受害人应当承受其损害后果。

但是，因为高度危险作业具有高度危险性，为避免无关人员进入高度危险作业区域发生危险，管理人应当采取足够安全措施以防止他人擅自进入，并应当尽到充分的警示义务，以使进入危险区域的人员知悉危险性和采取必要的防范措施，以防他人遭受损害。而高度危险作业致人损害责任又为无过错责任，只有具有法律规定的事由，经营者才可以不承担责任或者减轻责任。因此，未经许可进入高度危险区域受到损害的，受害人也可以请求管理人承担责任。管理人能够证明已经采取足够安全措施并尽到充分警示义务的，可以减轻或者不承担责任。因为，若管理人能够证明其已经尽到法律规定的义务，则未经许可进入高度危险区域受到损害的人对于损害的发生就有故意或者重大过失。按照规定，受害人故意的，高度危险作业人不承担责任；受害人有重大过失的，可以减轻高度危险作业人的责任。如依 2010 年最高人民法院《关于审理铁路运输人身损害赔偿纠纷案件适用法律若干问题的解释》第 6 条规定，因受害人翻越、穿越、损毁、移动铁路线路两侧防护围墙、栅栏或者其他防护设施穿越铁路线路，偷乘货车，攀附行进中的列车，在未设置人行通道的铁路桥梁、隧道内通行，攀爬高架铁路线路，以及其他未经许可进入铁路线路、车站、货场等铁路作业区域的过错行为，造成人身损害的，应当根据受害人的过错程度适当减轻铁路运输企业的赔偿责任，并按照以下情形分别处理：（1）铁路运输企业未充分履行安全防护、警示等义务，受害人有上述过错行为的，铁路运输企业应当在全部损失的 80% 至 20% 之间承担赔偿责任；（2）铁路运输企业已充分履行安全防护、警示等义务，受害人仍施以上述过错行为的，铁路运输企业应当在全部损失的 20% 至 10% 之间承担赔偿责任。依该解释第 7 条第 2 款规定，受害人不听从值守人员劝阻或者无视禁行警示信号、标志硬行通过铁路平交道口、人行过道，或者沿铁路线路纵向行走，或者在铁路线路上坐卧，造成人身损害，铁路运输企业举证证明已充分履行安全防护、警示等义务的，不承担赔偿责任。

三、高度危险责任赔偿限额的法律适用

第一千二百四十四条　承担高度危险责任，法律规定赔偿限额的，依照其规定，但是行为人有故意或者重大过失的除外。

　　本条规定了高度危险责任赔偿限额的法律适用。

　　高度危险责任为无过错责任，只要发生损害，不论行为人是否有过错，均应承担赔偿责任。但是，高度危险作业又是社会生活中不可缺少的，高度危险作业的作业人的作业行为本身不具有可谴责性，而高度危险作业一经发生损害，损害范围会甚大，损害后果和损害程度严重，如果高度危险责任全部实行完全赔偿原则，会导致高度危险作业难以进行。因此，法律对高度危险责任规定有赔偿限额。高度危险责任有赔偿限额，是高度危险责任的特征之一。有学者指出，采取限额赔偿的理论基础有两个方面：第一，体现侵权责任法调整实体利益的公平要求。民法的公平，就是以利益的均衡为价值判断标准，以调整民事主体之间的民事利益关系。公平是指一种公正、正直、不偏袒、公道的特质或者品质，同时也是一种公平交易或正当行事的原则或理念。有过错的无过错责任人与无过错的无过错责任人在承担赔偿责任上必须有所差别，否则无法体现这样的

原则和理念。有过错的过错责任人应当承担全部赔偿责任，无过错的无过错责任人应当承担限额赔偿责任，就是侵权责任法对公平原则的最好诠释。第二，体现侵权责任法的正当社会行为导向。如果无过错责任人有无过错都承担一样的责任，那么，行为人就可能放任自己，不会严加约束自己的行为，就会给社会造成更多的危险。反之，坚持无过错责任人的有无过错的赔偿责任的区别，就能够表现出侵权法的正确导向。①

  法律对高度危险责任规定赔偿限额的，应适用法律的规定，责任人承担的赔偿责任不能高于法律规定的限额。例如，《国务院关于核事故损害赔偿责任问题的批复》第7条规定，核电站的营运者和乏燃料贮存、运输、后处理的营运者，对一次核事故所造成的核事故损害的最高赔偿额为3亿元人民币；其他营运者对一次核事故所造成的核事故损害的最高赔偿额为1亿元人民币。核事故损害的应赔总额超过规定的最高赔偿额的，国家提供最高限额为8亿元人民币的财政补偿。对非常核事故造成的核事故损害赔偿，需要国家增加财政补偿金额的由国务院评估后决定。

  但是，高度危险的行为人在造成损害发生上有故意或者重大过失的，不适用法律关于最高限额的规定，其承担的赔偿责任不受最高限额的限制，应当适用完全赔偿规则。

---

① 参见杨立新：《侵权责任法》，法律出版社2010年版，第524页。

第九章 饲养动物损害责任

一、饲养动物致人损害责任的一般规则

第一千二百四十五条 饲养的动物造成他人损害的,动物饲养人或者管理人应当承担侵权责任;但是,能够证明损害是因被侵权人故意或者重大过失造成的,可以不承担或者减轻责任。

本条规定了饲养的动物致人损害责任的一般规则。

(一)饲养的动物致人损害责任的含义

所谓饲养的动物致人损害的侵权责任,是指动物的饲养人或者管理人对于饲养的动物(禁止饲养的动物、动物园的动物除外)所致损害应承担的特殊侵权责任形式。

饲养的动物致人损害责任,是一种古老的特殊侵权责任。早在罗马法上动物致人损害就为准私犯的一种形式,规定了动物的所有人对动物造成的损害承担责任。如《十二铜表法》中规定,牲畜使人受损害的,由其所有人负责赔偿,或把该牲畜交与受害人。[①] 现代各国法上普遍规定了动物致人损害的责任。

---

① 参见世界著名法典汉译丛书编委会编:《十二铜表法》,法律出版社2000年版,第36页。

我国自《民法通则》就规定了饲养的动物致人损害责任为特殊侵权责任。

饲养的动物致人损害的侵权责任具有以下显著特点：

第一，饲养的动物致人损害责任中的损害，不是行为人的行为直接造成的，而是其饲养的动物直接造成的；

第二，饲养的动物致人损害的责任主体是动物的饲养人或者管理人。也就是，饲养的动物造成损害的，是由动物的所有人或者管理人承担损害后果。因此，造成损害的动物的饲养人或者管理人承担的动物致人损害责任，是典型的对物的替代责任。

（二）饲养的动物致人损害责任的归责原则

关于饲养的动物致人损害责任的归责原则，有不同的立法例。有的国家规定，所有的饲养动物致人损害责任都适用同一的归责原则。如意大利等国规定统一采用无过错责任原则；而日本等国则规定统一实行过错推定原则。也有的国家规定，对不同动物的致害责任适用不同的归责原则。如《德国民法典》分别规定了无过错责任和过错推定责任，该法典第833条规定，"1.因动物致人于死，或人之身体或健康受侵害，或物受毁损者，动物持有人对被害人负有赔偿因此所生损害之义务。2.损害系由家畜所致，而该家畜系供其持有人职业上、营业活动或生计上之需要，且持有人于管束动物已尽交易上必要之注意，或纵加以其注意仍将发生损害者，不生赔偿义务。"[①]

[①] 《德国民法典》，台湾大学法律学院、台大法学基金会编译，北京大学出版社2017年版，第737页。

我国学者对于饲养的动物致人损害责任的归责原则，主要存在着无过错责任说和过错推定责任说两种观点。自《侵权责任法》开始，立法上就对饲养的动物致人损害责任规定了无过错责任和过错推定责任两种不同的归责原则。《民法典》继续采取了《侵权责任法》做法。按照《民法典》的规定，饲养的动物致人损害的，一般情形下，适用无过错责任原则；特别情形下，适用过错推定责任原则。

（三）饲养的动物致人损害责任的构成

饲养的动物致人损害的侵权责任构成，须具备以下要件：

1. 须是饲养的动物造成损害

饲养的动物是与野生动物相对应的概念。野生动物，是在野外自行成长、自由活动，不受人类管束的动物。所谓饲养的动物，是指由人工喂养和管束的动物。构成饲养的动物，应具备以下两要素：一是须为特定人占有，不为特定人占有的动物，不会成为饲养的动物；二是须为特定人所控制，不为特定人控制和管束，也就无法控制其风险，不属于饲养的动物。

饲养的动物主要是家畜家禽，但不限于家畜家禽，也包括驯养的野兽以及各类宠物等。对于微菌造成的损害是否属于饲养的动物致害，有不同的观点。一种观点主张，应参照动物致人损害的责任规定由微菌培养人承担责任。另一种观点则认为，微菌造成损害的责任不属于饲养的动物致害责任。法律之所以确立饲养的动物致人损害的责任，是因为动物本身具有致人损害的危险性。而不论生物学上关于微菌是否为动物有何争议，微菌并不具有饲养的动物所具有的危险性，因此，对于微菌造成的损害不能适用关于饲养的动物致害责任的规定。如果某一种微菌、病毒具有剧毒、高致病性等高度危险，则对其管理人、培养人的责任应适用关于高度危险物致人损害的责任，而不能适用饲养的动物致人损害责任的规定。

2. 须为动物的独立动作造成损害

所谓动物的独立动作，是指动物基于其本身的危险，在不受外力强制或驱使下而实施的自身动作。[①] 例如，疯狗咬人，牲畜吃掉庄稼，羊啃树皮，牛抵伤人。如果不是动物自身的独立动作，而是动物在外力的强制或者驱使下使他人人身、财产受损害的，则不属于动物致人损害。例如，骑马损毁他人的财物或践踏伤及他人，唆使狗咬人等。在这些情形下，动物实际上是行为人实施侵权行为的工具，应按一般侵权行为的规定确定行为人的侵权责任。但是，如果动物不是在外力的强制或者驱使下致他人损害的，仍属于动物基于自身独立动作致人损害。例如，马因受惊吓狂奔而伤害路人或者损毁他人财产，仍属于饲养的动物致害。动物因带有某种传染病菌造成损害的，是否为动物的独立动作造成损害呢？对此，有不同的观点。一种观点认为，若因动物带有某种传染病菌造成损害，则该损害不是动物自身动作造成的，而是由于外界力量造成的，这种损害并非是基于动物的本能发生的；如果因动物带有病菌加重了动物致人损害的后果，则仍应为动物的独立动作造成的损害。

动物造成的损害，既包括人身损害，也包括财产损害。这

[①] 郭明瑞、房绍坤、於向平：《民事责任论》，中国社会科学出版社1991年版，第244页。

里的财产损害也包括受害人饲养的动物遭受的损害。例如，被侵权人的牛被侵权人的牛抵伤。

3. 须饲养的动物的独立动作与他人所受损害间具有因果关系

只有他人的损害是因饲养的动物的独立动作造成的，损害与动物的独立动作间有因果关系，才能构成饲养的动物致人损害责任。动物的独立动作一般为积极的动作，但也可以是消极的动作。例如，因家畜卧在公共道路上致使他人受损害，也为动物独立动作造成损害，尽管这种场合动物的动作是消极的不动，而非积极的动。这里的损害既包括人身损害，也包括财产损害；既包括直接损害，也包括间接损害。但受害人只能是动物的饲养人或管理人以外的人，动物的饲养人或管理人自身受到损害的，不构成动物致人损害责任。

（四）饲养的动物致人损害的责任主体

关于饲养的动物致人损害责任的主体，各国立法规定不一，有的规定为动物的占有人，如日本；有的规定为动物的占有人或管理人，如德国；有的规定为动物的所有人或使用人，如法国。我国法规定，饲养的动物造成他人损害的，由动物的饲养人或者管理人承担侵权责任，即动物的饲养人或者管理人为责任主体。

动物的饲养人一般是指动物的所有人，即对动物享有占有、使用、收益和处分权的人。动物的所有人可以是一人，也可以为数人。动物的管理人，是指实际控制和管束动物的人。管理人不以对动物享有所有权为必要，其也可以只是根据某种法律关系直接占有动物的人。例如，受委托管理宠物的人，即为该宠物的管理人。在现实生活中，动物的饲养人与管理人有时为同一人，但有时并不为同一人。在饲养人与管理人为同一人，即动物所有人自己占有和管束动物，该动物致人损害的，责任主体就是饲养人。而饲养人与管理人不为同一人时，该动物造成他人损害的，应由何人承担责任呢？通说认为，于此情形下，动物的管理人为责任主体。因为控制和管束动物的义务已经由所有人转移给管理人。至于管理人是有偿管理还是无偿管理，是长期管理还是临时管理，都不影响其为责任主体。但是，在动物的饲养人移交动物给管理人时，若该动物有特殊的危险恶癖，例如马易受惊或是牛易抵人，则饲养人对管理人负有告诫义务，以使管理人采取必要措施和更加注意防范动物致害；动物的饲养人违反该义务未对管理人予以告诫的，对因动物特殊的危险恶癖造成的损害，饲养人亦应承担一定责任。但这是饲养人与管理人之间内部的责任关系。对于被侵权人来说，动物的管理人才是其侵权请求权的相对人。

动物的所有人或者管理人可以是自然人，也可以是法人或非法人组织。

（五）饲养的动物致人损害责任的免责事由

在一般情形下，动物饲养人或者管理人能够证明损害是因被侵权人的故意或者重大过失造成的，可以不承担责任或者减轻责任。因此，只有受害人的故意或者重大过失，才是动物致人损害责任的免除或者减轻责任的事由。

受害人的故意，是指受害人明知动物的危险性，而故意挑逗动物而受损害。因为任何情形下，行为人都须对其故意行为负责,所以,受害人故意造成损害的,动物的饲养人或者管理人不承担责任。

受害人的重大过失是指受害人未尽到一般人的注意义务而受损害。例如,知道该动物有危险而仍有意靠近或接触该动物而受到伤害,应认定为有重大过失。但是,受害人因应予以防范而未防范遭受损害的,不能认定受害人对损害的发生有故意或者重大过失。例如,受害人知道邻居养着一只具有一定攻击性的狗,还要路过邻居门前而被狗咬伤,不能认定受害人有重大过失。受害人有重大过失的,可以减轻饲养人或者管理人的责任,但不能免除其责任。如果受害人不是有重大过失,而是仅有一般过失,则不能减轻饲养人或者管理人的责任。

按照各国通例,如果动物的饲养人或者管理人(占有人)与受害人之间存在着明示或默示的免责约定的,则可以预先免除责任。例如,驯兽员与马戏团之间、蹄工与动物的占有人之间即存在着默示的预先免责的约定。但是,如果动物有某种危险恶癖,则动物的占有人负有告诫的义务,若其违反这一义务,则对动物造成的损害不能免责。我国法未规定这一免责事由,但从习惯上看,应当承认这一免责事由。[①]

二、未采取安全措施造成动物致人损害的责任

第一千二百四十六条 违反管理规定,未对动物采取安全措施

[①] 郭明瑞、房绍坤、於向平:《民事责任论》,中国社会科学出版社1991年版,第247页。

造成他人损害的,动物饲养人或者管理人应当承担侵权责任;但是,能够证明损害是因被侵权人故意造成的,可以减轻责任。

本条规定了违反管理规定,未对动物采取安全措施造成动物致人损害的责任。

未对动物采取安全措施造成动物致人损害的责任具有以下特殊性:

第一,在责任构成上,除须具备饲养的动物致人损害责任的一般构成要件外,还须是动物的饲养人或者管理人未对动物采取安全措施。

为加强对饲养动物的管理,规范饲养动物的行为,一些法律法规以及自治组织制定有关于饲养动物的管理规定,对饲养动物应采取的安全措施提出了要求。动物饲养人或者管理人严格遵守管理规定,对动物采取安全措施,就可以避免或者减少动物造成损害。动物饲养人或者管理人违反管理规定,没有对动物采取安全措施,势必增加了动物致人损害的危险。因此,对因违反管理规定,未对动物采取安全措施造成动物致人损害的,应当加重饲养人或者管理人的责任,由其对因违反管理规定,未对动物采取安全措施所造成的损害后果负责。

第二,在免责事由上,被侵权人的故意只能成为减轻饲养人或者管理人责任的事由,而不能成为饲养人或者管理人不承担责任的事由。

因为先有饲养人或者管理人违反管理规定,未对动物采取安全措施的不法行为,后才发生动物致人损害的后果,因此,动物的饲养人或者管理人对违反管理规定的不法行为的不利后果要承担责任。并且，按照法律规定，在此场合下，只有被侵权人的损害是其故意引发的，才可减轻饲养人或者管理人的责任；被侵权人对受损害发生有重大过失的，不能成为饲养人或者管理人减轻责任的事由，饲养人或者管理人仍应承担全部责任。例如，北京丰台区某小区居民赵某在小区内散步，因尚某养的两只狗突然冲过来，赵某受到惊吓，摔倒在地。赵某诉至法院，请求尚某赔偿其损失。庭审中尚某辩称，赵某的损失是因为受到其饲养的狗的惊吓所致，事发时赵某存在主动逗狗的行为，并穿着坡跟凉鞋，导致其后退时摔倒，因此，赵某对本次事故负有责任，拒绝赔偿赵某的损失。法院经审理认为，尚某违反饲养犬类的相关管理规则，无证养犬，未拴绳遛狗，造成赵某受到惊吓后摔伤，尚某作为动物饲养人对由此给赵某造成的损害承担赔偿责任。①

三、禁止饲养的危险动物致人损害的责任

第一千二百四十七条　禁止饲养的烈性犬等危险动物造成他人损害的，动物饲养人或者管理人应当承担侵权责任。

本条规定了禁止饲养的危险动物致人损害的责任。

禁止饲养的危险动物致人损害的责任，是指饲养人或者管理人因其饲养的禁止饲养的危险动物造成他人损害而应承担的责任。禁止饲养的危险动物致人损害责任具有以下特殊性：

---

① 参见《遛狗不拴绳吓伤邻居　养狗人要担责》，载《人民法院报》2020年9月14日第3版。

其一，在责任构成要件上，致人损害的动物须是禁止饲养的危险动物。这一构成要件有两个要求：一是致人损害的动物是规范性文件禁止饲养的，如果不是规范性文件禁止饲养的动物，则只为一般饲养动物，其造成损害的适用动物致人损害责任的一般规定；二是危险动物，如动物不属于危险动物的，则不在此列。禁止饲养的危险动物为有较强攻击性和野性的动物，如烈性犬、虎、豹、熊等。

其二，在免责事由上，受害人的故意或者重大过失不是免除或减轻责任的事由。禁止饲养的动物造成损害的，饲养人或者管理人应当承担全部责任。不论受害人是有故意还是重大过失，都不能免除或者减轻饲养人或者管理人的责任。例如，受害人私闯他人住宅，欲偷走房主养的禁止饲养的一只熊，结果被熊咬伤。尽管受害人对损害的发生有故意或重大过失，也不能免除或者减轻饲养人的责任。因此，饲养禁止饲养的危险的动物造成他人损害的责任，是最严格的无过错责任，也可以说是一种绝对责任。因为饲养禁止饲养的危险动物是实施法律不许可的危险活动，其饲养行为本身不具有正当性、合法性。

四、动物园的饲养动物致人损害的责任

第一千二百四十八条 动物园的动物造成他人损害的，动物园应当承担侵权责任；但是，能够证明尽到管理职责的，不承担侵权责任。

本条规定了动物园的动物致人损害的责任。

(一) 动物园的动物致人损害责任的含义与构成

动物园的动物致人损害责任,是指动物园中的动物造成他人损害的,侵权人应当承担的侵权责任。该责任的构成须具备以下要件:

1. 致人损害的动物为动物园的动物

动物园的动物是指在动物园内由动物园管理和控制范围内即其饲养的动物,不在动物园管理和控制范围内的动物,不在此列。例如,自由飞入飞出动物园的飞禽就不属于动物园的动物。所谓动物园,包括综合性动物园(水族馆)、专业类动物园、野生动物园、城市公园的动物展区、珍稀濒危动物饲养繁殖研究场所等。

2. 须为动物独立实施加害动作

不是动物自己独立实施的加害动作,而是在外力作用下使动物造成损害的,动物仅成为行为人侵权的工具,可成立一般侵权责任,而不能成立动物致人损害责任。

3. 须为动物造成他人损害

这一要件,一方面要求必须有人受到人身损害、财产损害;另一方面,该损害与动物的独立动作间存在因果关系。这里的受害人不能包括动物园的工作人员。

(二) 动物园的动物致人损害的责任主体和归责原则

动物园的动物造成他人损害的,动物园应当承担责任。也就是说,动物园是动物园的动物致人损害的责任主体,动物园中具体管理和饲养动物的工作人员不是责任主体。

对于动物园的动物致人损害责任的归责原则，有不同的观点。一种观点认为，应适用无过错责任原则。因为动物园的动物更具有危险性，动物园的管理更具有专业性，并且动物园的行为是经营活动。另一种观点认为，应适用过错推定原则。立法者采取的是后一种观点。我国自《侵权责任法》就规定，动物园的动物造成他人损害的，动物园能够证明尽到管理职责的，不承担责任。也就是说，只要动物园的动物造成他人损害，就推定动物园有过错，动物园应当承担侵权责任。只有动物园能够证明尽到管理职责，因其没有过错，才可不承担责任。

如何认定动物园是否尽到管理职责呢？应当从动物园管理的动物的特点、动物园利用的目的、动物管理的专业性要求等综合考察。动物园只有能够证明自己的管理措施完全符合管理此类动物的专业性要求，足以防止或避免动物造成他人的损害，才可认定其尽到管理职责。动物园尽到管理职责而动物仍致人损害的，一般是由被害人的故意或者重大过失造成的。一种观点认为，动物园能够证明受害人具有故意或者过失的都可以免除或者减轻动物园的责任。另一种观点认为，按照法律规定，动物园只有能够证明尽到管理职责的，才可以不承担侵权责任；只要动物园证明尽到管理职责，就不承担侵权责任，而不论受害人是因何原因受损害，也不论其是否有故意还是过失。

五、遗弃、逃逸的动物致人损害的责任

第一千二百四十九条　遗弃、逃逸的动物在遗弃、逃逸期间造成他人损害的，由动物原饲养人或者管理人承担侵权责任。

本条规定了遗弃、逃逸的动物致人损害的责任。

（一）遗弃、逃逸的动物致人损害的特殊性

遗弃、逃逸的动物致人损害有其特殊性，即造成他人损害的动物为遗弃、逃逸的动物。

所谓遗弃的动物，是指动物的饲养人或者管理人基于自己的意愿予以抛弃而不再占有和控制的动物。所谓逃逸的动物，是指动物非出于饲养人或管理人的意愿而脱离了饲养人或者管理人占有的动物，既包括自己逃离饲养人或管理人的动物，也包括被饲养人或管理人以外的人放出的动物。至于该动物原是为自然人个人饲养的，还是由动物园等单位饲养的，则在所不问。

遗弃、逃逸的动物，因缺乏管理和管束，具有更大的危险性，极易对人们的健康、公共安全造成威胁，并且会污染环境、破坏公共秩序。因此，法律赋予动物的饲养人或者管理人以义务，要求其加强对饲养的动物的管理，不得遗弃动物，防止或避免动物逃逸。

遗弃、逃逸动物致人损害，是指在遗弃、逃逸期间动物以独立动作造成他人的损害。如果动物在遗弃、逃逸期间被他人挑逗、驱使致人损害的，则该动物仅为行为人侵权的工具，不属于动物致人损害的情形。如果遗弃、逃逸的动物被饲养人或者管理人领回，或者由他人收留饲养的，则不再属于遗弃、逃逸的动物。遗弃、逃逸的动物回归大自然的，也不再属于遗弃、逃逸的动物。

（二）遗弃、逃逸动物致人损害的责任主体

遗弃、逃逸的动物致人损害的，应由原饲养人或者管理人承担侵权责任。因为该动物的遗弃、逃逸是原饲养人或者管理人违反管理义务造成的。

如果遗弃、逃逸动物被他人发现认为是饲养人或管理人丢失的，发现人为了饲养人或者管理人的利益而管理动物（如喂养），于此期间，动物造成他人损害的，动物的原饲养人或者管理人应否承担责任呢？对此，有不同的观点。一种观点主张，于此情形下，因为无因管理人实际占有和控制动物，所以其应当承担动物致人损害的责任，而动物的原饲养人或者管理人不承担侵权责任。另一种观点认为，动物的无因管理人并不是动物的饲养人或者管理人，因此，在无因管理人管理期间动物造成他人损害的，动物的原饲养人或者管理人仍为责任主体，应当承担侵权责任。不过，如果无因管理人在管理上有过错，也应就此承担一定的责任。

如果某人发现遗弃、逃逸的动物后将其收为自己的动物，其行为构成不当得利。在不当得利人占有动物期间动物致人损害的，应由何人承担侵权责任呢？对此，也有不同观点。一种观点认为，不当得利人与动物的原饲养人或者管理人都应承担责任，因为该损害的发生与双方的行为都有关系。至于各自的责任份额，则可按照其过错确定。另一种观点认为，不当得利人应当承担责任。因为不当得利人是将该动物作为自己之物占有的，于此情形下，不当得利人就成为该动物新的饲养人或者管理人，作为动物的饲养人或者管理人当然应对动物造成的损

害承担责任。

如果遗弃、逃逸动物已经回复其天然状态，例如，驯养的野兽逃回森林，于此后动物造成损害的，动物的原饲养人或者管理人是否承担侵权责任呢？通说认为，动物回归自然状态后造成损害的，动物的原饲养人或者管理人不承担责任，对该损害应按照野生动物致人损害的规则处理。

六、第三人过错造成动物致人损害的责任

第一千二百五十条　因第三人的过错致使动物造成他人损害的，被侵权人可以向动物饲养人或者管理人请求赔偿，也可以向第三人请求赔偿。动物饲养人或者管理人赔偿后，有权向第三人追偿。

本条规定了因第三人过错造成动物致人损害的责任。

（一）第三人过错造成动物致人损害责任的特殊性

第三人过错造成动物致人损害的责任，也属于动物致人损害责任，因此，其责任构成须具备动物致人损害责任的构成要件，即须是动物独立动作造成损害、他人受有人身或财产损害、动物的独立动作与他人损害间具有因果关系。同时，第三人过错造成动物致人损害责任又具有特殊性。这一特殊性就是第三人对动物致人损害后果的发生有过错。

这里的第三人是指动物饲养人或者管理人以及被侵权人以外的人。因为如果因被侵权人过错造成损害，则属于与有过失，适用与有过失规则。动物的饲养人或者管理人为动物园等单位

的,则第三人不能是其工作人员。

第三人的过错包括故意或者过失。第三人有意诱使或者驱使动物致人损害的,为有故意。但第三人的过错大多表现为,其在诱使或者驱使动物实施致害动作上是故意的,而在对动物造成的损害后果上却为过失,而非故意。

(二) 第三人过错造成动物致人损害责任的承担

第三人过错造成动物致人损害的,因为第三人的过错行为与动物致人损害间具有因果关系,损害是由第三人的过错造成的,所以,有过错的第三人自应承担侵权责任。但是,因为被侵权人有时并不清楚引起动物致害的第三人为何人,并且动物的饲养人或者管理人对动物致人损害的责任原则上为无过错责任,因此,从保护被侵权人的利益出发,法律赋予被侵权人选择侵权请求权相对人的权利,被侵权人有权选择损害赔偿请求权的相对人,即被侵权人可以向动物饲养人或者管理人请求赔偿,也可以向第三人请求赔偿。也就是说,在第三人过错造成动物致人损害时,被侵权人享有选择请求权行使对象的权利。

被侵权人请求动物饲养人或者管理人赔偿的,饲养人或者管理人应予以赔偿。动物饲养人或者管理人向被侵权人赔偿后对第三人享有追偿权,可以向第三人追偿。因为动物所致损害并非是完全基于动物自身的危险因素造成的,而是由于第三人的过错行为诱发的,应该由第三人承担最终的赔偿责任。凡第三人挑逗、敲打、喂食他人饲养的动物或者毁坏饲养人或管理人设置的安全措施、警戒标志,致使受害人受到人身或财产损害的,都为第三人过错造成动物致人损害,第三人应当承担赔偿责任。对于非法占有人（偷盗）的责任，以第三人的过错论。①

七、饲养动物的社会责任

第一千二百五十一条 饲养动物应当遵守法律法规，尊重社会公德，不得妨碍他人生活。

本条规定了饲养动物的社会责任。

饲养动物的社会责任，也是饲养动物应履行的社会义务。饲养动物的社会责任，主要有以下三项：

第一，遵守法律法规。遵守法律法规，是人们从事各项活动须遵行的基本规则，饲养动物也不例外。这里所称的法律是指全国人大及其常委会制定的规范性文件，这里的法规包括行政法规和地方性法规。例如，饲养动物应遵守关于环境保护的规定，不得污染环境、破坏生态。

第二，尊重社会公德。社会公德，是人们在社会生活中为维持社会公共秩序应当遵行的基本规则。社会公德，也包括村规民约规定的不违反公序良俗的基本规则。饲养动物尊重社会公德，要求动物饲养人自觉约束管理动物的活动。如不让随自己出行的动物随地排泄粪便或者应及时清理动物排泄的粪便，不让动物乱跑乱窜而损害他人财物。

第三，不得妨碍他人生活。依法依规饲养动物，是饲养人

---

① 李显冬主编：《侵权责任法经典案例释论》，法律出版社2007年版，第583页。

的自由。但是任何自由的行使，都不能妨碍他人生活，不能侵害他人的权益。饲养动物不得妨碍他人的生活，也是动物饲养人的社会责任。例如，动物饲养人应采取措施，不使动物发出的噪音妨碍邻人的休息；动物饲养人应采取措施，以防止动物惊吓他人，等等。

饲养动物不履行应尽的社会责任的，有关人员有权予以劝阻和依照相关规定予以处置。

第十章　建筑物和物件损害责任

一、建筑物和物件损害责任的含义和特征

建筑物和物件损害责任，又称工作物致害责任，是指行为人为自己管领下的建筑物和物件所致损害承担的侵权责任，主要包括建筑物及其他设施、地上工作物、树木果实等物件致人损害的责任。建筑物和物件致害责任是特殊侵权责任的一种。这种侵权责任是由行为人为自己管领下的物件所致损害承担的侵权责任，因而属于为物的替代责任。

建筑物和物件致人损害责任具有以下两个显著特征：

第一，建筑物和物件致人损害责任是所有人或者管理人对其管领的物直接造成的损害所承担的责任。换言之，建筑物和物件致人损害责任实行的是替代责任，属于建筑物和物件的所有人或者管理人基于其对自己所有或者管理之**物**的关系而对物件所致损害承担的责任。

第二，建筑物和物件致人损害责任是特殊侵权行为的一种，其归责原则、构成要件、免责事由等均适用法律的特殊规定，而不适用法律关于一般侵权责任的规定。

从规制模式上看，法律关于建筑物和物件损害责任的规定，与关于特殊侵权责任类型的其他规定不同。对于建筑物和物件

损害责任，不存在一般性规定。本章中关于建筑物和物件损害责任的规定，实际是依据不同种类的建筑物和物件在不同情形下致人损害责任的列举性规定。

二、建筑物、构筑物或者其他设施倒塌、塌陷致人损害的责任

第一千二百五十二条 建筑物、构筑物或者其他设施倒塌、塌陷造成他人损害的，由建设单位与施工单位承担连带责任，但是建设单位与施工单位能够证明不存在质量缺陷的除外。建设单位、施工单位赔偿后，有其他责任人的，有权向其他责任人追偿。

因所有人、管理人、使用人或者第三人的原因，建筑物、构筑物或者其他设施倒塌、塌陷造成他人损害的，由所有人、管理人、使用人或者第三人承担侵权责任。

本条规定了建筑物、构筑物或者其他设施倒塌、塌陷致人损害的责任。

（一）建筑物、构筑物或者其他设施倒塌、塌陷致人损害责任的含义与归责原则

建筑物、构筑物或者其他设施倒塌、塌陷致人损害责任，是指因建筑物、构筑物或者其他设施基于自身原因而非在他人的外力下发生倒塌、塌陷造成他人损害的侵权责任。

这里的所谓建筑物、构筑物或者其他设施，是指人工建造的不动产。例如，房屋、道路、桥梁、隧道、码头、堤坝、纪

念碑、纪念塔、电视塔、围墙等。不是人工建造的不动产造成他人损害的，例如，土地塌陷造成损害，自然山体倒塌造成损害，不成立建筑物、构筑物或者其他设施倒塌、塌陷致人损害责任。如果人工建造的不动产不是因自身原因而是在他人外力的作用下倒塌、塌陷造成他人损害的，例如因他人爆炸致使其倒塌、塌陷造成损害，因他人施工致使其倒塌、塌陷造成损害，也不成立建筑物、构筑物或者其他设施倒塌、塌陷致人损害责任。因为于此情形下，应由造成人工建造的不动产倒塌、塌陷的行为人，如上例中的爆炸人、施工人，对造成的损害承担侵权责任。

建筑物、构筑物或者其他设施倒塌、塌陷致人损害责任，适用无过错责任原则，不以行为人的过错为责任承担的最终根据。因此，只要建筑物、构筑物或者其他设施倒塌、塌陷造成他人损害，被侵权人就可以请求施工单位和建设单位承担侵权责任，不论建设单位和施工单位有无过错，其都应依法承担责任，除非建设单位、施工单位能够证明倒塌、塌陷的建筑物、构筑物或者其他设施不存在质量缺陷。

需要指出的是，该条第1款中的"但是建设单位与施工单位能够证明不存在质量缺陷的除外"并未规定在《侵权责任法》第86条第1款中，而是在此次《民法典》编纂时加入的。加入此但书之后，立法者究竟要表达何种意思？这仍值得思考和注意。从文义解释上看，但书所规定的除外情形，似乎是对建设单位与施工单位承担连带责任的排除。按此理解，则不能排除建设单位与施工单位承担单独责任或按份责任的情形。但是，从该条第1款的规定意旨上看，其所欲调整的是建筑物、构筑物或其他设施存在质量缺陷而引发倒塌、塌陷而造成他人损害的情形。因此，若建设单位及施工单位能够证明倒塌、塌陷并非因质量瑕疵所致，即应排除其责任的成立。该条第1款中但书之含义，应不仅指建设单位与施工单位不承担连带责任，更是指二者不承担责任。

（二）建筑物、构筑物或者其他设施倒塌、塌陷致人损害责任的责任主体

建筑物、构筑物或者其他设施倒塌、塌陷致人损害责任的主体是建设单位和施工单位。

建设单位是建设工程的发包人，是建成的工程的产权人。建设单位作为建设工程的发包人，应当依法发包，将工程发包给有相应资质的施工单位。建设单位作为工程的产权人，应依法对建成的工程进行验收。因此，建设单位依法应对工程建设质量负责。施工单位是指承包工程建设并具体进行施工的单位。施工单位是依法对建成的工程质量负责的单位。

建设单位和施工单位都是对人工建造的不动产质量负责的责任人，工程建成后是经建设单位和施工单位共同验收的，二者对建筑物、构筑物或者其他设施的质量缺陷致人损害承担连带责任。

造成建筑物、构筑物或者其他设施倒塌、塌陷的质量缺陷的，也可能是建设单位和施工单位以外的其他人，如勘察人、设计人、监理人。如果建设单位和施工单位能够证明其他人对造成建筑物、构筑物或者其他设施的质量缺陷也有责任，那么，建设单位和施工单位在向被侵权人赔偿后，可以向其他责任人

追偿。这里的其他责任人既可以是勘察人、设计人、监理人，也包括勘察、设计、监理人以外的人。①

（三）建筑物、构筑物或者其他设施非因质量缺陷倒塌、塌陷致人损害责任的承担

建筑物、构筑物或者其他设施倒塌、塌陷造成他人损害，建设单位和施工单位能够证明建筑物、构筑物或者其他设施不存在质量缺陷，建设单位和施工单位对建筑物、构筑物或者其他设施倒塌、塌陷造成的损害不承担责任。因为建筑单位、施工单位是对建造的不动产质量负责，而不对建造的不动产的使用、管理负责。于此情形下，建筑物、构筑物或者其他设施之所以倒塌、塌陷，是因为所有人、管理人、使用人或者第三人的行为造成的。例如，因为所有人、管理人在超过建筑物、构筑物或者其他设施的合理期限后未采取相应措施而继续使用，或者因为使用人擅自改变建筑物、构筑物或者其他设施的结构，或者因第三人对建筑物、构筑物或者其他设施实施损毁行为，造成建筑物、构筑物或其他设施倒塌、塌陷而致人损害。因所有人、管理人、使用人或者第三人的原因，造成建筑物、构筑物或者其他设施倒塌、塌陷致人损害的，由所有人、管理人、使用人或者第三人承担侵权责任。也就是说，因谁的行为造成建筑物、构筑物或者其他设施倒塌、塌陷，谁就成为建筑物、构筑物或其他设施倒塌、塌陷致人损害的责任主体。

---

① 参见黄微主编：《中华人民共和国民法典侵权责任编释义》，法律出版社2020年版，第246—247页。

三、建筑物、构筑物或者其他设施及其搁置物、悬挂物脱落、坠落致人损害的责任

第一千二百五十三条 建筑物、构筑物或者其他设施及其搁置物、悬挂物发生脱落、坠落造成他人损害，所有人、管理人或者使用人不能证明自己没有过错的，应当承担侵权责任。所有人、管理人或者使用人赔偿后，有其他责任人的，有权向其他责任人追偿。

本条规定了建筑物、构筑物或者其他设施及其搁置物、悬挂物脱落、坠落造成他人损害的责任。

（一）建筑物、构筑物或者其他设施及其搁置物、悬挂物脱落、坠落致人损害责任的构成和归责原则

建筑物、构筑物或者其他设施及其搁置物、悬挂物脱落、坠落致人损害责任，又称为物件脱落、坠落致害责任，是指因建筑物、构筑物或者其他设施及其搁置物、悬挂物脱落、坠落造成他人损害的侵权责任。脱落是指建筑物、构筑物或者其他设施的构成部件与其主体部分分离而掉落下来。如建筑物的窗户、墙皮掉落。坠落是指搁置物、悬挂物掉落下来。搁置物是指放置在建筑、构筑物或者其他设施上的物，如置放在楼顶上的花盆。悬挂物是指悬空挂在建筑物、构筑物或者其他设施上的物件。搁置物是有人放置的，而悬挂物可以是人为悬挂的，也可能是自然形成的，如屋檐上结成的冰柱即为自然形成的悬挂物。

物件脱落、坠落致人损害责任的构成，须具备以下要件：

第一,建筑物、构筑物或其他设施及其搁置物、悬挂物发生脱落、坠落。物件的脱落、坠落不是人为的结果,如果人为地使物件脱落、坠落,如有人将搁置在楼顶上的花盆推下去,则不会成立物件脱落、坠落致人损害责任。

第二,他人受有损害。无损害,即无责任。这里的损害,既包括人身损害,也包括财产损害。

第三,损害的发生与物件的脱落、坠落之间具有因果关系。只有物件脱落、坠落是他人受损害的原因,他人受损害是物件脱落、坠落的结果,才能成立物件脱落、坠落致人损害责任。但是,他人受损害并非物件脱落、坠落直接结果的,损害与物件的脱落、坠落之间也具有因果关系。例如,发生物件脱落、坠落,路人为躲避被物件砸伤而摔倒受伤。尽管受害人受伤不是由脱落、坠落的物件直接造成的,但确是物件脱落、坠落的损害后果。

物件脱落、坠落致人损害责任实行过错推定原则,侵权人承担责任的最终根据为过错,但被侵权人要求侵权人承担责任的,不必证明侵权人的过错,而侵权人应对自己没有过错负举证责任。因此,只要物件坠落、脱落造成他人损害,就推定物件的所有人、管理人或者使用人有过错,其就应当承担侵权责任。但是所有人、管理人或者使用人能够证明自己没有过错的,可以不承担侵权责任。

(二) 建筑物、构筑物或者其他设施及其搁置物、悬挂物脱落、坠落致人损害责任的主体

建筑物、构筑物或者其他设施及其搁置物、悬挂物脱落、

坠落致人损害责任的主体，是建筑物、构筑物或者其他设施的所有人、管理人或者使用人。

所有人是指建筑物、构筑物或者其他设施的产权人，管理人是指对建筑物、构筑物或者其他设施负责管理的人。所有人、管理人负有对建筑物、构筑物或者其他设施的维护、维修义务，负有不在建筑物、构筑物或者其他设施乱搁、乱放、乱挂物品的义务，以防止和避免物件脱落、坠落造成他人损害，所有人、管理人未尽到其义务的，自应对因此发生的物件脱落、坠落造成的损害承担侵权责任。

使用人是指利用建筑物、构筑物或者其他设施的人。使用人是直接使用、控制物件的人，直接负有防止和避免物件脱落、坠落造成他人损害的义务，因此，使用人对物件脱落、坠落造成的损害应当承担侵权责任。

一般来说，因使用人是直接利用物件的人，其直接占有建筑物、构筑物或者其他设施，因物件脱落、坠落造成的损害的被侵权人会直接请求使用人承担责任。使用人能够证明因所有人未履行维修义务造成的，所有人即应承担责任。例如，承租人证明因出租人不履行维修义务致使建筑物脱落的，房屋出租人作为所有人应当承担责任。

如果造成物件的脱落、坠落还有其他责任人，例如所有人、管理人或使用人以外的人在搁置、悬挂物上有过错造成物件脱落、坠落致人损害，所有人、管理人或者使用人赔偿后，有权向其他责任人追偿。

四、高空抛物致人损害责任

第一千二百五十四条　禁止从建筑物中抛掷物品。从建筑物中抛掷物品或者从建筑物上坠落的物品造成他人损害的，由侵权人依法承担侵权责任；经调查难以确定具体侵权人的，除能够证明自己不是侵权人的外，由可能加害的建筑物使用人给予补偿。可能加害的建筑物使用人补偿后，有权向侵权人追偿。

物业服务企业等建筑物管理人应当采取必要的安全保障措施防止前款规定情形的发生；未采取必要的安全保障措施的，应当依法承担未履行安全保障义务的侵权责任。

发生本条第一款规定的情形的，公安等机关应当依法及时调查，查清责任人。

本条规定了从建筑物中抛掷物品或者从建筑物上坠落的物品的致害责任。

（一）高空抛物致人损害责任的含义与构成

高空抛物致人损害责任，是从建筑物中抛掷物品或者从建筑物上坠落的物品致人损害责任的简称，指的是因建筑中抛掷物品或者坠落的物品造成他人损害的侵权责任。

从建筑物中抛掷物品或者坠落物品的现象并非新现象，可以说自古就有。但是，从高层建筑物中抛掷物品或者坠落物品却是随着高层建筑的增多而出现的新现象。因此，如何确保"头顶上的安全"也就为社会普遍关注。高空抛物致人损害责任的构成，须具备以下条件：

1. 从建筑物中抛掷或者坠落出物品

抛掷，是指由人力将物品扔出、丢出；而坠落则是物自身掉落。但这里物品的坠落须是从建筑物中坠落，而不同于建筑上的搁置物、悬挂物的坠落。

2. 他人受有损害

这里的损害既包括人身损害，也包括财产损害。但是，人身损害的受害人应为位于建筑物之外的人，而不包括处在建筑物之内的人；财产损害的财产应为位于建筑物以外的财产，而不包括位于建筑物之内的财产。

3. 抛掷物品或者坠落物品与他人受损害间具有因果关系

也就说，他人受有损害，是因从建筑中抛掷出或者坠落下的物品造成的，没有该物品就不会造成该损害。由于造成损害的物品是从建筑物抛掷或者坠落的物品，具有较强的损害力，所以高空抛物造成的损害后果往往是非常严重的。

（二）高空抛物致人损害责任的归责原则与责任承担

高空抛物致人损害责任适用无过错责任原则，不以行为人的过错为承担责任的根据。[①] 只要损害发生，损害与侵权人的"抛物"行为之间具有因果关系，侵权人就应当依法承担侵权责任，而不论行为人有无过错。

因为高空抛物致人损害的物是从建筑物中抛掷或者坠落的，因此，建筑物的使用人也就是致抛掷物品或者坠落物品造成他

---

① 也有一种观点认为，从建筑物中抛掷物品或者从建筑物上坠落物品造成他人损害的，应当由侵权人依法承担侵权责任，这是过错责任的体现。见黄微主编：《中华人民共和国民法典侵权责任编释义》，法律出版社 2020 年版，第 253 页。

人损害的侵权人。也就是说，建筑物的使用人为高空抛物致人损害责任的侵权人，是责任主体。

但是，现代的建筑物特别是多层、高层建筑物，一般并不是由一个人使用，而是由若干人分别使用的。而抛掷或使物品坠落的人只能是若干使用人中的一人。所以，发生高空抛物致人损害事件后，应当确定具体的侵权人，由调查确定的具体侵权人承担侵权责任。

（三）高空抛物致人损害的损失分担

发生高空抛物致人损害的事件，经调查难以确定具体侵权人的，应当如何处理呢？这是自《侵权责任法》立法以来一直备受争议的问题，在司法实务中也曾有完全不同的做法。

2002年底全国人大法工委起草的《民法草案·侵权责任法编》（一审稿）第56条规定：从建筑物中抛掷的物品或者从建筑物上脱落、坠落的物品致人损害，不能确定具体的侵权人的，由该建筑物的全体使用人承担侵权责任，但使用人能够证明自己不是具体侵权人的除外。依该条规定，在不能确定具体侵权人的处理上有以下两个要点：其一是全体使用人承担责任；其二是在使用人能够证明自己不是具体侵权人的情况下可以免责。《侵权责任法》（草案）（2009年8月20日稿）第87条规定：从建筑物中抛掷物品或者从建筑物上坠落的物品造成他人损害，难以确定加害人的，除能够证明自己不是加害人的外，由可能加害的建筑物使用人承担赔偿责任。依该条规定，在难以确定侵权人时：其一，由可能加害的建筑物使用人承担责任，而不是由所有的使用人承担责任；其二，建筑物的使用人可以举证证明自己不是加害人。《侵权责任法》（草案）（2009年11月6日稿）第86条规定：从建筑物中抛掷物品或者从建筑物上坠落的物品造成他人损害，难以确定具体加害人的，除能够证明自己不是加害人的外，由可能加害的建筑物使用人给予补偿。依该条规定，难以确定具体侵权人，在处理上：其一，承担损害后果的主体仍然是可能加害的建筑物使用人；其二，可能加害的建筑物使用人承担的不再是赔偿责任而是补偿义务（责任）；其三，建筑物使用人举证证明自己没有实施加害行为的可免责。与以往规定的最大区别在于，可能加害的建筑物使用人承担的不是赔偿责任而是补偿义务。

《侵权责任法》（草案）第86条最终成为《侵权责任法》第87条。从《侵权责任法》第87条的规定来看，高空抛物难以确定具体侵权人时对损害的处理方式上，有以下三个特征：第一，仍然规定可能加害的建筑物使用人承担的是"补偿"，而不是赔偿责任。之所以如此规定，是因为被判决分担损害的建筑物使用人中，仅可能有"一人"是加害人，而多数人均不是加害人，而对于不是加害人的多数人而言，他们既然没有实施加害行为，其分担损害当然也就不具有"承担侵权责任"的性质。此所谓"给予补偿"，应当是"平均分担损失"而不是"分担责任"，更不是"连带责任"。第二，承担补偿义务的主体是"可能的加害人"。由于现代区分所有的建筑物具有多单元、多层结构特征，要求全体所有人或者全体使用人承担赔偿责任，也不尽合理。因为致人损害的物品仅可能从一个单元的二层以上楼层的窗口坠落、抛掷，不可能从其他单元的楼层的窗口坠落、抛掷，故强调根据经验法则认定的"可能的加害人"作为承担补偿义务的主体。第三，可能加害的建筑物使用人可以通过证明自己没有实施加害行为免责，这和共同危险行为的免责事由是有所不同的。共同危险行为的行为人要免责证明的是自己的行为与损害后果间不存在因果关系，而可能加害的建筑物使用人须证明自己没有实施"抛物"行为才能免责。例如，建筑物使用人可以证明事发当时自己根本就不在该建筑物内。

在民法典编纂中，对于可能加害的建筑物使用人是否应给予补偿，仍有争议。原因在于由可能加害的使用人给予补偿，虽有利于对受害人的救济，但对于未实施加害行为的人而言，给予补偿并不公平。但立法者"两害相权取其轻"，仍坚持原侵权责任法的规定，同时，也规定"可能加害的建筑物使用人补偿后，有权向侵权人追偿"。

（四）建筑物管理人的安全保障义务及侵权责任

鉴于现在城镇居民小区的物业管理已经普遍和现代科学技术的进步，为避免高空抛物致人损害事件的发生，与侵权责任法的规定相比较，民法典增加规定了建筑物管理人对防范高空抛物事故的安全保障义务。

这里所称建筑物管理人的安全保障义务，是指物业服务企业等对建筑物的物业进行管理的建筑物管理人防止发生高空抛物致害事件的安全保障义务。建筑物管理人应当采取必要的安全保障措施，防止高空抛物损害的发生，如设置、加固、维修防范物件致害的设施，对建筑物使用人进行不得抛物的相关安全教育等。建筑物管理人应当在必要的位置安装能够拍摄高空抛物行为的摄像设备，一方面可以震慑有可能实施高空抛物行为的建筑物使用人，另一方面也可以在发生高空抛物事件后为查清实施高空抛物的行为人提供有利证据，以确定高空抛物致人损害的具体侵权人。

建筑物管理人未采取必要的安全保障措施的，违反了其负担的安全保障义务，其应对高空抛物造成的损害依法承担未履行安全保障义务的侵权责任。

值得思考的是，由于该条第2款规定了物业管理人等建筑物管理人违反安全保障义务的责任，这就涉及该条第2款与第1款在适用上的协调关系。从逻辑上说，在物业服务企业等建筑物管理人未尽安全保障义务的范围内，首先由建筑物管理人承担责任。若在其承担责任后，对受害人救济仍有不足，则适用第1款规定，由可能加害的建筑物使用人给予补偿。因为管理人承担的是赔偿责任，而可能的加害人承担的并非为责任，而是补偿义务。

（五）公安等机关的调查义务

高空抛物是具有相当危险的不法行为，对于人们的人身、财产安全构成高度威胁。高空抛物也是一种严重破坏社会公共秩序的行为，高空抛物严重损害人身、财产的，可构成犯罪。因此，公安等机关有责任予以追查高空抛物行为。为督促有关机关履行职责，《民法典》明确规定，发生高空抛物致人损害的情形的，"公安等机关应当依法及时调查，查清责任人。"公安等机关有责任利用侦查技术手段，及时查清具体的侵权人或者缩小可能的侵权人的范围。

五、堆放物倒塌、滚落或者滑落致人损害的责任

第一千二百五十五条　堆放物倒塌、滚落或者滑落造成他人损害，堆放人不能证明自己没有过错的，应当承担侵权责任。

本条规定了堆放物倒塌、滚落或者滑落的致害责任。

（一）堆放物倒塌、滚落或者滑落致人损害责任的构成

堆放物倒塌、滚落或者滑落致人损害责任的成立，须具备以下要件：

1. 堆放物发生倒塌、滚落或者滑落

堆放物是指堆放在一起构成一个整体的物品，如砖堆、摞在一起的木材等。堆放物的物品堆集在一起，仅是集合在一起占有一定的物理空间，并没有因结构上的紧密联系而构成一物，也不属于地上定着物。正由于堆放物的各物间没有紧密联系的这一性质，致使堆放物容易倒塌、滚落或者滑落，有造成他人损害的危险性，同时这种危险性又是可以控制的，所以，堆放物发生倒塌、滚落或者滑落致人损害的，会产生侵权责任。

这里的堆放物，不包括堆在公共道路上的物品。因为公共道路上的堆放物妨碍公共交通安全，而这里的堆放物并不妨碍交通安全。

堆放物的倒塌，是指堆放物的整体倾倒，堆放在一起的各个物件分散开；堆放物的滚落或者滑落，指堆放物上的一物或部分物掉落下，不再与他物堆集在一起。

2. 他人受有损害

这里的他人，是指堆放人之外的人，既包括处在堆放物上

的人，如在木材堆上坐着休息或者玩的人；也包括不处在堆放物上的人，如路过堆放物的行人，立于堆放物之旁的人。这里的损害既包括人身损害，也包括财产损害。

3. 他人受有损害与堆放物的倒塌、滚落或者滑落之间存在因果关系

如果他人受损害不是堆放物倒塌、滚落或者滑落导致的后果，他人受损害与堆放物的倒塌、滚落或者滑落二者间没有因果关系，则不能成立堆放物倒塌、滚落或者滑落致人损害的责任。但这里的因果关系并不限于直接因果关系，也包括间接因果关系。

（二）堆放物倒塌、滚落或者滑落致人损害责任的归责原则和责任主体

关于堆放物倒塌、滚落或者滑落致人损害责任的归责原则，曾有不同的观点。有主张无过错责任说的，也有主张过错责任说的，还有主张过错推定责任说的。鉴于堆放物虽有一定危险性，但不属于高度危险物，不能与高度危险物致人损害责任一样采取无过错责任说；为保护受害人利益，虽以过错为归责原则，也不应当由受害人证明侵权人的过错，因此，法律采取过错推定责任说。依我国法规定，只要堆放物倒塌、滚落或者滑落造成他人损害，堆放人不能证明自己没有过错的，就应当承担侵权责任；如果堆放人能够证明自己在堆放物倒塌、滚落或者滑落上没有过错，则其不承担侵权责任。一般来说，这种情形下堆放物的倒塌、滚落或者滑落，或是因不可抗力造成的，或是被侵权人或者第三人的行为造成的。也就是说，堆放人

只有能够证明堆放物的倒塌、滚落或者滑落是因不可抗力或者是因被侵权人的行为或者第三人行为造成的,才能证明自己没有过错。

堆放物倒塌、滚落或者滑落致人损害责任的主体为堆放人。堆放人不是指按要求具体将物品堆集在一起的人,而是指堆放物的所有人或者管理人。因为堆放物的所有人或者管理人有责任采取必要的措施,防止堆放物倒塌、滚落或者滑落。具体堆放物品的人,可能是堆放物所有人或者管理人的工作人员,也可能是其委托的人员。

六、公共道路堆放、倾倒、遗撒妨碍通行物品致人损害的责任

第一千二百五十六条 在公共道路上堆放、倾倒、遗撒妨碍通行的物品造成他人损害的,由行为人承担侵权责任。公共道路管理人不能证明已经尽到清理、防护、警示等义务的,应当承担相应的责任。

本条规定了在公共道路上堆放、倾倒、遗撒妨碍通行的物品致人损害的侵权责任。

(一)公共道路堆放、倾倒、遗撒妨碍通行的物品致人损害责任的构成

在公共道路堆放、倾倒、遗撒妨碍通行的物品致人损害责任的构成,应具备以下条件:

1. 须在公共道路上堆放、倾倒、遗撒物品

公共道路是指对社会开放的，供不特定的人通行的道路，既包括能够通行机动车的公共道路，也包括不能通行机动车而仅供人步行或骑行的公共道路。在私人所有区域内对不特定的人不开放的道路，不为公共道路。

堆放物品，是指行为人将物品堆放在一起。倾倒物品是指行为人有意地将物品倾注、倒放在道路上。遗撒物品，是指行为人无意地使物品遗失散落在道路上。

2. 须堆放、倾倒、遗撒的物品妨碍交通

堆放、倾倒、遗撒的物品妨碍交通，表明行为人堆放、倾倒、遗撒物品的行为须达到严重程度。如果在公共道路上堆放、倾倒、遗撒物品并未妨碍交通，受害人因此而受损害的，则不构成公共道路堆放、倾倒、遗撒物品致人损害责任，只能构成其他侵权责任。例如，行为人从车上扔下烟头，烧坏行人的衣服，只能发生一般侵权责任而不能成立在公共道路上遗撒物品致人损害的侵权责任。

3. 须在公共道路通行的人因道路上的堆放物、倾倒物、遗撒物品而受到损害

被侵权人的损害与道路上存在妨碍交通之物品间具有因果关系，是责任构成的又一要件。例如，因公共道路上晾晒粮食而使机动车滑翻，因公共道路上有土堆致使骑车人摔倒，因被侵权人的损害与公共道路上妨碍通行的物品有因果关系，该侵权责任成立。若被侵权人的损害与妨碍通行的物品间不存在因果关系，则该侵权责任不成立。

（二）公共道路堆放、倾倒、遗撒
妨碍通行物品致人损害的责任承担

在公共道路堆放、倾倒、遗撒妨碍通行的物品致人损害的，由堆放、倾倒、遗撒妨碍通行物品的行为人承担侵权责任。因为堆放、倾倒、遗撒妨碍通行物的行为人是直接侵权人。直接侵权人承担的侵权责任为无过错责任。只要在公共道路上堆放、倾倒、遗撒妨碍通行的物品，造成他人损害的，不论行为人有无过错，都应对造成的损害承担侵权责任。

由于公共道路是有管理人负责管理的，管理人应保障道路处于良好状态，使道路安全畅通，因此，因道路上出现妨碍通行的障碍物而造成他人损害时，公共道路管理人未尽到应尽义务的，也应承担一定责任。

公共道路的管理人依其职责应当对道路上的障碍物（不论该障碍物为堆放物、倾倒物，还是遗撒物）予以清理，及时清除；对于道路设施予以维护，防止损坏，以免影响交通安全；对于道路上出现的不安全因素未能及时消除的，应予以警示，以引起通行者的重视和注意，以免发生损害。在公共道路上出现堆放物、倾倒物、遗撒物并造成他人损害的，公共道路的管理人应当承担相应的责任，除非管理人能够证明已经尽到清理、防护、警示的义务。

在公共道路的管理人也应对道路上堆放、倾倒、遗撒的物品造成的损害承担相应的责任的情形下，管理人与堆放、倾倒、遗撒的行为人共同承担侵权责任，此时二者的责任之间是何关系呢？主要有按份责任说与补充责任说。补充责任说认为，公共道路管理人的义务相当于安全保障义务人的义务,其承担的责任应与安全保障义务人在第三人侵权时承担的责任性质相同。按份责任说认为,管理人承担相应的责任,是指其责任应与其管理瑕疵在损害发生上的原因力相对应,管理人未尽到管理职责与行为人的行为是造成损害的共同原因,法律未明确规定管理人承担补充责任,因此,管理人与行为人间的责任关系为按份责任。后说更符合文义。

七、林木折断、倾倒或者果实坠落等致人损害的责任

第一千二百五十七条 因林木折断、倾倒或者果实坠落等造成他人损害,林木的所有人或者管理人不能证明自己没有过错的,应当承担侵权责任。

本条规定了林木折断、倾倒或者果实坠落等致人损害的责任。

(一)林木折断、倾倒或者果实坠落等致人损害责任的构成

林木折断、倾倒或者果实坠落等致人损害责任的构成,须具备以下条件:

1. 须发生林木折断、倾倒或者果实坠落等现象

林木是指未被砍伐倒地的树木,至于其是否已经死亡,则不受影响。但这里的林木是否包括一切林木呢?对此有不同的观点。一种观点认为,从维护公共安全的角度看,此处的林木不应包括一切林木,凡不是处于公共场所的林木,不包括在内。另一种观点认为,这里的林木包括一切林木,即使不向游人开

放的山林，管理人也有义务防止他人私自进入该山林。

林木的折断，是指林木枝条断落下来。林木的倾倒，是指树木整体倒下。果实的坠落，是指树上的果实自然掉落下来。没有林木的折断、倾倒或者果实的坠落等现象发生，也就不会成立因林木造成损害的责任。

2. 须他人受有损害

这里的他人，是指林木所有人或者管理人以外的人，而不包括林木的所有人或者管理人。这里的损害包括人身损害和财产损害。例如，行人在道路上骑行，被路旁的行道树上折断的树枝砸伤，并将自行车摔坏。该行人的受伤和自行车的损坏，都为损害。

3. 须他人所受损害与林木折断、倾倒或者果实坠落等之间有因果关系

如果他人所受损害不是因林木折断、倾倒或者果实坠落等造成的，二者间不具有因果关系，则不成立该责任。例如，树木已倾倒在地，路人被该树木所绊跌倒，则其损害不是因林木倾倒造成的，而是因道路上的障碍物造成的，不成立林木倾倒致人损害的责任。

4. 须责任人不能证明自己没有过错

林木折断、倾倒或者果实坠落等致人损害责任的归责原则为过错推定责任原则。也就是说，责任人只有对于林木折断、倾倒或者果实坠落等有过错，才承担侵权责任。但是，只要因林木折断、倾倒或者果实坠落等造成损害，**就推定**林木的所有人或者管理人有过错，林木所有人或者管理人只有能够证明自己没有过错，才可以不承担责任。

一般来说，林木所有人或者管理人能够证明自己对林木已经尽到管理、维护义务，也就证明自己没有过错。其没有过错而又发生损害，一般是因不可抗力、第三人行为或者受害人自己过错造成的。

（二）林木折断、倾倒或者果实坠落等致人损害的责任主体

林木折断、倾倒或者果实坠落造成损害的责任主体，为林木的所有人或者管理人，因为所有人或者管理人是对林木负有管理、维护义务之人，是防止林木致人损害的责任人，也是享受林木收益的人。

在通常情形下，林木的所有人与管理人是一致的，所有人也就是管理人。但在一些情形下，所有人与管理人会不一致，在所有人与管理人不一致时，管理人为责任主体。例如，承包果园中的树上果实坠落致人损害，应承担责任的人为承包人。农村土地承包经营权人将经营权转让，经营权人在受让土地上植树，该树折断、倾倒或者果实坠落等致人损害的，责任人应为该经营权人。

八、地面施工与地下设施致人损害的责任

第一千二百五十八条　在公共场所或者道路上挖掘、修缮安装地下设施等造成他人损害，施工人不能证明已经设置明显标志和采取安全措施的，应当承担侵权责任。

窨井等地下设施造成他人损害，管理人不能证明尽到管理职责的，应当承担侵权责任。

本条规定了地面施工与地下设施致人损害的侵权责任。

（一）地面施工致人损害的侵权责任

1. 地面施工致人损害责任的构成要件

地面施工致人损害的侵权责任，是指因在公共场所或者道路上挖掘、修缮安装地下设施等造成他人损害的侵权责任。地面施工致人损害责任的构成，须具备以下条件：

其一，须是在公共场所或者道路进行地面施工。地面施工致人损害责任只能发生在公共场所或者道路施工的场合。公共场所是公众活动的场所，公共道路是公众通行的道路。在公共场所或者道路施工，会为公众的活动、通行带来不安全的隐患。为保障不特定公众的安全，自应对施工人做出特别的要求，以防止和避免公众因不清楚施工导致的地况改变而受到不必要的损害。如果不是在公共场所或者道路施工，而是在不对外开放的私人活动区域施工，因不会对社会公众的安全构成威胁，也不会发生该侵权责任。

其二，须为进行挖掘、修缮安装地下设施的施工。所谓地面施工，是相对于地下施工而言的，是指从地表上向下挖掘的施工。挖掘包括挖坑、掘进、开渠，开启下水道入口，施工的目的是为修缮、安装地下设施。这种施工活动会破坏原来的地面状况，但不属于高度危险活动。如果施工人不是进行地面施工，而是进行地下施工，则因其施工造成损害的，适用关于地下施工致人损害责任的规定，而不构成地面施工致人损害的责任。

其三，须他人受有损害。这里的他人，是指进行地面施工作业的人以外的人，而不包括具体实施施工活动的人。他人所受损害，既可能是人身损害，也可能是财产损害，也可能同时受人身、财产损害。

其四，须他人受有损害与施工现场欠缺安全措施间具有因果关系。为保障公众的安全，在公共场所或者道路上施工的，应当设置明显标志和采取安全措施。如设置明显的施工标志、安全标志，架设警戒线、围栏、挡板，修筑临时绕行的道路等等。一般来说，如果设置明显标志，采取安全措施，就不会发生损害。只有因为施工现场欠缺相应的安全措施而造成损害，即损害与安全措施的欠缺之间有因果关系，才成立地面施工致人损害责任。如果受害人受损害与安全措施的欠缺无关，也不能成立该责任。

2. 地面施工致人损害责任的主体与免责事由

因地面施工致人损害的，由施工人承担侵权责任，亦即施工人为责任主体。因为施工人是负有设置明显标志和采取安全措施的人。

施工人是指接受施工任务、组织施工的人，而不是指由施工人组织具体实施施工活动的人。施工人可能是修缮安装的地下设施的所有人或者管理人，但即使施工人与地下设施的所有人或者管理人同一，所有人或者管理人也不是地面施工致害责任的主体，其之所以承担责任，是因为其为施工人，而不是因为其为地下设施的所有人或者管理人。

关于地面施工致人损害责任的归责原则，历来存在不同观点。地面施工致人损害责任最初被规定于《民法通则》第125条，即"在公共场所、道旁或者通道上挖坑、修缮安装地下设施等，没有设置明显标志和采取安全措施造成他人损害的，施工人应当承担民事责任。"在该条归责原则的确定上，就存在过错责任与无过错责任两种不同观点。过错责任说认为，该条所规定的归责原则为过错责任原则，只是在过错的认定上采取了客观化的认定方式。无过错责任说认为，一方面，在该条表述中并未提及过错，另一方面，该条在措辞上也并未表述为"但能够证明自己没有过错的除外"，也不属于过错推定。相比于《民法通则》第125条，《侵权责任法》第91条第1款仅将"民事责任"修改为"侵权责任"。因此，对于该条款归责原则的解读，也存在过错责任、无过错责任和过错推定三种观点。《民法典》第1258条第1款，修改了《侵权责任法》第91条第1款的表述。在此修改中，除将"挖坑"修改为"挖掘"外，也将"没有设置明显标志和采取安全措施"修改为"施工人不能证明已经设置明显标志和采取安全措施的"。应该说，修改后的规定更类似于过错推定的表达。但是，其仍然不同于一般情形下的过错推定。此种特殊性体现为，按照法律规定，施工人不能以证明自己没有过错而不承担侵权责任，施工人只有能够证明自己已经设置明显标志和采取安全措施，才可以不承担侵权责任。施工人对设置明显标志和采取安全措施的证明，不能仅是证明已经设置和采取措施，还应当证明其设置的标志的明显程度和采取的安全措施的必要程度，足以让任何人只要按照通常的注意通行，就不会造成损害。施工人设置的标志或者采取的措施没有达到足以使任何人按通常的注意通行即可避免损害的，不能认为证明了已经设置明显标志和采取安全措施。例如，施工人证明自己在施工现场设置了禁止通行的标志（如红灯），但盲人并不能看见,就不能认定其设置了明显标志。施工人应采取的安全措施,是指能够保障通行安全的措施,不仅包括在破坏的地面周围设置显明标志和采取安全措施,以防在该路上的行人跌落于坑内;也包括使路人安全绕行的措施。因此,因施工人在阻断交通后开辟的临时道路不安全造成损害的,施工人也须证明其已经设置足够明显的标志和采取了充分的安全措施,才可以不承担侵权责任。

(二) 窨井等地下设施致人损害的侵权责任

窨井等地下设施致人损害责任,是指因窨井等地下设施所存在的危险造成他人损害的侵权责任。该责任具有以下特点:

其一,造成他人损害的是窨井等地下设施。若为地上设施造成损害的,属于建筑物等致人损害,而不为地下设施致人损害。

其二,他人所受损害与窨井等地下设施存在的缺陷风险间有因果关系。例如,因窨井盖不结实、因窨井盖缺失,而使行人跌入窨井内受伤。如果窨井等地下设施没有致人损害的缺陷,也就不会发生损害。

其三,责任主体为管理人,管理人能够证明尽到管理职责的,可以不承担责任。关于窨井等地下设施致人损害责任的归责原则,也有无过错责任说、过错推定责任说等不同的观点。按照法律规定,管理人只有能够证明自己尽到管理职责,才可以不承担责任;只要管理人不能证明自己尽到管理职责,就应对造成的损害承担侵权责任。

附　录

中华人民共和国民法典（节选）

第七编　侵权责任

第一章　一般规定

第一千一百六十四条　本编调整因侵害民事权益产生的民事关系。

第一千一百六十五条　行为人因过错侵害他人民事权益造成损害的，应当承担侵权责任。

依照法律规定推定行为人有过错，其不能证明自己没有过错的，应当承担侵权责任。

第一千一百六十六条　行为人造成他人民事权益损害，不论行为人有无过错，法律规定应当承担侵权责任的，依照其规定。

第一千一百六十七条　侵权行为危及他人人身、财产安全的，被侵权人有权请求侵权人承担停止侵害、排除妨碍、消除危险等侵权责任。

第一千一百六十八条　二人以上共同实施侵权行为，造成他人损害的，应当承担连带责任。

第一千一百六十九条 教唆、帮助他人实施侵权行为的，应当与行为人承担连带责任。

教唆、帮助无民事行为能力人、限制民事行为能力人实施侵权行为的，应当承担侵权责任；该无民事行为能力人、限制民事行为能力人的监护人未尽到监护职责的，应当承担相应的责任。

第一千一百七十条 二人以上实施危及他人人身、财产安全的行为，其中一人或者数人的行为造成他人损害，能够确定具体侵权人的，由侵权人承担责任；不能确定具体侵权人的，行为人承担连带责任。

第一千一百七十一条 二人以上分别实施侵权行为造成同一损害，每个人的侵权行为都足以造成全部损害的，行为人承担连带责任。

第一千一百七十二条 二人以上分别实施侵权行为造成同一损害，能够确定责任大小的，各自承担相应的责任；难以确定责任大小的，平均承担责任。

第一千一百七十三条 被侵权人对同一损害的发生或者扩大有过错的，可以减轻侵权人的责任。

第一千一百七十四条 损害是因受害人故意造成的，行为人不承担责任。

第一千一百七十五条 损害是因第三人造成的，第三人应当承担侵权责任。

第一千一百七十六条 自愿参加具有一定风险的文体活动，因其他参加者的行为受到损害的，受害人不得请求其他参加者承担侵权责任；但是，其他参加者对损害的发生有故意或者重大过失的除外。

活动组织者的责任适用本法第一千一百九十八条至第一千二百零一条的规定。

第一千一百七十七条 合法权益受到侵害，情况紧迫且不能及时获得国家机关保护,不立即采取措施将使其合法权益受到难以弥补的损害的,受害人可以在保护自己合法权益的必要范围内采取扣留侵权人的财物等合理措施;但是,应当立即请求有关国家机关处理。

受害人采取的措施不当造成他人损害的,应当承担侵权责任。

第一千一百七十八条 本法和其他法律对不承担责任或者减轻责任的情形另有规定的,依照其规定。

第二章 损害赔偿

第一千一百七十九条 侵害他人造成人身损害的,应当赔偿医疗费、护理费、交通费、营养费、住院伙食补助费等为治疗和康复支出的合理费用,以及因误工减少的收入。造成残疾的,还应当赔偿辅助器具费和残疾赔偿金;造成死亡的,还应当赔偿丧葬费和死亡赔偿金。

第一千一百八十条 因同一侵权行为造成多人死亡的,可以以相同数额确定死亡赔偿金。

第一千一百八十一条 被侵权人死亡的,其近亲属有权请求侵权人承担侵权责任。被侵权人为组织,该组织分立、合并的,承继权利的组织有权请求侵权人承担侵权责任。

被侵权人死亡的,支付被侵权人医疗费、丧葬费等合理费用的人有权请求侵权人赔偿费用,但是侵权人已经支付该费用的除外。

第一千一百八十二条 侵害他人人身权益造成财产损失的,按照被侵权人因此受到的损失或者侵权人因此获得的利益赔偿;被侵权人因此受到的损失以及侵权人因此获得的利益难以确定,被侵权人和侵权人就赔偿数额协商不一致,向人民法院提起诉讼的,由人民法院根据实际情况确定赔偿数额。

第一千一百八十三条 侵害自然人人身权益造成严重精神损害的，被侵权人有权请求精神损害赔偿。

因故意或者重大过失侵害自然人具有人身意义的特定物造成严重精神损害的，被侵权人有权请求精神损害赔偿。

第一千一百八十四条 侵害他人财产的，财产损失按照损失发生时的市场价格或者其他合理方式计算。

第一千一百八十五条 故意侵害他人知识产权，情节严重的，被侵权人有权请求相应的惩罚性赔偿。

第一千一百八十六条 受害人和行为人对损害的发生都没有过错的，依照法律的规定由双方分担损失。

第一千一百八十七条 损害发生后，当事人可以协商赔偿费用的支付方式。协商不一致的，赔偿费用应当一次性支付；一次性支付确有困难的，可以分期支付，但是被侵权人有权请求提供相应的担保。

第三章 责任主体的特殊规定

第一千一百八十八条 无民事行为能力人、限制民事行为能力人造成他人损害的，由监护人承担侵权责任。监护人尽到监护职责的，可以减轻其侵权责任。

有财产的无民事行为能力人、限制民事行为能力人造成他人损害的，从本人财产中支付赔偿费用；不足部分，由监护人赔偿。

第一千一百八十九条 无民事行为能力人、限制民事行为能力人造成他人损害，监护人将监护职责委托给他人的，监护人应当承担侵权责任；受托人有过错的，承担相应的责任。

第一千一百九十条 完全民事行为能力人对自己的行为暂时没有意识或

者失去控制造成他人损害有过错的，应当承担侵权责任；没有过错的，根据行为人的经济状况对受害人适当补偿。

完全民事行为能力人因醉酒、滥用麻醉药品或者精神药品对自己的行为暂时没有意识或者失去控制造成他人损害的，应当承担侵权责任。

第一千一百九十一条 用人单位的工作人员因执行工作任务造成他人损害的，由用人单位承担侵权责任。用人单位承担侵权责任后，可以向有故意或者重大过失的工作人员追偿。

劳务派遣期间，被派遣的工作人员因执行工作任务造成他人损害的，由接受劳务派遣的用工单位承担侵权责任；劳务派遣单位有过错的，承担相应的责任。

第一千一百九十二条 个人之间形成劳务关系，提供劳务一方因劳务造成他人损害的，由接受劳务一方承担侵权责任。接受劳务一方承担侵权责任后，可以向有故意或者重大过失的提供劳务一方追偿。提供劳务一方因劳务受到损害的，根据双方各自的过错承担相应的责任。

提供劳务期间，因第三人的行为造成提供劳务一方损害的，提供劳务一方有权请求第三人承担侵权责任，也有权请求接受劳务一方给予补偿。接受劳务一方补偿后，可以向第三人追偿。

第一千一百九十三条 承揽人在完成工作过程中造成第三人损害或者自己损害的，定作人不承担侵权责任。但是，定作人对定作、指示或者选任有过错的，应当承担相应的责任。

第一千一百九十四条 网络用户、网络服务提供者利用网络侵害他人民事权益的，应当承担侵权责任。法律另有规定的，依照其规定。

第一千一百九十五条 网络用户利用网络服务实施侵权行为的，权利人有权通知网络服务提供者采取删除、屏蔽、断开链接等必要措施。通知应当包括构成侵权的初步证据及权利人的真实身份信息。

网络服务提供者接到通知后,应当及时将该通知转送相关网络用户,并根据构成侵权的初步证据和服务类型采取必要措施;未及时采取必要措施的,对损害的扩大部分与该网络用户承担连带责任。

权利人因错误通知造成网络用户或者网络服务提供者损害的,应当承担侵权责任。法律另有规定的,依照其规定。

第一千一百九十六条 网络用户接到转送的通知后,可以向网络服务提供者提交不存在侵权行为的声明。声明应当包括不存在侵权行为的初步证据及网络用户的真实身份信息。

网络服务提供者接到声明后,应当将该声明转送发出通知的权利人,并告知其可以向有关部门投诉或者向人民法院提起诉讼。网络服务提供者在转送声明到达权利人后的合理期限内,未收到权利人已经投诉或者提起诉讼通知的,应当及时终止所采取的措施。

第一千一百九十七条 网络服务提供者知道或者应当知道网络用户利用其网络服务侵害他人民事权益,未采取必要措施的,与该网络用户承担连带责任。

第一千一百九十八条 宾馆、商场、银行、车站、机场、体育场馆、娱乐场所等经营场所、公共场所的经营者、管理者或者群众性活动的组织者,未尽到安全保障义务,造成他人损害的,应当承担侵权责任。

因第三人的行为造成他人损害的,由第三人承担侵权责任;经营者、管理者或者组织者未尽到安全保障义务的,承担相应的补充责任。经营者、管理者或者组织者承担补充责任后,可以向第三人追偿。

第一千一百九十九条 无民事行为能力人在幼儿园、学校或者其他教育机构学习、生活期间受到人身损害的,幼儿园、学校或者其他教育机构应当承担侵权责任；但是，能够证明尽到教育、管理职责的，不承担侵权责任。

第一千二百条 限制民事行为能力人在学校或者其他教育机构学习、生活期间受到人身损害，学校或者其他教育机构未尽到教育、管理职责的，应当承担侵权责任。

第一千二百零一条 无民事行为能力人或者限制民事行为能力人在幼儿园、学校或者其他教育机构学习、生活期间，受到幼儿园、学校或者其他教育机构以外的第三人人身损害的，由第三人承担侵权责任；幼儿园、学校或者其他教育机构未尽到管理职责的，承担相应的补充责任。幼儿园、学校或者其他教育机构承担补充责任后，可以向第三人追偿。

第四章　产品责任

第一千二百零二条 因产品存在缺陷造成他人损害的，生产者应当承担侵权责任。

第一千二百零三条 因产品存在缺陷造成他人损害的，被侵权人可以向产品的生产者请求赔偿，也可以向产品的销售者请求赔偿。

产品缺陷由生产者造成的，销售者赔偿后，有权向生产者追偿。因销售者的过错使产品存在缺陷的，生产者赔偿后，有权向销售者追偿。

第一千二百零四条 因运输者、仓储者等第三人的过错使产品存在缺陷，造成他人损害的，产品的生产者、销售者赔偿后，有权向第三人追偿。

第一千二百零五条 因产品缺陷危及他人人身、财产安全的，被侵权人有权请求生产者、销售者承担停止侵害、排除妨碍、消除危险等侵权责任。

第一千二百零六条 产品投入流通后发现存在缺陷的，生产者、销售者应当及时采取停止销售、警示、召回等补救措施；未及时采取补救措施或者补救措施不力造成损害扩大的，对扩大的损害也应当承担侵权责任。

依据前款规定采取召回措施的，生产者、销售者应当负担被侵权人因此支出的必要费用。

第一千二百零七条 明知产品存在缺陷仍然生产、销售，或者没有依据前条规定采取有效补救措施，造成他人死亡或者健康严重损害的，被侵权人有权请求相应的惩罚性赔偿。

第五章 机动车交通事故责任

第一千二百零八条 机动车发生交通事故造成损害的，依照道路交通安全法律和本法的有关规定承担赔偿责任。

第一千二百零九条 因租赁、借用等情形机动车所有人、管理人与使用人不是同一人时，发生交通事故造成损害，属于该机动车一方责任的，由机动车使用人承担赔偿责任；机动车所有人、管理人对损害的发生有过错的，承担相应的赔偿责任。

第一千二百一十条 当事人之间已经以买卖或者其他方式转让并交付机动车但是未办理登记，发生交通事故造成损害，属于该机动车一方责任的，由受让人承担赔偿责任。

第一千二百一十一条 以挂靠形式从事道路运输经营活动的机动车，发生交通事故造成损害，属于该机动车一方责任的，由挂靠人和被挂靠人承担连带责任。

第一千二百一十二条 未经允许驾驶他人机动车，发生交通事故造成损害，属于该机动车一方责任的，由机动车使用人承担赔偿责任；机动车所有人、管理人对损害的发生有过错的，承担相应的赔偿责任，但是本章另有规定的除外。

第一千二百一十三条 机动车发生交通事故造成损害，属于该机动车一方责任的，先由承保机动车强制保险的保险人在强制保险责任限额范围内予以赔偿；不足部分，由承保机动车商业保险的保险人按照保险合同的约定予以赔偿；仍然不足或者没有投保机动车商业保险的，由侵权人赔偿。

第一千二百一十四条 以买卖或者其他方式转让拼装或者已经达到报废标准的机动车，发生交通事故造成损害的，由转让人和受让人承担连带责任。

第一千二百一十五条 盗窃、抢劫或者抢夺的机动车发生交通事故造成损害的，由盗窃人、抢劫人或者抢夺人承担赔偿责任。盗窃人、抢劫人或者抢夺人与机动车使用人不是同一人，发生交通事故造成损害，属于该机动车一方责任的，由盗窃人、抢劫人或者抢夺人与机动车使用人承担连带责任。

保险人在机动车强制保险责任限额范围内垫付抢救费用的，有权向交通事故责任人追偿。

第一千二百一十六条 机动车驾驶人发生交通事故后逃逸，该机动车参加强制保险的，由保险人在机动车强制保险责任限额范围内予以赔偿；机动车不明、该机动车未参加强制保险或者抢救费用超过机动车强制保险责任限额，需要支付被侵权人人身伤亡的抢救、丧葬等费用的，由道路交通事故社会救助基金垫付。道路交通事故社会救助基金垫付后，其管理机构有权向交通事故责任人追偿。

第一千二百一十七条　非营运机动车发生交通事故造成无偿搭乘人损害，属于该机动车一方责任的，应当减轻其赔偿责任，但是机动车使用人有故意或者重大过失的除外。

第六章　医疗损害责任

第一千二百一十八条　患者在诊疗活动中受到损害，医疗机构或者其医务人员有过错的，由医疗机构承担赔偿责任。

第一千二百一十九条　医务人员在诊疗活动中应当向患者说明病情和医疗措施。需要实施手术、特殊检查、特殊治疗的，医务人员应当及时向患者具体说明医疗风险、替代医疗方案等情况，并取得其明确同意；不能或者不宜向患者说明的，应当向患者的近亲属说明，并取得其明确同意。

医务人员未尽到前款义务，造成患者损害的，医疗机构应当承担赔偿责任。

第一千二百二十条　因抢救生命垂危的患者等紧急情况，不能取得患者或者其近亲属意见的，经医疗机构负责人或者授权的负责人批准，可以立即实施相应的医疗措施。

第一千二百二十一条　医务人员在诊疗活动中未尽到与当时的医疗水平相应的诊疗义务，造成患者损害的，医疗机构应当承担赔偿责任。

第一千二百二十二条　患者在诊疗活动中受到损害，有下列情形之一的，推定医疗机构有过错：

（一）违反法律、行政法规、规章以及其他有关诊疗规范的规定；

（二）隐匿或者拒绝提供与纠纷有关的病历资料；

（三）遗失、伪造、篡改或者违法销毁病历资料。

第一千二百二十三条 因药品、消毒产品、医疗器械的缺陷，或者输入不合格的血液造成患者损害的，患者可以向药品上市许可持有人、生产者、血液提供机构请求赔偿，也可以向医疗机构请求赔偿。患者向医疗机构请求赔偿的，医疗机构赔偿后，有权向负有责任的药品上市许可持有人、生产者、血液提供机构追偿。

第一千二百二十四条 患者在诊疗活动中受到损害，有下列情形之一的，医疗机构不承担赔偿责任：

（一）患者或者其近亲属不配合医疗机构进行符合诊疗规范的诊疗；

（二）医务人员在抢救生命垂危的患者等紧急情况下已经尽到合理诊疗义务；

（三）限于当时的医疗水平难以诊疗。

前款第一项情形中，医疗机构或者其医务人员也有过错的，应当承担相应的赔偿责任。

第一千二百二十五条 医疗机构及其医务人员应当按照规定填写并妥善保管住院志、医嘱单、检验报告、手术及麻醉记录、病理资料、护理记录等病历资料。

患者要求查阅、复制前款规定的病历资料的，医疗机构应当及时提供。

第一千二百二十六条 医疗机构及其医务人员应当对患者的隐私和个人信息保密。泄露患者的隐私和个人信息，或者未经患者同意公开其病历资料的，应当承担侵权责任。

第一千二百二十七条 医疗机构及其医务人员不得违反诊疗规范实施不必要的检查。

第一千二百二十八条 医疗机构及其医务人员的合法权益受法律保护。

干扰医疗秩序，妨碍医务人员工作、生活，侵害医务人员合法权益的，应当依法承担法律责任。

第七章　环境污染和生态破坏责任

第一千二百二十九条　因污染环境、破坏生态造成他人损害的，侵权人应当承担侵权责任。

第一千二百三十条　因污染环境、破坏生态发生纠纷，行为人应当就法律规定的不承担责任或者减轻责任的情形及其行为与损害之间不存在因果关系承担举证责任。

第一千二百三十一条　两个以上侵权人污染环境、破坏生态的，承担责任的大小，根据污染物的种类、浓度、排放量，破坏生态的方式、范围、程度，以及行为对损害后果所起的作用等因素确定。

第一千二百三十二条　侵权人违反法律规定故意污染环境、破坏生态造成严重后果的，被侵权人有权请求相应的惩罚性赔偿。

第一千二百三十三条　因第三人的过错污染环境、破坏生态的，被侵权人可以向侵权人请求赔偿，也可以向第三人请求赔偿。侵权人赔偿后，有权向第三人追偿。

第一千二百三十四条　违反国家规定造成生态环境损害，生态环境能够修复的，国家规定的机关或者法律规定的组织有权请求侵权人在合理期限内承担修复责任。侵权人在期限内未修复的，国家规定的机关或者法律规定的组织可以自行或者委托他人进行修复，所需费用由侵权人负担。

第一千二百三十五条　违反国家规定造成生态环境损害的，国家规定的机关或者法律规定的组织有权请求侵权人赔偿下列损失和费用：

（一）生态环境受到损害至修复完成期间服务功能丧失导致的损失；

（二）生态环境功能永久性损害造成的损失；

（三）生态环境损害调查、鉴定评估等费用；

（四）清除污染、修复生态环境费用；

（五）防止损害的发生和扩大所支出的合理费用。

第八章　高度危险责任

第一千二百三十六条　从事高度危险作业造成他人损害的，应当承担侵权责任。

第一千二百三十七条　民用核设施或者运入运出核设施的核材料发生核事故造成他人损害的，民用核设施的营运单位应当承担侵权责任；但是，能够证明损害是因战争、武装冲突、暴乱等情形或者受害人故意造成的，不承担责任。

第一千二百三十八条　民用航空器造成他人损害的，民用航空器的经营者应当承担侵权责任；但是，能够证明损害是因受害人故意造成的，不承担责任。

第一千二百三十九条　占有或者使用易燃、易爆、剧毒、高放射性、强腐蚀性、高致病性等高度危险物造成他人损害的，占有人或者使用人应当承担侵权责任；但是，能够证明损害是因受害人故意或者不可抗力造成的，不承担责任。被侵权人对损害的发生有重大过失的，可以减轻占有人或者使用人的责任。

第一千二百四十条　从事高空、高压、地下挖掘活动或者使用高速轨道运输工具造成他人损害的，经营者应当承担侵权责任；但是，能够证明损害是因受害人故意或者不可抗力造成的，不承担责任。被侵权人对损害的发生有重大过失的，可以减轻经营者的责任。

第一千二百四十一条　遗失、抛弃高度危险物造成他人损害的，由所有人承担侵权责任。所有人将高度危险物交由他人管理的,由管理人承担侵权责任;所有人有过错的,与管理人承担连带责任。

第一千二百四十二条 非法占有高度危险物造成他人损害的,由非法占有人承担侵权责任。所有人、管理人不能证明对防止非法占有尽到高度注意义务的,与非法占有人承担连带责任。

第一千二百四十三条 未经许可进入高度危险活动区域或者高度危险物存放区域受到损害,管理人能够证明已经采取足够安全措施并尽到充分警示义务的,可以减轻或者不承担责任。

第一千二百四十四条 承担高度危险责任,法律规定赔偿限额的,依照其规定,但是行为人有故意或者重大过失的除外。

第九章 饲养动物损害责任

第一千二百四十五条 饲养的动物造成他人损害的,动物饲养人或者管理人应当承担侵权责任;但是,能够证明损害是因被侵权人故意或者重大过失造成的,可以不承担或者减轻责任。

第一千二百四十六条 违反管理规定,未对动物采取安全措施造成他人损害的,动物饲养人或者管理人应当承担侵权责任;但是,能够证明损害是因被侵权人故意造成的,可以减轻责任。

第一千二百四十七条 禁止饲养的烈性犬等危险动物造成他人损害的,动物饲养人或者管理人应当承担侵权责任。

第一千二百四十八条 动物园的动物造成他人损害的,动物园应当承担侵权责任;但是,能够证明尽到管理职责的,不承担侵权责任。

第一千二百四十九条 遗弃、逃逸的动物在遗弃、逃逸期间造成他人损害的,由动物原饲养人或者管理人承担侵权责任。

第一千二百五十条 因第三人的过错致使动物造成他人损害的,被侵权人可以向动物饲养人或者管理人请求赔偿,也可以向第三人请求赔偿。动物饲养人或者管理人赔偿后,有权向第三人追偿。

第一千二百五十一条 饲养动物应当遵守法律法规,尊重社会公德,不得妨碍他人生活。

第十章　建筑物和物件损害责任

第一千二百五十二条 建筑物、构筑物或者其他设施倒塌、塌陷造成他人损害的,由建设单位与施工单位承担连带责任,但是建设单位与施工单位能够证明不存在质量缺陷的除外。建设单位、施工单位赔偿后,有其他责任人的,有权向其他责任人追偿。

因所有人、管理人、使用人或者第三人的原因,建筑物、构筑物或者其他设施倒塌、塌陷造成他人损害的,由所有人、管理人、使用人或者第三人承担侵权责任。

第一千二百五十三条 建筑物、构筑物或者其他设施及其搁置物、悬挂物发生脱落、坠落造成他人损害,所有人、管理人或者使用人不能证明自己没有过错的,应当承担侵权责任。所有人、管理人或者使用人赔偿后,有其他责任人的,有权向其他责任人追偿。

第一千二百五十四条 禁止从建筑物中抛掷物品。从建筑物中抛掷物品或者从建筑物上坠落的物品造成他人损害的,由侵权人依法承担侵权责任;经调查难以确定具体侵权人的,除能够证明自己不是侵权人的外,由可能加害的建筑物使用人给予补偿。可能加害的建筑物使用人补偿后,有权向侵权人追偿。

物业服务企业等建筑物管理人应当采取必要的安全保障措施防止前款

规定情形的发生；未采取必要的安全保障措施的，应当依法承担未履行安全保障义务的侵权责任。

发生本条第一款规定的情形的，公安等机关应当依法及时调查，查清责任人。

第一千二百五十五条 堆放物倒塌、滚落或者滑落造成他人损害，堆放人不能证明自己没有过错的，应当承担侵权责任。

第一千二百五十六条 在公共道路上堆放、倾倒、遗撒妨碍通行的物品造成他人损害的，由行为人承担侵权责任。公共道路管理人不能证明已经尽到清理、防护、警示等义务的，应当承担相应的责任。

第一千二百五十七条 因林木折断、倾倒或者果实坠落等造成他人损害，林木的所有人或者管理人不能证明自己没有过错的，应当承担侵权责任。

第一千二百五十八条 在公共场所或者道路上挖掘、修缮安装地下设施等造成他人损害，施工人不能证明已经设置明显标志和采取安全措施的，应当承担侵权责任。

窨井等地下设施造成他人损害，管理人不能证明尽到管理职责的，应当承担侵权责任。